DON DI...N

Cuando
LOS CERDOS
SE MUDAN A CASA

CASA
CREACIÓN
Para vivir la Palabra

Para vivir la Palabra

MANTÉNGANSE ALERTA;
PERMANEZCAN FIRMES EN LA FE;
SEAN VALIENTES Y FUERTES.
—1 CORINTIOS 16:13 (NVI)

Cuando los cerdos se mudan a casa por Don Dickerman
Publicado por Casa Creación
Miami, Florida
www.casacreacion.com
©2009, 2020 Derechos reservados

Library of Congress Control Number: 2009938369
ISBN: 978-1-59979-592-8
E-Book ISBN: 978-1-61638-056-4

Desarrollo editorial: *Grupo Nivel Uno, Inc.*
Diseño interior: *Grupo Nivel Uno, Inc.*

Publicado originalmente en inglés bajo el título:
When Pigs Move In
Charisma House, a Charisma Media company,
Copyright © 2009 por Don Dickerman
Todos los derechos reservados.

Nota de la editorial: Aunque el autor hizo todo lo posible por proveer teléfonos y páginas de Internet correctas al momento de la publicación de este libro, ni la editorial ni el autor se responsabilizan por errores o cambios que puedan surgir luego de haberse publicado.

Impreso en Colombia

21 22 23 24 25 LBS 9 8 7 6 5 4 3 2 1

CONTENIDO

e/o

PRÓLOGO

∾

CUANDO LA VALIDEZ del ministerio de rescate de Jesús fue desafiada y lo acusaron de echar fuera demonios por el poder de Beelzebú, Él respondió diciendo: "O haced el árbol bueno, y su fruto bueno, o haced el árbol malo, y su fruto malo; porque por el fruto se conoce el árbol" (Mateo 12:33). De la misma manera, el autor de este libro demuestra la legitimidad de su ministerio de liberación por el fruto que produce. He aquí mucho fruto, fruto bueno y que permanece.

La amplia participación de Don Dickerman en el ministerio carcelario hace de éste un libro único. Muchos de los casos que cita son de hombres y mujeres encarcelados; personas que son fácilmente identificables como candidatas a la salvación y liberación de la opresión demoníaca.

Dickerman también hace un fuerte y franco desafío a las iglesias locales para que se comprometan con este ministerio escritural y esencial. Los principios escriturales de la liberación son claramente expuestos. Es obvio que Don Dickerman es parte de un ejército espiritual fuerte y nuevo que Dios está levantando hoy, por lo cual estoy muy agradecido. El Cuerpo de Cristo es bendecido al tener las experiencias de Don y sus reflexiones puestas por escrito. Éste es un libro que encontré imposible dejar de lado hasta que lo hube leído en su totalidad. Estoy persuadido de que también otros lo experimentarán.

—FRANK D. HAMMOND
AUTOR DE *CERDOS EN LA SALA*

Nota del autor: El Rvdo. Hammond era graduado de la Baylor University de Waco y del Seminario Teológico del Suroeste en Fort Worth. Frank Hammond, a quien consideré un amigo y consejero, murió en marzo de 2006.

PARTE I:

TESTIMONIOS DE LIBERACIÓN

CAPÍTULO 1

LA UNCIÓN HACE
LA DIFERENCIA

Creo que la predicación sin unción es sólo buena información. La presencia y el poder del Espíritu Santo deben ser el anhelo de cada predicador y de cada creyente. Quiero compartirle por qué creo que eso es tan importante y por qué creo que, por escasez de ellos, Dios no puede hacer lo que desea para su pueblo. Veo venir un cambio en el Cuerpo de Cristo. Ahora estamos en medio de él. Estamos enfrentando la mayor oposición demoníaca y, al mismo tiempo, el Espíritu Santo está saturando al Cuerpo de Cristo como nunca antes. Experimenté algo glorioso en mi vida, y desde ese día, he visto al pueblo de Dios siendo sanado y liberado de la opresión demoníaca.

Había predicado en más de setecientas cárceles y lo había estado haciendo por más de veinte años cuando ocurrió la cosa más asombrosa. Había visto a miles recibir a Jesucristo como Salvador, pero nunca había experimentado algo más allá de la salvación. Esto es, nunca había visto a alguien liberado de demonios o recibiendo una sanidad auténtica.

SEGUIR ESCLAVIZADOS E INCAPACES DE
DESEMPEÑARSE EN LA SOCIEDAD

Siempre había anhelado más, pero no creo que mi educación y adiestramiento espiritual me hubiesen permitido recibirlo. No estoy muy seguro de por qué estaba en esa "caja" de limitación del Espíritu Santo, pero lo estaba. Estaba ávido de ver recibir libertad completa a las personas a quienes ministraba. No era capaz de llevarlos más allá de la experiencia de salvación y de lograr que iniciaran el estudio de la Biblia y la oración. Siempre me entusiasmaba ver a hombres y mujeres venir a Cristo, pero era tan frustrante verlos seguir esclavizados e incapaces de desempeñarse en la sociedad

Recuerdo un ejemplo que creo importante para lo que estoy a punto de compartir. Estaba predicando aproximadamente ciento cincuenta veces al año en cárceles de todos los Estados Unidos y algunos otros países, aunque la mayor parte de mi ministerio estaba en cárceles de Texas. Recuerdo que después de un fin de semana largo en cárceles de Texas conduje hasta Galveston para ir a pescar uno o dos días. Sólo necesitaba un poco de descanso y una pausa de los rigores del ministerio carcelario. Estaba tan malamente dolorido por los internos que sentía que mi corazón iba a estallar. Estaban en tal esclavitud espiritual, y parecía que siempre continuarían volviendo a la prisión.

Quería hacer una diferencia pero parecía estar teniendo poco éxito. Me recuerdo, como si fuera ayer, subiendo hasta el medio de la cama del motel sobre mis manos y rodillas y ponerme a llorar. Simplemente sollocé con la cara entre las manos. Recuerdo haber clamado a Dios: "Señor, déjeme ser un libertador. Permite que, como Moisés, saque a la gente de la esclavitud". Hice una oración muy similar a ésta, y fue desde lo profundo de mi corazón. Quería ser un instrumento de Dios para liberar. Lo que más recuerdo fue haber llorado con ese deseo tan profundo dentro de mí. No ocurrió nada, ¡no entonces!

Dios respondió a esa oración

Dios respondió a esa oración, pero como tantas veces, no de la manera en que yo esperaba que viniera la respuesta. Fue varios años después, en octubre de 1995. Estaba predicando en la Institución Correccional Federal de Three Rivers, Texas. La cárcel, de mediana seguridad, está ubicada aproximadamente a medio camino entre San Antonio y Corpus Christi, justo al lado de la ruta Interestatal 37. Es un complejo de aproximadamente 1,400 internos. Mi amigo David Pequeno se desempeñaba como capellán allí. Hubo algo muy inusual en el servicio de capilla aquella noche. Un oficial correccional uniformado se sentó entre los internos, adorando con ellos. Eso jamás sucede. Si hay un oficial presente, es porque ha sido asignado a la capilla.

Es muy inusual que un oficial se mezcle con los internos. Después descubrí que estaba fuera de servicio y estudiaba para llegar a ser capellán de cárceles federales. Su nombre es Warren Rabb. Al concluir la reunión, le dijo al oficial en servicio que me acompañaría hasta mi automóvil, pues quería hablar conmigo.

MI VIDA Y MINISTERIO ESTABAN A PUNTO DE CAMBIAR
Cuando el servicio concluyó, este oficial se acercó y me estrechó la mano. Recuerdo que cuando cruzamos el patio de la prisión, la tarde estaba fresca y el cielo tan claro y despejado. Era una de esas tardes perfectas. El oficial Rabb me habló de su llamado al ministerio y de su deseo de ser capellán de cárceles federales. Conversamos un rato más cuando llegamos a la playa de estacionamiento de la prisión, y después de que oráramos juntos, me dirigí al sur a Corpus Christi. El oficial Rabb fue hacia su casa en Beeville hacia el este. Me detuve en un pequeño supermercado para tomar un refresco y un bocado antes de subir a la carretera interestatal 37 para volver a Corpus Christi, donde me estaba alojando.

Cuando salía de la estación de servicio del supermercado, sin yo saberlo, el oficial Rabb se detuvo justo detrás de mí. Antes de que pudiera salir de mi automóvil, corrió hacia mí y me dijo, con gran emoción, que Dios le había dado una visión respecto a mí y que "debía" compartírmela. Dijo: "Lo hubiera seguido todo el camino hasta Corpus para contarle de la visión". Estaba muy excitado. Yo podía sentir e intuir que Dios le había hablado. Esto es lo que me dijo:

> Lo vi de pie en esa gran olla negra, y había aceite borboteando por todas partes alrededor de usted, no hirviendo, sólo burbujeando. Alrededor de la olla había un mar de personas hasta donde usted podía ver, y estaban todos enfermos. El hedor de su enfermedad era nauseabundo cuando subía a los cielos. Entonces el aceite empezó a borbotear sobre usted y a cubrirlo, y cuando corrió desde su cabeza y bajó por sus brazos y usted tocó a las personas, ¡fueron curadas! Prepárese, hermano; ¡Dios lo está preparando para verterlo sobre usted!

No puedo describir adecuadamente lo que sentí. Fue como estar bañado por la gloria de Dios. Mientras él me estaba compartiendo esas palabras, yo sentía en mí la estremecedora presencia del Espíritu de Dios. Sabía que estas palabras eran de Dios, pero no supe qué hacer con las palabras de la visión. Mientras conducía de regreso a Corpus

Christi, el llanto humedeció continuamente mis ojos. Había una emoción contenida en mi espíritu. Le agradecí a Dios muchas veces y recibí gustosamente la unción. Sinceramente no sabía cómo procesar todo eso. Mi preparación en el seminario no había cubierto esto. Aprendí cómo predicar; había visto miles recibir a Cristo como Salvador, quizás cien mil o más, pero nunca había visto a alguien sanado o liberado de demonios.

SE ME HABÍA ENSEÑADO QUE LOS DONES ESPIRITUALES HABÍAN CESADO

En realidad, lo que se me había enseñado era contrario a la palabra que me dio el oficial Rabb. Se me había enseñado que los dones del Espíritu se habían extinguido con los apóstoles. Se me había enseñado que los dones debían cesar porque "cuando llegue lo perfecto, lo imperfecto desaparecerá" (1 Corintios 13:10) y que esto significaba la Palabra de Dios. Como ya tenemos la Palabra de Dios, no es necesario que operen los dones del Espíritu. Eso es lo que me había sido enseñado. ¡Hoy me avergüenza haber estado tan ciego a la verdad escritural y tan excesivamente influido por la tradición religiosa que había perdido algunas de las mayores verdades! Yo no sabía cómo hacer que eso ocurriera. No sabía cómo hacer llamados al altar, excepto para salvación. Y no iba a estar buscando lo que no necesitaba saber.

CUANDO EXTIENDAS TU MANO, YO EXTENDERÉ LA MÍA

No mucho después de esta increíble experiencia, estaba en esa misma área del estado predicando en una cárcel estatal en Beeville. La unidad del Departamento de Justicia Criminal de Texas es llamada el complejo Garza West. Alrededor de quinientos internos estaban en el gimnasio esa noche, y aproximadamente los dos tercios de los hombres había respondido al llamado al altar. Cuando el servicio terminó, los hombres regresaron a sus asientos y fueron devueltos a sus respectivas áreas de alojamiento en las instalaciones. Mientras salían en fila de a uno, uno de los hombres se apartó de la línea y se acercó al capellán.

Había notado a este joven durante el servicio. Se sentó en la primera fila, y me miró fijamente como si "viera algo". Había una mirada de admiración en su rostro cuando ministré. El capellán lo trajo hasta mí y dijo: "Este interno tiene una palabra del Señor para usted, algo que el Señor le mostró cuando usted predicaba".

Seguía teniendo esa expresión en su cara. Dijo: "Señor mientras usted estaba predicando vi algo, y Dios me dijo que le diga algo". Se movió junto a mí y me pidió que estirara mi brazo hacia adelante, derecho hacia los asientos ahora vacíos. Puso su brazo encima del mío y dijo: "Dios me dijo que le dijera que cuando usted extienda su mano, Él extenderá la suya". Parecía perplejo, como si sólo estuviera entregando un mensaje. "¿Usted sabe qué significa eso, señor?" "Sí —le dije—. Sí, lo sé. Gracias por compartírmelo". Cuando dejé la cárcel esa noche, el Espíritu Santo de Dios pareció cubrirme otra vez. Es algo tan santo que resulta muy difícil de compartir. Mis ojos volvieron a llenarse de lágrimas simplemente por la gloria de su presencia. Sabía que Dios me había hablado nuevamente, y soy incapaz de describir cuán pequeño me hizo y me hace sentir eso.

EMPEZÓ A SUCEDER

Todavía no sabía "cómo" ministrar en esta área. No necesitaba saberlo. ¡Simplemente comenzó a suceder! Las personas se sanaban mientras yo predicaba. Ni siquiera sabía cómo orar por su sanidad. Pero ocurrió de todos modos. Recuerdo que la primera sanidad tuvo lugar en una institución correccional de Texas. No supe lo que había ocurrido hasta varias semanas después.

Recibí una carta de un interno llamado Gary Jenkins. Decía que, mientras yo estaba predicando, sintió que un calor venía sobre él. Continuaba diciendo que le dolía una pierna a tal punto que apenas podía moverse. Pero que el dolor se fue inmediatamente, y desde entonces su pierna tiene movilidad completa.

He visto a Gary muchas veces desde esa reunión, y cada vez que lo veo, ¡me recuerda que está sano! Empecé a recibir muchas cartas así. Todas decían básicamente lo mismo: "Tenía este problema, pero ya no lo tengo más, desde que el Espíritu Santo me tocó mientras usted predicaba".

A duras penas podía contener la emoción de las personas que eran sanadas en mis servicios, aunque yo ni siquiera sabía que eso estaba ocurriendo. Empecé a experimentar osadía en esta área. A medida que la osadía aumentaba, experimentaba también una humildad increíble.

Con frecuencia me sigo deteniendo a un lado del camino después de un servicio, para llorar y dar gracias. ¡Qué pequeño se siente uno al ver a las personas genuinamente sanadas! Tengo siempre una profunda conciencia de que no tengo que hacer absolutamente nada, ¡que es la obra soberana de Dios! Estaba experimentando milagros. Dios me estaba permitiendo participar de algo que Él estaba haciendo. ¡Piense en eso! ¿Qué sucedió en mi vida? No estoy seguro. Pienso que no puedo explicarlo. ¿Era la así llamada "segunda bendición" pentecostal? ¿Era el bautismo del Espíritu Santo? No, era un encuentro con el Espíritu Santo de Dios. No me parece importante poder definirlo. Era ciertamente una profunda experiencia emocional con el Espíritu Santo de Dios. No fue una experiencia única; puedo decir que fue un indicador espiritual de una unción que continúa.

Me resultan tan frustrantes las "cuestiones" denominacionales cuando veo la división y el desacuerdo que causan al Cuerpo de Cristo. Dejaré que usted decida cómo llamar a lo que experimenté. Todo cuanto sé es que fue una unción que me cambió y cambió el ministerio que Dios me había dado. Empecé a experimentar los dones espirituales y a operar en ellos. Era algo totalmente nuevo para mí. Era también completamente excitante. Fui renovado en el Espíritu. Era algo fresco y nuevo y es maravilloso.

Junto con esta unción vino una nueva comprensión de la Escritura. Podía ver en ella cosas que no había visto antes. Comprendí quién era en Cristo. Comprendí quién es Cristo y quién es Satanás. Tener un buen entendimiento de esto me dio gran osadía en la esfera de la guerra espiritual. Creo que si podemos captar estas tres cosas, nuestras vidas serán cambiadas:

1. ¿Quién es Cristo?
2. ¿Quién soy en Cristo?
3. ¿Quién es Satanás?

CAPÍTULO 2

ENCONTRÉ CRISTIANOS QUE ESTABAN DEMONIZADOS

SOBRENATURALMENTE, DIOS EMPEZÓ a poner gente en mi vida. Internos que me buscaban, me decían que tenían demonios, y me pedían que los ayudara. En todos los casos eran creyentes, y siempre se me había enseñado que los cristianos no podían tener demonios. Ahora creo que ésta es la mayor mentira que Satanás ha perpetrado en el Cuerpo de Cristo. El engaño es tan gran que la mayoría de los creyentes ni siquiera consideraría que pudiera estar diabólicamente oprimido. Los cristianos pueden, y a menudo sucede, tener en su alma y carne demonios que causan gran opresión en sus vidas. Somos poseídos por el Espíritu Santo que vive en nuestro espíritu. La *posesión* implica propiedad. Somos poseídos, adquiridos y comprados por precio por el Señor Jesús. Es correcto, posiblemente, decir que un demonio puede poseer una área de la vida de un cristiano, pero nunca pueden poseernos a nosotros. Un bien conocido pastor de Atlanta, Georgia, se refiere a esto como a un "control demoníaco" en áreas especiales de la vida de un creyente cuyos derechos legales le han sido entregados.

USTED NO PUEDE DISUADIRME DE ESTO

Lo que alguien enseña debe estar siempre sujeto a lo que se haya experimentado. Usted puede enseñarme que el "don de sanidad" ya no es asequible a la iglesia, ¡pero ya no puede convencerme! Lo sé por experiencia. ¡Jehová Rafa sigue haciendo su trabajo! Dios sigue siendo el Señor Dios que sana. Los azotes en la espalda de Jesucristo tenían un propósito. La sangre de esos azotes pagó por nuestra sanidad. Usted no puede disuadirme de esto. Usted puede decirme que los creyentes no pueden tener poderes demoníacos en ellos, pero nunca me convencerá. ¡He visto más que veinte mil personas ser liberadas! ¡Ahora lo *sé*! Saber es mejor que creer. Usted puede creer que eso no ocurre, ¡pero yo sé que sí! Yo creía que "[Jesús] anduvo haciendo bienes y sanando a todos los oprimidos por el diablo" (Hechos 10:38). Ahora lo *sé*. ¡La experiencia es la mejor maestra! Las "ideas" teológicas del hombre deben tomar el asiento trasero de la experiencia de vida basada en la verdad escritural. Le imploro que lea lo que tengo que compartirle con un corazón abierto y sincero. Al escribir este libro no tengo otra intención sino exaltar a Jesucristo y desenmascarar a Satanás y su reino de oscuridad. Creo que los pastores deben estar listos. Habrá una avalancha de creyentes que pedirán liberación. Puedo decirle personalmente que el día se aproxima con gran rapidez, y estoy aprendiendo al respecto. Realmente desearía que todos los creyentes experimentaran la libertad que está disponible en Cristo y no quedaran limitados a lo que impone una denominación. Encuentre la verdad experimentándola, y no se avergüence de pedir la plena libertad en Cristo. Si es sincero en su búsqueda, usted encontrará al Espíritu Santo; Dios no le dará una serpiente. Ésa es una promesa escritural de labios de Jesús.

Pues si vosotros, siendo malos, sabéis dar buenas dádivas a vuestros hijos, ¿cuánto más vuestro Padre celestial dará el Espíritu Santo a los que se lo pidan?

—Lucas 11:13

Yo nunca había experimentado algo como eso

Estaba en un servicio carcelario en la unidad de Wynne, una instalación del Departamento de Justicia Criminal de Texas en Huntsville. Si alguna vez ha conducido por Huntsville en la ruta Interestatal 45, posiblemente haya visto esta cárcel. Está ubicada sobre el lado norte de Huntsville y el lado este de la I-45. La vieja construcción de ladrillo rojo es visible desde la carretera. Es una de las instalaciones más antiguas del sistema estatal.

El equipo de alabanza y adoración había abierto el servicio, y una multitud de aproximadamente trescientos hombres estaba presente. Yo estaba sentado al costado de la plataforma, esperando ser presentado como el predicador de esa noche. (Había estado ministrando en esa cárcel el tercer sábado del mes aproximadamente desde 1988.) Esa noche fue bastante típica hasta aproximadamente cinco minutos antes de que me levantara para hablar.

Vi algo en mi espíritu, es decir una imagen mental. Era de una fea rata con dientes irregulares que mascaba el colon de alguien. Era como estar viendo la sección central del interior de alguien. Nunca había experimentado algo así. Dije: "¡Dios mío!, ¿qué es esto? ¿Me estás revelando que alguien tiene dolor en su colon? No sé qué hacer. ¿Quieres que diga eso y luego ore por la persona?". La respuesta parecía para ser un obvio sí, casi un severo "por supuesto".

Bien, lo hice. Cuando llegué al púlpito, compartí lo que había visto. Dije: "No sé si ésta es una palabra de conocimiento, una visión, o qué. Sólo estoy diciendo que si usted tiene un dolor así, Dios va a sanarlo esta noche". Un hombre se puso de pie y dijo: "Señor, ése soy yo". Le pedí que pasara al frente, y oré por él. Testificó que el dolor se fue inmediatamente.

"EL DOLOR ES INTENSO"

Cuando el servicio terminó y todos menos unos diez hombres habían salido de la capilla, un interno vino y me puso una nota en el bolsillo mientras hablaba con los pocos hombres que quedaban. Después de uno o dos minutos, volvió y me dijo: "Señor, ¿podría leer esa nota ahora?".

Tomé la nota de mi bolsillo y la leí. Dijo: "Soy el hombre a quien usted describió en su visión. Me dio vergüenza presentarme. Recién vuelvo del hospital John Sealy y me fue diagnosticado cáncer de colon. El dolor es intenso, pero como me voy a casa en pocos meses, el departamento dijo que podía esperar para tratarme cuando salga. El dolor es exactamente como usted lo describió: un dolor agudo como si una rata lo estuviera royendo". Levantó su camisa y me mostró un bulto que sobresalía justo debajo de la línea de su cinturón. Tenía la misma forma que una pelota de fútbol americano de juguete.

Dije: "Vamos a orar ahora mismo". Coloqué mi mano sobre el bulto y ordené que los espíritus de cáncer lo dejaran. Clamé por la gracia sanadora del Señor Jesús y ordené que los espíritus malignos volvieran a poner todo en orden. Empezó a doblarse de dolor y a hacer profundas arcadas. Expectoró sangre y flema, en gran cantidad. Uno de los internos que habían quedado consiguió una toalla y limpió el desorden. Cuando se enderezó, él dijo: "¡El dolor se fue, se fue!".

Dejé la prisión excitado, pero a decir verdad, sin saber qué había ocurrido. No *sabía* que estaba curado. Sólo sabía, por su testimonio, que el dolor había desaparecido. Al mes siguiente, cuando volví a esa cárcel, me esperaba en la puerta de capilla con una gran sonrisa en el rostro. Levantó su camisa y me dijo: "Se ha ido, hermano Don. Se ha ido, y no he tenido ningún dolor desde esa noche". Me dijo que ni siquiera recordó haber escupido sangre y mucosidad. Otros internos le habían dicho lo que había sucedido. Usted no puede disuadirme de esto. Podría compartir historias así una y otra vez y hacer con eso un libro muy largo.

Después de experimentar muchos incidentes así, recuerdo haber tenido alguna preocupación sobre ser auténtico. Había visto tantas "cosas religiosas" como ésta que no eran legítimas que me sentí un poco intimidado. Estaba predicando en Gatesville en la Unidad Hilltop y también en Trusty Camp, una cárcel para internas de sexo femenino. Entre servicios, entré al pueblo para conseguir una hamburguesa y estaba comiéndola en mi vehículo cuando decidí poner un vellón y pedirle al Señor que me guiara claramente. Quería otra clara señal de que era efectivamente el Espíritu Santo de Dios quien me estaba revelando que las personas serían curadas de enfermedades específicas, dolores y molestias. No sólo no quería ser engañado, sino también quería estar seguro de no engañar a otros. Sólo quería ser auténtico y no darle ningún lugar a Satanás.

Sólo quería ser auténtico

Recuerdo haber rogado: "Señor, no quiero ser como tantos que he visto. No quiero actuar en la carne. No puedo engañar a nadie en tu nombre. Tengo que saber que estas 'visiones', estas palabras que estoy recibiendo, vienen de ti y que tú esperas que yo actúe sobre ellas. [No había habido ninguna que no fuera exactamente como Él dijo, y la sanidad había venido siempre.] Te estoy pidiendo que me muestres una vez más, y si lo haces, no volveré a preguntarte sobre esto. Pero quiero ser tan auténtico que debo tener una confirmación".

Esa fue mi oración cuando terminé la hamburguesa. Mientras volvía a Trust Camp, recibí una palabra muy poderosa de que alguien estaba sufriendo dolor sobre el lado derecho de su cuerpo debajo de las costillas. Entré, y comenzó el servicio con las damas cantando algunas canciones. Cuando me levanté para predicar, dije: "Aquí hay alguien que tiene dolor sobre su lado derecho justo debajo de las costillas, y Dios va a sanarlo hoy". No ocurrió nada. Nadie se puso de pie ni dijo nada, y procedí con el servicio.

Después de formular el llamado al altar y orar con muchas damas para que recibieran a Cristo, pregunté si alguien estaba sufriendo del dolor que había descrito antes. Una dama de la fila trasera se puso de pie y caminó hacia el frente. Tomó el micrófono tranquilamente de mi mano. Lágrimas empezaron a correr por sus mejillas cuando dijo: "Hoy casi no vine a la iglesia porque tenía un dolor tan grande. El dolor estaba exactamente donde el hermano Don lo describió, y se fue en el momento en que dijo que Dios lo iba a sanar. ¡Todo mi dolor ha desaparecido!". ¡Vaya, qué confirmación! Nunca he mirado atrás, y nunca he dudado de este don del Espíritu. He visto a esta interna muchas veces desde entonces, y cada vez que la veo, me dice: "No he vuelto a tener ese dolor desde entonces".

Ahora, con esta unción para sanidad viene osadía contra Satanás, y yo pude ver claramente que el reino de la oscuridad era el origen de la enfermedad y las dolencias. No sabía que pronto estaría echando fuera demonios. Estaba a punto de embarcarme en un excitante viaje.

LOS DEMONIOS REALMENTE PUEDEN VIVIR EN CRISTIANOS

Estaba predicando en una cárcel cuando se me presentó la realidad de que había poderes demoníacos que vivían en cristianos. Siempre había creído que eso no era posible. Se me había enseñado que no era posible. Realmente no estaba abierto a discutir que espíritus tan malvados pudieran vivir dentro de un creyente. En mis años de entrenamiento del seminario jamás oí que existiera esa posibilidad. Había asistido a seminarios no denominacionales y a dos seminarios bautistas. Había nacido en una casa bautista, fui salvo en una iglesia bautista, fui ordenado como diácono, como ministro licenciado y luego ordenado, bautista, y me gradué en un seminario bautista.

No recuerdo haber oído jamás una discusión sobre demonios o guerra espiritual que tuvieran lugar dentro de creyentes. Me resultaba un concepto ajeno. Sólo recuerdo un profesor que haya mencionado a los poderes demoníacos. Recuerdo que habló de poderes demoníacos con los que había tropezado en personas que estaban *poseídas*. Habló de la oposición de una mujer en particular que estaba tan poseída por el mal que él desistió de la confrontación.

Yo nunca había tropezado con algo así

Este profesor del seminario escocés contó que miembros de la iglesia de la ciudad le habían pedido que fuera a la casa de esta mujer y expulsara los espíritus malignos. Le hablaron de todo lo malo y cómo ella se oponía al Cuerpo de Cristo. Audazmente, aceptó ir, pero dijo: "Yo nunca había tropezado con algo así y no sabía qué esperar".

Dijo que cuando llegó a la casa de la mujer, antes de llamar a la puerta, escuchó una voz socarrona, burlona, que lo llamó por su nombre y dijo: "Entra. ¡Te estaba esperando!". Cuando abrió la puerta, la mujer se estaba riendo de él, sus piernas le pesaban, y el miedo le quitó las fuerzas. Ella le dijo: "Háblame de tu Jesús. Háblame de tu Jesús...Ja, ja, ja". Se burló de él, que permanecía de pie silencioso y sin poder hablar.

Dijo que tuvo que dejar esa casa avergonzado de no estar preparado para arreglárselas con los poder demoníacos. Recalcó, simplemente, que los demonios existían.

He tenido encuentros similares con personas *poseídas* por demonios de las que hablaré después. Sin embargo, en esta prisión, ¡estaba a punto de encontrar un *creyente* que tenía demonios! Esto ocurrió en la cárcel de mujeres. Fui acompañado por mi esposa, Peggy, y algunos otros de nuestro ministerio con base en Texas. Mi anfitrión era el director de capacitación de la cárcel. Por entonces, llevaba años predicando en cárceles, y había encontrado muchos internos que me habían hablado de que tenían demonios, pero esta experiencia era diferente.

Prediqué a un grupo de aproximadamente treinta y cinco mujeres en una capilla muy pequeña. Después del servicio, una mujer joven se acercó a mí y dijo: "No sé por qué le estoy diciendo esto. Sólo siento que debo acercarme a usted. Me parece que usted me comprenderá, y me ayudará.

"¡Estoy atormentada por demonios!"

Lo que me dijo cambiaría mi vida y ministerio para siempre. "Hermano Don —dijo—, sé que soy salva, y sé que Jesús vive en mi corazón, ¡pero soy atormentada por demonios! ¿Me ayudará?". Recuerde, siempre se me había enseñado que esto no era posible. Sin embargo, estaba mirando a los ojos a una joven dama que estaba desesperada por ser libre. Empezó a decirme cosas que nunca había pensado escuchar. Me dijo con ojos suplicantes: "Mis padres eran adoradores de Satanás, y fui dedicada a Satanás siendo bebé. Fui criada para llegar a ser la novia de Lucifer". Empezó a hablarme de los abusos rituales desde que nació, algunos de los cuales ni siquiera puedo repetir. Explicó que estaba siendo preparada para llegar a ser la mujer de más alto rango de este grupo satánico.

Me habló de sus padres y otros que instaban a los espíritus demoníacos a entrar en ella. Todo eso era parte de un plan para llenarla con demonios para que un día pudiera convertirse en la novia de Lucifer.

La escuché, y mientras lo hacía me preguntaba cómo podría ayudarla. Me dijo muchas veces: "Sé que soy salva. Sé que Jesús vive en mi corazón, pero soy atormentada por demonios". Otra vez, la teología del hombre debe ponerse de acuerdo con la experiencia auténtica. Estaba mirando a los ojos a una desesperada hija de Dios nacida de nuevo. Mi mente corrió a través de la Escritura y de relatos de Jesús ordenando a los espíritus malignos que salieran fuera, pero no supe cómo hacerlo. ¡No sabía que *podía* hacerlo!

SÚBITAMENTE, TUVE UN PLAN

Dios me había estado preparando durante varios años, pero yo no lo sabía. Ahora empecé a ver algo de su preparación. Historias de otros internos empezaron a llenar mi mente. En una cinta de video había visto una sesión de liberación. La persona que se veía en esta cinta experimentó una increíble liberación de demonios. Ella recibió liberación en una cárcel del condado. Yo había conocido y tenía gran respeto por el ministro que había guiado a esta mujer a través de la liberación. Súbitamente, yo tuve un plan.

Le dije a esta mujer a la que estaba ministrando que conocía a un hombre que tenía un ministerio de liberación; que me contactaría con él y haría los arreglos con la cárcel para que viniera aquí y la ministrara. "¡Usted será libre!", le dije. Cuando dejé la cárcel, mi mente empezó a reflexionar en todas las escrituras que había estudiado sobre la opresión demoníaca. Sabía que la falta de perdón daba permiso a los demonios para atormentar a creyentes. Mire lo que Jesús dice al respecto:

Entonces se le acercó Pedro y le dijo: Señor, ¿cuántas veces perdonaré a mi hermano que peque contra mí? ¿Hasta siete?

Jesús le dijo: No te digo hasta siete, sino aun hasta setenta veces siete. Por lo cual el reino de los cielos es semejante a un rey que quiso hacer cuentas con sus siervos. Y comenzando a hacer cuentas, le fue presentado uno que le debía diez mil talentos. A éste, como no pudo pagar, ordenó su señor venderle, y a su mujer e hijos, y todo lo que tenía, para que se le pagase la deuda. Entonces aquel siervo, postrado, le suplicaba, diciendo: Señor, ten paciencia conmigo, y yo te lo pagaré todo. El señor de aquel siervo, movido a misericordia, le soltó y le perdonó la deuda.

Pero saliendo aquel siervo, halló a uno de sus consiervos, que le debía cien denarios; y asiendo de él, le ahogaba, diciendo: Págame lo que me debes. Entonces su consiervo, postrándose a sus pies, le rogaba diciendo: Ten paciencia conmigo, y yo te lo pagaré todo. Mas él no quiso, sino fue y le echó en la cárcel, hasta que pagase la deuda.

Viendo sus consiervos lo que pasaba, se entristecieron mucho, y fueron y refirieron a su señor todo lo que había pasado.

Entonces, llamándole su señor, le dijo: Siervo malvado, toda aquella deuda te perdoné, porque me rogaste. ¿No debías tú también tener misericordia de tu consiervo, como yo tuve misericordia de ti? Entonces su señor, enojado, le entregó a los verdugos, hasta que pagase todo lo que le debía. Así también mi Padre celestial hará con vosotros si no perdonáis de todo corazón cada uno a su hermano sus ofensas.

—Mateo 18:21–35

¡Qué verdad alarmante revela este pasaje! Aquí es Dios quien da permiso para que los demonios atormenten a creyentes. Diré más sobre esto después.

Durante los siguientes meses, me escribí con esta interna. Aprendí más sobre las fortalezas y el tormento que estaba experimentando. Pude llevarla a perdonar a sus padres a través de nuestras muchas cartas. Al final, perdonaría a todos los que la habían engañado y se habían aprovechado de ella.

Como se puede imaginar, no es fácil hacer arreglos con una cárcel para algo como esto, pero los funcionarios de la prisión fueron muy cooperativos, y se pudieron hacer. En realidad, mirando hacia atrás, probablemente era más fácil que hacer tales arreglos en una iglesia.

Se nos dio un salón de conferencia privado, y no hubo ningún oficial presente. Las únicas personas presentes serían la interna, el pastor que ministraría la liberación, y yo. Sería el que oraba cuando el pastor ordenase a los espíritus malignos que salieran.

¡SEÑOR, ME TENDISTE UNA TRAMPA!

Hubo una sola dificultad en el plan: ¡el pastor no apareció! Algo había ocurrido. Pensaba: "¿Me estás tomando el pelo? Esta mujer está esperando su liberación, y soy el único que está aquí. ¡Dios me tendió una trampa!". Me alegro de que lo haya hecho. Fue claro para mí entonces, pero mucho más ahora, cuando años después miro hacia atrás. Dios me puso en una situación donde tuve que actuar; tuve que usar la fe que Él me había dado.

No recuerdo por qué el pastor no estuvo ahí, pero era el plan de Dios que yo enfrentara esta batalla dependiendo totalmente de la Palabra de Dios y del Espíritu Santo.

Dios ha hecho esto a través de las edades. Ha preparado a sus hijos para la batalla mediante circunstancias que ellos no comprendían en su momento. Moisés había estado siendo preparado para ser un libertador, pero tengo la certeza de que no lo comprendía. Cuando se volteó para ver el arbusto en llamas, no tenía idea de que Dios había estado realizando un plan en su vida. ¡Iba a ser un libertador que miraría a Faraón a los ojos y le diría: "Deja ir a mi pueblo!". Ahora sé que Dios me estaba preparando para hacer lo mismo…Mirar al enemigo directamente a los ojos y decir las mismas palabras sobre su pueblo de hoy: "¡Deja ir a mi pueblo!". Los creyentes son el pueblo de Dios. Con gran poder y autoridad en el nombre de Jesús, estamos para proclamar libertad. Pero por entonces, poco sabía de esto.

Nunca olvidaré esa primera experiencia de liberación. Fue, lejos, la más dramática de los miles que he tenido desde entonces. Subí las escaleras de ese majestuoso edificio del gobierno y presenté los papeles que me autorizaban a la oficial de la puerta del frente. Recuerdo que me miró con algo de curiosidad en sus ojos. Sabía por qué estaba yo ahí, pero estoy seguro de que no lo comprendía. Sentí que debe haber pensado que yo no daba el tipo para hacer de "exorcista." No estaba vestido de negro. No tenía una gran cruz de madera, y no era sacerdote. En realidad, estaba de jeans, zapatos de tenis, y camisa de golf. Es raro cómo el liberar ha tomado esa connotación oscura y negativa. De todos modos, *exorcismo* no es la palabra que yo escogería. Me gustan "aliviar la opresión" o "sanar la opresión". Jesús anduvo haciendo bienes y sanando a todos los oprimidos por el diablo. ¡Eso es sanar la opresión! Hollywood ha hecho mucho daño al concepto de liberación de poderes demoníacos.

Tomé la decisión de dar un paso de fe

Una oficial correccional me acompañó por las escaleras internas hasta el tercer piso de la prisión, y a un salón de conferencia privado. Me imaginé que era donde se realizaban las reuniones de personal de la cárcel. Dentro de la habitación una larga mesa con tres sillas a cada lado y una silla en cada extremo. Yo había estado orando con gran intensidad desde que llegué el día anterior y me di cuenta de que el pastor no iba a estar ahí. Había tomado la decisión de dar un paso de fe. Tomé asiento de espaldas a las ventanas de la pared occidental y esperé en oración que la interna entrara por una puerta de mi derecha.

Llegó y me saludó con un abrazo, y se sentó directamente frente a mí. La oficial que la acompañó se fue, y hablamos durante algunos minutos antes de orar.

Yo pensaba: "¿Qué estoy haciendo? ¿Voy a echar fuera demonios? ¿Voy a enfrentar a espíritus malignos, ángeles caídos que viven en otro ser humano? ¿Cómo me metí en esto? ¿Estaba loco? ¿Pensaba que tenía autoridad sobre el reino de las tinieblas?". Fui bombardeado por toda clase de dudas, pero tuve cuidado de redargüir esas ideas con las escrituras que el Espíritu Santo traía a mi mente.

Una escritura en particular se mantuvo resonando en mi espíritu, era Lucas 10:19: "He aquí os doy potestad de hollar serpientes y escorpiones, y sobre toda fuerza del enemigo, y nada os dañará". Debo haber repetido ese versículo cinco o seis veces como reaseguro, y con un énfasis diferente cada vez. ¿Quién me dio poder y autoridad? ¡JESÚS! Muchas personas dirán que esta autoridad les fue dada solamente a los apóstoles. Se refieren a esto como la doctrina apostólica.

Sin embargo, Jesús les dijo esto no sólo a los doce sino también a los setenta discípulos que obviamente representan a la iglesia, y dijo: "*Yo* les he dado poder a ustedes…" (DHH, énfasis añadió). ¡Vaya!, me gustó eso.

Dar poder notarial para actuar en el nombre de Jesús

Luego pasé el versículo a través de mi espíritu acentuando diferentes aspectos de su verdad: "Yo les he dado poder a *ustedes*…". Sé que muchos se burlan de esto, pero es por eso que quedan impotentes en su cristianismo. El Espíritu Santo me estaba diciendo, reasegurándome, que Jesús me había dado el poder para triunfar sobre las tinieblas. Entonces sería: "Yo les he dado *poder* a ustedes...". Él Señor me estaba energizando con osadía santa para este encuentro. ¡Me estaba volviendo vivamente consciente de que me había sido dado un *poder notarial*, una autorización legal, para actuar en el nombre de Jesús! Lo comprendía. Podía verlo. La autoridad estaba en su nombre, y Él nos comisionó a usted y a mí para actuar en la autoridad de su nombre.

El versículo continuó corriendo a través mi mente incluso mientras manteníamos una conversación. "...poder a ustedes para *caminar sobre* serpientes y alacranes, y para vencer toda la fuerza del enemigo". ¡Para pisotearlos bajo los pies de Jesús! Me había sido dada esa autoridad, y sabía que los demonios lo comprendían. ¡Ellos saben que están derrotados! "¡*Serpientes y alacranes* y vencer toda fuerza del enemigo!"¡Qué escritura impresionante! Y después tengo la promesa de que será *sin sufrir ningún daño* (DHH).

Estaba listo, todo lo listo que podía estar. Mis planes, recuerdan, eran asistir al pastor y orar cuando se realizara la liberación. ¡Ahora yo soy el tipo! Estoy actuando en el nombre del Señor Jesús. Como hijo de Dios lavado en la sangre, estaba a punto de tomar autoridad sobre espíritus malignos y ordenarles que se fueran. ¡Yo! Realmente no puedo describir lo que sentía.

Esto le resultará más real si se pone en mi lugar. Estaba a punto de hacer un movimiento en el nombre de Jesucristo. No tenía maestro. Nadie me había instruido nunca sobre esto, aunque había sido expuesto a ello de muchas maneras y en varias situaciones. No cursé "Desvanecer Demonios 101". Si se hubiera ofrecido, probablemente lo habría hecho. No era un "Doctor en demonios" y sigo sin serlo. No tenía ningún instructor, aunque tenía el mejor maestro. Fui forzado a confiar en el Espíritu Santo.

Recordaba relatos de Jesús tratando con demonios. Les habló; ellos le hablaron. Les ordenó, y obedecieron. (Hablaré más de esto después.) Cuando Jesús se encontró con el hombre "poseído" por demonios en Marcos 5, los demonios respondieron a la orden de Jesús de salir del hombre diciendo: "¿Qué tienes conmigo, Jesús, Hijo del Dios Altísimo? Te conjuro por Dios que no me atormentes". Jesús respondió preguntando: "¿Cómo te llamas?". El demonio entonces dijo: "Legión me llamo; porque somos muchos".

Cuando Jesús ordenó a estos espíritus que se fueran, hubo una discusión adicional. Los demonios pidieron permiso para ir a los cerdos y les fue permitido ir allí y luego al abismo. Yo sabía que Jesús nos dijo que "atemos primero al hombre fuerte…" (Mateo 12:29), cuando entremos en encuentros espirituales.

Me refresqué en el Espíritu cuando estaba a punto de empezar. No sabía mucho más que: (1) atarlos en el nombre de Jesús, (2) descubrir su identidad, (3) determinar si tienen consentimiento para quedarse allí, y (4) ordenarles que se vayan al abismo. (Después entraré en más detalles.)

Tuvimos una palabra de oración antes de iniciar la sesión, pero el tiempo había llegado, y le dije a la mujer qué iba a hacer. Mientras la miraba a través de la mesa, ella había bajado la cabeza, y me miraba con los ojos casi cubierto por los párpados. Nunca había visto ni sentido tanto el mal. Me recorrió un estremecimiento. Temblé y sentí que el miedo trataba de sobrecogerme, pero sabía que el miedo era un espíritu ¡y que Dios no me había dado un espíritu de miedo sino de amor, de poder, y de dominio propio! Reprendí el miedo en el nombre de Jesús e inmediatamente cesó.

Era realmente difícil para ella

Le pedí que hiciera una oración con mi guía, reconociendo a Jesucristo como su Salvador y Señor. Confesó y se arrepintió de la falta de perdón, del odio, la amargura y la cólera y renunció a toda su participación en el satanismo. Le resultaba muy difícil lograr que las palabras salieran de su boca. Los demonios hacían todo lo que podían para impedirle decir las palabras que quebrarían su poder. Luchó duro para orar y empezó a temblar, y sus brazos comenzaron a sacudirse. Su cabeza cayó con la barbilla sobre el pecho. No podía ver claramente su expresión facial, pero su cara empezó a retorcerse y de sus labios emergió un "bramido", sordo y apagado.

Supe que probablemente había allí un reino demoníaco, y siendo así, habría algún poder demoníaco a cargo del reino. Sabía que eran principados y potestades. Después de atarlos con instrucciones específicas, ordené que el demonio "príncipe" o el demonio potestad que afirmara estar a cargo se identificase. No sabía qué esperar. Su voz cambió; se hizo ronca y de tono monótono, y los demonios hablaron a través de ella, como lo habían hecho a través del hombre que Jesús encontró en Gadara. "Identifíquese", ordené. El demonio dio su nombre inmediatamente. A cada respuesta, mandé al demonio que revelara si esa respuesta podría sostenerse como verdad ante Jehová Dios. Él pastor que hubiera debido estar atendiendo a esta mujer me había dicho, cuando lo conocí, que los demonios no pueden mentirle a Jehová Dios. Mandé a este poder demoníaco que revelara cuántos demonios estaban presentes y cuántos había en su reino. Después de varias mentiras y de llamar al espíritu maligno ante el trono de Dios, la malvada entidad dijo: "Somos demasiados, somos demasiado poderosos para ti".

Tenía razón, pero no estaba tratando conmigo. Estaba tratando con mi Salvador. Le recordé a este espíritu que esto no era entre nosotros sino entre mi Amo y el suyo, y que su amo estaba completamente derrotado. Espetó amenazas de muerte contra mi familia y contra mí. "No —le dije—, tú no puedes hacer nada más que obedecer órdenes en el nombre del Señor Jesús", expresé firmemente. Dios me había dado una osadía que excedía mi comprensión.

Exigí al espíritu que revelara si tenía consentimiento de esta mujer o de Jehová Dios para estar allí. Hubo silencio. Repetí la pregunta en la autoridad del nombre de Jesús y exigí una respuesta. "No." No había consentimiento para que el espíritu impuro estuviera ahí. La salvación, el arrepentimiento y la renuncia a la participación habían roto el poder del enemigo.

Exigí al espíritu que revelara si algún poder demoníaco presente tenía permiso para quedarse. Más silencio. Más órdenes. Tras largo tiempo hubo un "No". Dije: "Tú sabes que debes irte, ¿sí? ¡Tú y todo tu reino van a ser lanzados al abismo, al pozo!". "No, no, no…" Los brazos de la mujer se habían estado sacudiendo todo el tiempo. Había puesto mis manos sobre las suyas, y cuando ordené a los demonios que salieran, retiró sus manos y empezó a estrangularse. Estaba haciendo arcadas y tosiendo, y de su boca corría fluido. Me levanté y traté de soltar sus manos. Su cara se estaba volviendo azul. No podía aflojarle las manos o los dedos de la garganta. ¡Se había retrepado en la silla, y su cuerpo estaba rígido!

"ME SIENTO MÁS LIVIANA Y MUCHO MEJOR."

Exigí a los espíritus que la soltaran en el nombre de Jesucristo el Ungido, e inmediatamente sus manos cayeron a sus costados y ella cayó blandamente sobre la mesa, boca abajo. La tomé otra vez por las manos y le pregunté cómo se sentía. "Me siento más liviana y mucho mejor", dijo.

Cuando le dije que pensaba que seguía habiendo otros, sus brazos volvieron a estremecerse y la cabeza cayó sobre su pecho. "¿Quién eres?", ordené. De nuevo su voz cambió, y dio un nombre. "¿Por qué no saliste cuando ordené que se fueran?", pregunté. "¡Es mía!"

Airadamente el demonio insistió: "¡Es mía!". Empecé a mandar con más resolución: "¡No! No es tuya, ¡le pertenece a Jesucristo, y ha sido comprada por precio, redimida, salvada y ha nacido de nuevo! Es heredera de Dios y coheredera con Jesucristo. No tienes ningún derecho a su vida, y la dejarás ahora en el poderoso nombre de Jesucristo". La mujer empezó a toser. Se sacudió y tembló y escupió cuando este infame demonio salió.

"ES MÍA. YO QUIERO SU CUERPO."

Todavía quedaba otro, y éste parecía tan violento como el primero. Este espíritu, con un gruñido intimidador amenazaba con matarme. "Tú no harás nada más que irte como te lo he mandado en el nombre de Cristo Jesús." "Es mía. ¡Quiero su cuerpo! ¡Su cuerpo es mío!" Cuando ordené a este espíritu que la dejara, la mujer volvió a jalar sus manos y se agarró a sí misma. Me puse de pie, y desde atrás de su silla puse mis manos sobre sus antebrazos y exigí al espíritu que la soltara inmediatamente y se fuera al abismo. La liberación fue inmediata.

Se desplomó en su silla, y luego me miró con expresión más tranquila. "Se fueron. ¡Se fueron!" Se levantó y empezó a alabar a Dios; la alabanza fluía de sus labios. Saltaba arriba y abajo como si estuviera sobre un saltador, mientras seguía alabando a Dios.

"¡Oh! —decía—, se fueron. Soy realmente libre."

Ese día, cuando dejé la cárcel, me detuve en el escalón más alto de la prisión. Levanté mi Biblia en el aire y grité: "¡Sí! ¡En el nombre de Jesús, sí!".

CAPÍTULO 3

DESENMASCARAR
EL MITO

Quizás usted sea como muchos otros que cuestionan la liberación. Tal vez se ha preguntado: "Pero si soy cristiano, ¿cómo puedo tener demonios?". No quiero usar todo el libro para este asunto, pero usted debe dejarlo establecido en su mente y corazón. Los creyentes pueden y a menudo tienen espíritus demoníacos viviendo en ellos. Puede ser provechoso explicarlo en términos un tanto simplistas. El mito debe ser destruido para que el Cuerpo de Cristo sea libre. El "mito" (una creencia muy extendida pero falsa), ha dado ventaja a los espíritus malignos y ha mantenido a la iglesia en la esclavitud. Dicho clara y simplemente, es la ignorancia espiritual lo que permite que esta esclavitud continúe. *Ignorancia* es una palabra fuerte, pero la Palabra de Dios declara: "Donde no hay visión, el pueblo se extravía" (Proverbios 29:18, NVI). "Mi pueblo fue destruido, porque le faltó conocimiento" (Oseas 4:6). La falta de conocimiento es ignorancia. Y, en este caso, la ignorancia es voluntaria.

Puedo decir aquí que las personas a las que Jesús ministró eran creyentes judíos, y la Escritura dice: "Y si vosotros sois de Cristo, ciertamente linaje de Abraham sois, y herederos según la promesa" (Gálatas 3:29). Dicho sencillamente, el Cuerpo de Cristo es llamado "el linaje de Abraham". Jesús ministró liberación al linaje de Abraham.

¡La presencia del Espíritu Santo no impide que espíritus malignos vivan en el cuerpo o el alma de un creyente! Hasta que un creyente no pueda reconocer y comprender cómo ocurrió la atadura demoníaca, no puede ser libre. Usted puede estar lleno del Espíritu; memorizar la Palabra de Dios; cantar en el coro; enseñar en la Escuela Dominical; y ser un diácono, maestro o pastor y seguir teniendo demonios. ¡Lidio con esto casi a diario! Eso de que los creyentes no pueden tener demonios es una creencia peligrosa y extensamente sostenida pero falsa. Es un mito. En el evangelio de Marcos, un hombre estaba echando demonios en el nombre de Jesús, pero no era uno de sus seguidores. Juan le dijo:

Maestro, hemos visto a uno que en tu nombre echaba fuera demonios, pero él no nos sigue; y se lo prohibimos, porque no nos seguía. Pero Jesús dijo: No se lo prohibáis; porque ninguno hay que haga milagro en mi nombre, que luego pueda decir mal de mí.

—Marcos 9:38–39

Jesús llamó un "milagro" al echar fuera demonios. También les recordó a los discípulos que el mero hecho de no ser parte de su grupo no quería decir que no tuviera una relación con Jesús. Es importante comprender que la liberación no es *el* ministerio, ¡pero indudablemente es parte del ministerio!

ANALIZAR LOS MEDIOS

Usted recordará que antes de que Judas traicionara al Señor Jesús, "Satanás entró en Judas" (Lucas 22:3, DHH). Esta es quizá la evidencia más concluyente de que los demonios son ángeles caídos. Satanás es un ángel caído; otros lo siguieron en la rebelión. Satanás entró en un seguidor de Jesús. Probablemente, Judas no era creyente. El punto aquí es que los demonios entran a través de puertas. Jesús debe tener una puerta para entrar en los que creen, porque dijo: "He aquí, yo estoy a la puerta y llamo; si alguno oye mi voz y abre la puerta, entraré a él, y cenaré con él, y él conmigo" (Apocalipsis 3:20). No sé cuál sería para Judas la puerta abierta. Podían haber sido muchas cosas. El robo, las mentiras, la codicia...Yo supondría que era la incredulidad. A los demonios se les permite el acceso a la vida de un creyente por vías similares que discutiré después. El objetivo de cada demonio es robar, matar y destruir. Después de traicionar al Señor Jesús, un espíritu de suicidio llevó a Judas a la muerte (Mateo 27:5). Una "hija de Abraham" fue atormentada por un espíritu de enfermedad durante dieciocho años (Lucas 13:11–16). Un muchacho era arrojado al fuego y al agua por poderes demoníacos que trataban de destruirlo (Marcos 9:21–22). Una mujer gentil vino en nombre de su joven hija que era gravemente vejada por un demonio (Mateo 15:22–28). Los demonios necesitan una vía de acceso, un punto de entrada a una vida. Jesús habló a oídos sordos y los sanó ordenando salir a un "espíritu de sordera". La Palabra de Dios nos dice que el miedo es un espíritu y que Dios no nos ha dado ese espíritu. (Vea 2 Timoteo 1:7.) Si un creyente tiene una puerta abierta, es muy probable que también tenga demonios.

EXPLICACIÓN DEL MÉTODO

Los espíritus demoníacos son ángeles caídos. Hay muchos que especulan que son otra cosa. Una teoría indica que los espíritus demoníacos son los espíritus de una creación muerta previa a Adán. No hay ningún indicio escritural que respalde esto. Otra idea propone que los espíritus demoníacos sean un producto de los "gigantes" originados en Génesis 6 cuando los "hijos de Dios" tuvieron relaciones sexuales con las hijas de los hombres. Es posible que los espíritus de esos seres puedan ser parte del reino demoníaco. Por cierto, también hay algunos que creen que los espíritus demoníacos son en realidad los espíritus de los difuntos que mueren como no creyentes. Esto tampoco es escritural. Una última idea es que algunos creen que los ángeles caídos no podrían ser demonios porque los ángeles son "celestiales" y el hombre es "terrenal", por lo tanto, los espíritus demoníacos no podrían ser ángeles caídos. Esta teoría tampoco es respaldada por la Escritura. Satanás es un ángel caído, y él "entró en Judas". Él camina de un lado a otro de la tierra. Desafió personalmente al Señor Jesús en la tierra. Primera de Pedro 5:8 nos dice que Satanás ronda por la tierra, buscando a quién puede devorar. Eso parece ser muy claro e indudable en la Escritura.

Los espíritus demoníacos podrían entrar en creyentes siempre que los creyentes abran puertas a los espíritus impuros. Satanás deseaba a Pedro (Lucas 22:31), y el apóstol Pablo fue abofeteado por un mensajero de Satanás (2 Corintios 12:7). Realmente, no es complicado. Los demonios tienen asignadas tareas, y los creyentes son sus objetivos. No se trague la mentira religiosa de que porque usted es salvo no puede tener espíritus malignos. Si cree en esa mentira, se quedará en la esclavitud.

Miremos brevemente cómo funciona esto:

¿No sabéis que sois templo de Dios, y que el Espíritu de Dios mora en vosotros? Si alguno destruyere el templo de Dios, Dios le destruirá a él; porque el templo de Dios, el cual sois vosotros, santo es.

—1 Corintios 3:16–17

Esto dice, evidentemente, que un creyente es el templo de Dios.

Definir el templo

Es necesario definir el templo para comprender cómo es profanado y defendido. Él templo en que Dios vive hoy sobre la Tierra es el cuerpo de un creyente nacido de nuevo. Cuán sobrecogedora es esta idea de que Dios realmente mora en el creyente por su Espíritu Santo. Esto puede resultar confuso para algunos que formulan la pregunta: "Si el Espíritu Santo de Dios vive en mí, ¿cómo podrían también entrar en mí espíritus malignos?". ¿Cómo pueden el pecado y las ideas malvadas vivir en el templo de Dios? Los espíritus malignos pueden acceder al templo exactamente como las ideas malvadas y las acciones pecadoras: por decisiones que tomamos y puertas que abrimos.

Nuestro cuerpo es una trinidad; somos tres en uno. Somos un *espíritu* que tiene un *alma* que vive en un *cuerpo*. La mejor comparación que conozco es mirar a nuestro cuerpo, o más correctamente, a nuestro ser, como un templo o tabernáculo, como Pablo lo llama en 2 Corintios 5:1: "Porque sabemos que si nuestra morada terrestre, este tabernáculo, se deshiciere, tenemos de Dios un edificio, una casa no hecha de manos, eterna, en los cielos". ¿Recuerda el tabernáculo del Antiguo Testamento? Tenía tres partes: un patio exterior, el lugar santo, y el lugar santísimo. El lugar santo era dos veces más grande que el lugar santísimo.

El tabernáculo es una ilustración de nuestro ser. El patio representa nuestra carne, el lugar santo representa nuestra alma, y el lugar santísimo representa nuestro espíritu. El lugar santísimo es donde mora el Espíritu de Dios. Es importante comprender cómo se profana el templo. ¿Dónde vive en el creyente el Espíritu de Dios? ¡En nuestro espíritu! No en nuestra alma y carne; ésa es la parte de nosotros que podemos entregar a Dios o a la desobediencia. Nuestra alma está formada por nuestra mente, voluntad y emociones. Nuestra carne es lo que puede ser visto, tocado y sentido. Tiene sustancia. El espíritu no tiene ninguna sustancia; es intangible. Es nuestro espíritu el que ha nacido de nuevo, y es en nuestro espíritu donde el Espíritu Santo de Dios establece su residencia.

Quizás el espíritu es también el "hombre interior". Es muy importante comprender que somos una trinidad. Somos un ser tripartito. El espíritu ha nacido de nuevo, y el alma y la carne están "siendo salvadas" cuando nos negamos a nosotros mismos y nos conformamos a la imagen de Cristo. Son el alma y la carne las que pueden ser habitadas por poderes demoníacos. Es en el alma donde tiene lugar la batalla espiritual, y con frecuencia se manifiesta en la carne.

La mente es el campo de batalla. La mente y el cerebro están separados, pero no puedo demostrarle científicamente cómo sé esto. El cerebro es físico; la mente es almática. Las semillas del pecado están en la mente mientras que el fruto del pecado puede ser manifestado en la carne. Los demonios no pueden poseer a un creyente, pero pueden "oprimir" a creyentes, y lo hacen, y la opresión tiene lugar en el cuerpo y el alma.

PROFANAR EL TEMPLO

¿Cómo es profanado el templo de Dios? ¿Usted recuerda cuánto se enfadó Jesús cuando entró en el templo y lo vio "profanado" por los que compraban y vendían y por los cambistas?

> Y entró Jesús en el templo de Dios, y echó fuera a todos los que vendían y compraban en el templo, y volcó las mesas de los cambistas, y las sillas de los que vendían palomas; y les dijo: Escrito está: Mi casa, casa de oración será llamada; mas vosotros la habéis hecho cueva de ladrones. Y vinieron a él en el templo ciegos y cojos, y los sanó.
>
> —MATEO 21:12–14

Las cosas del mundo habían sido traídas al templo. Es así cómo es profanado hoy, cuando *nosotros* invitamos a las cosas del mundo a entrar en nuestras vidas. ¡Eso también se convierte en una invitación para que espíritus demoníacos habiten el templo! Como las ratas son atraídas por la basura, cuando nuestra vida tiene pecado no confesado, maldiciones no quebradas, o falta de perdón, los demonios vienen y profanan el templo.

Deben ser "expulsados". No pueden salir con medicación ni con consejo. Ni pueden ser removidos porque usted quiera que se vayan. Toda actividad cristiana es provechosa para mantener a los demonios "bajo control" en cierta medida, pero para eliminarlos se los debe "echar fuera". ¡Deben ser expulsados en el nombre de Jesucristo! Jesús dijo: "En mi nombre... *echarán fuera* demonios" (Marcos 16:17, énfasis añadido). ¿Puede el templo ser profanado? ¡Por cierto que puede! Tal como Jesús vio profanado el santo templo de Dios, nos ve a nosotros profanados por cosas que hemos permitido que entren a nuestras vidas. Ahora, la mentira en la que hemos creído es que en cuanto hemos confesado nuestro pecado, los demonios parten, pero no es necesariamente así. El arrepentimiento y la confesión del pecado cancelan la pena del pecado. Sin duda alguna somos limpiados del pecado, pero a los demonios ¿se les ordenó salir? El "permiso" del espíritu demoníaco para estar en el templo ha sido cancelado, pero he descubierto que frecuentemente ellos no salen hasta que se les ordena hacerlo. ¡Note que la sanidad vino después de que el templo fue limpiado!

Ningún pecado podía entrar en el lugar santísimo; representaba una muerte cierta entrar en la santa presencia de Dios con pecado en la vida del sumo sacerdote. Así como el pecado no podía entrar en el lugar santísimo, los espíritus demoníacos no pueden entrar en el espíritu de un creyente. Los contaminadores del templo a quienes Jesús persiguió hasta afuera, no estaban en el lugar santísimo sino en el patio exterior. Entonces, como ve, no se trata de posesión. El Espíritu Santo posee nuestro espíritu. Es el propietario; fuimos comprados, redimidos, adquiridos por un precio. Profanar el templo involucra el alma y la carne. Nuestra mente, nuestra voluntad, nuestras emociones, y nuestra carne es donde los atormentadores causan su daño. ¡Un templo profanado es un templo con problemas! Un templo con problemas debe ser limpiado por el Señor Jesús. "Limpiar" en este caso ser más que ser perdonado. Es expulsar a la fuente de la corrupción.

DEFENDER EL TEMPLO

¿Cómo defendemos el templo? Si están presentes espíritus demoníacos, debemos determinar si tienen consentimiento para estar ahí. El consentimiento debe ser de Jehová Dios o de nosotros mismos. Los demonios pueden estar presentes porque se lo permite el pecado generacional de los antepasados, y si ése es el caso, estos espíritus tienen consentimiento para estar ahí. El pecado generacional, o pecado ancestral, es el consentimiento dado por Dios de acuerdo con Éxodo 20:5: "porque yo soy Jehová tu Dios, fuerte, celoso, que visito la maldad de los padres sobre los hijos hasta la tercera y cuarta generación de los que me aborrecen". Éste es un principio bíblico, o ley, si quiere. Es el permiso legal para que espíritus malignos pasen de una generación a otra. Se dirá más respecto a esto después.

Recuerde: esto no es *posesión*; es *opresión*, y Jesús va haciendo bienes y sanando a todos los oprimidos del diablo. ¿Tienen consentimiento para quedarse? Ése es el asunto. ¿Ha confesado usted el poder del nombre de Jesucristo para romper la maldición del pecado generacional? ¿Alguien ha mandado a los espíritus que se vayan? Además de arrepentirse de la falta de perdón, la ira, la amargura y pecados similares, ¿ha mandado salir a los espíritus que puedan haber tenido entrada por ellos?

¡Es importante que lo sepa! Mi experiencia ha sido que los espíritus malignos no salen hasta que se les ordena hacerlo. El arrepentimiento cancela su permiso para estar ahí, pero salen cuando se les ordena salir. Jesús *expulsó* a los que profanaban el templo con gran autoridad. ¡Él nos ha dado autoridad sobre todo poder del enemigo! Guardar el templo limpio es mantener cerradas las puertas que les permiten entrar. Lea cuidadosamente esta declaración: la presencia del Espíritu Santo no mantiene fuera a los espíritus demoníacos; ¡lo hace el mantener cerradas las puertas bajo el liderazgo del Espíritu Santo! El hombre tiene la elección de "enfriar" o "apagar" al Espíritu Santo. El Espíritu Santo no libra nuestras batallas. Nos lleva y guía, pero siempre respeta nuestra voluntad.

CAPÍTULO 4

¿CÓMO LOS DEMONIOS TIENEN ACCESO A LOS CREYENTES?

E L MAYOR OBSTÁCULO con el que he tropezado al ministrar a creyentes es desplazar la falsa enseñanza que han recibido de bienintencionados pastores y maestros. Muchos dirán: "Sí, creo que Jesús trató con demonios, pero les hablaba a las personas según su nivel de conocimiento. ¿No le parece que en realidad era una enfermedad mental?". ¡Qué insulto para Jesús y para la Santa Escritura! Esto muestra tanto a Jesús como a la Palabra de Dios como *mentirosos*. Espero que usted no haya comprado esa mentira. He escuchado a bienintencionados pastores diciendo la misma mentira a sus congregaciones.

La verdad es que los creyentes son el objetivo de los poderes demoníacos, y nuestra ignorancia sobre el tema lo hace tanto más fácil para ellos. ¡Jesús alivió el tormento del oprimido, y también expulsó al opresor! ¡El tormento tiene lugar en el alma y la carne, no en el espíritu donde mora el Espíritu Santo!

Los demonios no pueden entrar a una persona por elección. Esto es, no pueden ocupar a alguien que ellos elijan. Debe haber algún permiso consentido por la persona. Los derechos legales son reconocidos y muy bien comprendidos por los poderes demoníacos. Debe haber una "puerta" o entrada de oportunidad. He escuchado a personas que habían sido adoradoras de Satanás llamar "portales" a estas entradas. Es importante reconocer estas entradas, o puertas, y mantenerlas cerradas y custodiadas.

Proverbios 25:28 dice: "Como ciudad sin defensa y sin murallas es quien no sabe dominarse" (NVI). Desafortunadamente, con frecuencia las puertas de nuestra vida son controladas por otras personas y otras circunstancias antes del nacimiento y en nuestra temprana infancia.

Las puertas se mencionan en toda la Palabra de Dios, y su importancia y trascendencia son vistas frecuentemente en términos de protección, de mantenerse en lo que es bueno, o cerrar el paso al enemigo. En Isaías 62:6,

Dios apostó centinelas sobre las puertas. La función obvia de una puerta es dejar algo fuera o permitir que algo entre. *Puertas, entradas, puntos de entrada* y *portales* son varios términos que describen la misma función. Son puntos de acceso para que los demonios alcancen a creyentes. Dios siempre honra la voluntad del hombre. La Escritura es el reglamento legal o el contrato que regla qué acceso pueden tener los poderes demoníacos a las vidas de los creyentes. El Espíritu Santo no entrará en una persona a menos que sea invitado, pero es rápido en aceptar la invitación. ¡Los poderes demoníacos también pueden y quieren hacerlo, pero no pueden entrar al alma o cuerpo de una persona sin permiso legal! No pueden. Pero hay numerosas maneras en que una persona puede abrir una de estas entradas, y podría haber subcategorías para cada una de las vías de acceso que mencionaré. Voy a hacer una lista de algunos permisos comunes que los creyentes dan a los demonios para que los opriman.

LOS ANTEPASADOS

Maldición generacional

Éste es el permiso que hoy podría haber prácticamente en la vida de cualquiera…¡Cualquiera! Cualquier ser humano vivo de este mundo es un candidato para que espíritus malignos entren por este permiso bíblico que se encuentra en Éxodo 20:5. Es el consentimiento dado por Dios para que espíritus malignos pasen a un niño por causa de los pecados de los antepasados. Algunos argumentan que esto no parece justo. *Justo* no es una palabra del diccionario demoníaco. Ésta es una consecuencia del *pecado, y cada padre y madre asumen la responsabilidad de quebrar esta maldición en la familia.* Es legítimo, y es con mucho la entrada que más comúnmente encuentro.

Las maldiciones generacionales o ancestrales son reconocidas a menudo por el deterioro de las funciones fisiológicas normales. Será provechoso leer Deuteronomio 28, y las referencias cruzadas de las diversas maldiciones. En general se las puede resumir de la siguiente manera:

1. Deterioro mental y emocional. Esto es muy comúnmente obra de poderes demoníacos y queda evidenciado por la cantidad de tratamientos.
2. Esterilidad e impotencia junto con abortos espontáneos y complicaciones conexas del sexo femenino.

3. Fracaso: planes y proyectos que nunca maduran. Muchas veces he encontrado espíritus "bloqueantes" y espíritus "dificultantes", cuyo propósito y asignación es impedir las bendiciones que están en camino.

4. Pobreza o insuficiencia financiera continua. Esta maldición con frecuencia es el resultado de robar de Dios, y también puede ser un pecado de los antepasados.

5. Obstaculización espiritual para escuchar la voz de Dios, intuir la presencia de Dios, comprender la Biblia, concentrarse en la oración, y carecer de dones espirituales.

6. Traumas de la vida: ir de una crisis a otra. Ésta parece ser una maldición bastante común. Prácticamente todos conocen a alguien que cae en esta categoría.

7. Muertes prematuras y no naturales.

8. Ruptura de relaciones familiares, incluyendo el divorcio.

9. Enfermedades y dolencias, especialmente crónicas y hereditarias.

...porque yo, el Señor tu Dios, soy Dios celoso, que castigo la *iniquidad de los padres sobre los hijos hasta la tercera y cuarta generación* de los que me aborrecen,

—Éxodo 20:5, lbla, énfasis añadido

La bendición espiritual también es prometida a los que obedecen los mandamientos del Señor. Las bendiciones son la contraparte de las maldiciones antes mencionadas.

Deuteronomio 28:1–14 habla de las bendiciones prometidas a quienes son "exaltados" por Dios: la promesa de ser prestamista y no prestatario, cabeza y no cola. ¿Su vida se caracteriza por su fecundidad? Éste es otro método de verificación para ver si puede estar bajo una maldición. Si usted no está disfrutando de bendición, entonces está sufriendo maldición. ¿Prospera en su entrar y en su salir? ¿Está libre del acoso de enemigos tanto naturales como espirituales? ¿Su vida es un éxito? ¿Su relación con Dios es gratificante? ¿Está usted reconociendo y cumpliendo los propósitos divinos? Éstas son las características de una vida bendita. De acuerdo con estas escrituras, no hay ningún lugar intermedio.

Aún otra manera de determinar si las maldiciones están operando es buscar los efectos de las maldiciones. Los efectos comunes de las maldiciones son la pobreza, la esterilidad, la pestilencia, la enfermedad crónica, el fracaso, la derrota, la humillación, la locura, el tormento, los traumas perpetuos, las obstaculizaciones espirituales, la dominación por otros, y la sensación de ser abandonado por Dios y por otros. (Vea Deuteronomio 28:20–68.) Vea en el apéndice un listado de las maldiciones bíblicas.

Desórdenes mentales

Los desórdenes mentales como la depresión y los trastornos bipolares son comúnmente un resultado de maldiciones generacionales o de abuso en la temprana infancia. Junto con muchos otros trastornos de la mente, las autoridades médicas atribuyen estas maldiciones generacionales a la "genética." Sin embargo, la buena información sobre la historia familiar puede ser muy beneficiosa en el proceso de liberación.

Alcohol y adicciones

Si hay evidencias de alcoholismo o abuso de alcohol en la historia familiar, es casi seguro que usted descubrirá un espíritu adictivo que ha pasado a los hijos. La adicción puede manifestarse de otras maneras. Puede no ser al alcohol; pero sí a la nicotina, drogas, comida o incluso al sexo. El comportamiento adictivo de los antepasados le dará una pista de qué espíritus se podrían estar ocultando en el templo.

Espíritus religiosos

Los espíritus religiosos suelen ser espíritus de "esclavitud" que mantienen atada a una persona de una manera legalista que deshonra a Dios, y hacen que la persona sienta que nunca podrá complacer a Dios. Éste es un espíritu muy común que veo pasar por maldición ancestral. La herencia indígena también debe ser analizada y podría ser una muy buena pista hacia posibles espíritus ocultos o religiosos. Prácticamente cualquier tipo de espíritus demoníacos puede pasar a través del permiso generacional. Los antecedentes de la historia pueden ser muy provechosos.

Trauma de nacimiento

Deben considerarse muchas otras posibles entradas al nacer o durante el tiempo en que una madre está gestando un niño. El trauma que tiene lugar mientras el niño está en el vientre y poco después de nacer, incluso el proceso de parto, deben ser investigados. He visto espíritus malignos conectarse a una vida por causa de dificultades ocurridas durante el proceso de parto.

Trauma de la temprana infancia

Las palabras habladas pueden convertirse en maldiciones, dando permiso a espíritus malignos por palabras de la madre, el padre o el médico. Muchas veces he encontrado espíritus de rechazo y abandono desde un trauma posterior a la concepción del niño. Recuerde, Juan el Bautista saltó en el vientre cuando se enteró de que Jesús vendría, a través de una conversación entre su madre, Elisabet, y María la madre de Jesús. Un poderoso espíritu de abandono que encontré había ganado acceso a un bebé mientras estuvo en una incubadora durante seis semanas. A los 35 años se hizo un ovillo en posición fetal y empezó a llorar: "¡Oh, estoy en una caja, quiero a mi madre...!". Explicó, después que a este espíritu atormentador se le ordenó salir, que podía verse a sí mismo como un bebé diminuto en la incubadora separado de todos. Éste es siempre un lugar a explorar en busca de posibles entradas.

La vida temprana de cualquier persona puede ser una fuente de entrada de demonios. Recuerde que los demonios no juegan limpio. El miedo a la oscuridad, a que mamá y papá discutan, el miedo al divorcio, el divorcio mismo, el abuso, la muerte, la culpabilidad, la vergüenza o las pesadillas... La lista es larga porque las entradas pueden venir a través del trauma de la infancia. Lesiones u hospitalización también pueden ser una fuente.

Uno de los espíritus más comunes encontrados en el ministerio de liberación es un demonio de confusión. Suele tener entrada cuando mamá y papá discuten, amenazan con irse, quizás sin siquiera despedirse, todo lo cual le dice al niño cuán queridos e importantes son para él. El espíritu de confusión generalmente trae a sus amigos la duda, la incredulidad, el escepticismo, y el descreimiento. Muchas veces estos espíritus funcionan como espíritus para "bloquear" o "dificultar".

Es casi seguro que si un niño es abusado sexualmente, humillado, o avergonzado sexualmente, ese niño recibirá un espíritu demoníaco cuyo trabajo es la perversión sexual. El espíritu puede venir en una de dos formas llamadas íncubos y súcubos. Este espíritu también puede venir de un trauma sexual acontecido más tarde en la vida. Generalmente, este espíritu conducirá a la persona a extremos sexuales: promiscuidad en una persona y frigidez en otra.

Enfermedad

Ésta es una puerta muy común para espíritus malignos. Recientemente, encontré un espíritu que se identificó como "mononucleosis". La persona sufría de fatiga y extrema falta de energía. Cuando este espíritu se manifestó, ella se agarró sus mandíbulas de ambos lados en el área del nódulo linfático. La estaba lastimando. Ella había sufrido esta enfermedad siendo niña, pero el espíritu que la causó se quedó y la había atormentado con varias dificultades durante quince años. Cuando se lo mandé en el nombre de Jesucristo, el espíritu salió y con él los síntomas que ella había estado experimentando.

He visto curarse problemas auditivos cuando los espíritus que vinieron a través de las paperas, la varicela, el sarampión, la fiebre alta, y otras enfermedades semejantes fueron identificados y se les ordenó salir. La enfermedad es siempre una posible entrada de espíritus demoníacos. Cuando Jesús ministró sanidad a personas sordas, dijo: "Espíritu mudo y sordo, yo te mando, sal de él, y no entres más en él". (Vea Marcos 9:25.) ¡Llamó espíritu a la sordera!

Cirugía

Esto me resultaba un enigma cuando empecé a tropezar con él. ¿Cómo podían los espíritus malignos tener acceso a la vida de un creyente a través de la cirugía? ¿Entraron a través de la incisión? No. ¿Era el miedo? Recuerde, el miedo es un espíritu. ¿Tal vez por médicos impíos? ¿Quizá la anestesia? Todavía no puedo darle una respuesta segura. Tal vez son todas esas cosas. Llevé a un médico a pasar un proceso de liberación en Oklahoma, y me preguntó cómo podía ocurrir eso. Dijo: "Oro con todos mis pacientes antes de la cirugía. ¿Qué oración puedo hacer para evitar que eso ocurra?".

Lo discutimos un rato, y explicó la información en términos médicos pero básicamente dijo esto. Cuando una persona está bajo anestesia, hay una breve ventana, un estado de transición donde no están ni conscientes ni inconscientes. Brevemente están en lo que es similar a un estado hipnótico cuando se va del conocimiento a la inconsciencia y lo mismo ocurre cuando vuelven para salir. Tal vez es entonces cuando ocurre.

Creo que lo es. He descubierto, sin embargo, que palabras de los doctores pueden convertirse en maldiciones habladas, por ejemplo: "Usted nunca volverá a caminar". "Usted empeorará gradualmente y nunca podrá curarse." "No hay esperanza de que pueda recuperarse completamente." La cirugía debe verse siempre como una posible puerta.

Burlas o humillación

También he descubierto que los traumas de los años escolares pueden ser puertas para espíritus demoníacos. Una entrada común es ser ridiculizado o avergonzado por un maestro. A usted le sorprendería saber cuántas veces he visto que esto es una fuente de espíritus de baja autoestima, espíritus de rechazo, o espíritus de condenación. Lo mismo puede ocurrir por el rechazo de los compañeros, no sentirse aceptado en ciertos círculos, y cosas por el estilo.

Inmoralidad

Los periodos de inmoralidad en la vida del candidato siempre deben ser analizados como posibles entradas o invitaciones a espíritus malignos. Muchos de quienes me vienen a ver para ser liberados hablan de un periodo de promiscuidad sexual, algo de bebida y drogas durante sus días de escuela secundaria y universidad. Las relaciones sexuales fuera del matrimonio no solamente pueden abrir puertas a demonios, sino que también pueden crear ataduras del alma que les dan permiso para quedarse hasta que esa maldición sea rota. Una atadura del alma puede ocurrir siempre que hay una relación poco saludable. Lo más común son las relaciones sexuales fuera del matrimonio.

Pecado no confesado

Prácticamente cualquier pecado no confesado puede ser una puerta abierta para que los demonios atormenten a creyentes. Algunos pecados, sin embargo, parecen ser entradas más grandes.

Ira

Un versículo especial que viene a mi mente es Efesios 4:26: "'Si se enojan, no pequen.' No dejen que el sol se ponga estando aún enojados, ni den cabida al diablo" (NVI). Esto dice claramente que la ira que queda de un día hasta el siguiente puede dar lugar al diablo. El hecho de que haya una puerta o entrada no quiere decir que un demonio entre siempre. Probablemente sea frecuente que no entren; pero es una invitación, y debemos mantener nuestras vidas cubiertas y limpias por la sangre de Jesús.

Dolor

El dolor, tanto físico como emocional, frecuentemente invitará a espíritus de dolor a que hagan residencia mediante el trauma del dolor y se queden en la vida para atormentarla con dolor. He encontrado espíritus de dolores "crónicos", y me he topado con espíritus de dolores "continuos". El espíritu de dolor muchas veces invitará a un espíritu adictivo para cubrir el dolor, dando como resultado mayor esclavitud.

Muerte

No sólo se trata del trauma de que alguien cercano a nosotros esté muriendo, sino que también hay otra consideración. Cuando una persona muere, si tenía espíritus malignos oprimiéndola o poseyéndola, esos espíritus se quedarán súbitamente sin casa. Buscarán otra, y mi experiencia es que tienden a quedarse en la familia.

Prediqué en el funeral del padre de uno de mis mejores amigos. El padre era un alcohólico y apenas pudo mantener su hogar unido a través de los años. Su hijo (mi amigo) no bebía. Esto es, hasta unos pocos meses después de la muerte de su padre. Ahora mi amigo está luchando por mantener su hogar unido y se está convirtiendo en un alcohólico. Su madre le dijo: "¡Estás actuando exactamente como tu padre!". He visto suceder esto muchas veces de muchas maneras diferentes.

Pornografía

Esta puerta está siendo probada en las vidas de casi cada varón sano del mundo y en mujeres también. Esta puerta puede llevar a un espíritu muy fuertemente adictivo que está empeñado en destruirlo. Pastores, maestros, dirigentes políticos, hombres que ocupan cargos directivos, y el tipo que limpia el sótano suelen ser víctimas de esto y encuentran a este demonio, uno de los más difíciles de quitar. Una vez que se abre esta puerta, suele quedar abierta. Los demonios destructores avanzan lentamente en su trabajo de destruir las familias, la autoestima, la salud, las iglesias, los hijos, etcétera. Ésta es hoy una de las más comunes puertas para los demonios.

Actividad delictiva

Esto es indudablemente una invitación a los espíritus demoníacos. Después de ministrar en cárceles desde 1974, he visto que ésta es una entrada muy común y constante para los espíritus malignos. Los demonios no suelen perder esta oportunidad. Esto, probablemente más que otra cosa, explica las puertas giratorias de las penitenciarías de nuestra nación. Muchos hombres y mujeres aceptan a Cristo como Salvador mientras están encarcelados pero siguen siendo incapaces de desempeñarse en la sociedad, porque están libres del castigo del pecado pero todavía permanecen esclavizados a los poderes de la oscuridad.

Maldiciones habladas

La lengua puede hablar bendición o maldición, y las palabras que hablamos o las palabras que nos hablan a nosotros, o sobre nosotros, pueden dar oportunidad para que los demonios entren. El poder de la vida y de la muerte está en la lengua. (Vea Proverbios 18:21.) Palabras tan simples como: "Nunca vamos a tener nada", pueden invitar a un espíritu de pobreza que ayudará a asegurar que esas palabras pronunciadas ocurran. Si usted visualiza un ángel grande a su derecha y un gran demonio a su izquierda, cada uno de ellos actuará basándose en las palabras que salgan de su boca, así que usted podría tener una imagen bastante exacta de cómo funciona esto. Los ángeles reaccionan frente a las palabras de fe que usted habla y los demonios responden a las palabras de duda y de incredulidad.

Lujuria

Esto incluye la lujuria por dinero y cosas materiales o por apetitos corporales, como comida y relaciones sexuales. La envidia, la codicia y los celos son entradas seguras para espíritus malignos. La lujuria es indudablemente una entrada que está presente en muchas vidas.

La mente

La mente es evidentemente el campo de batalla. Lo que dejamos entrar a través de nuestros ojos y oídos puede dar entrada a poderes demoníacos. Pueden ser libros que hemos leído; algo tan simple como la fascinación por la mitología griega y romana, o egipcia; o películas de terror o que muestran excesivamente el pecado, junto con programas de televisión e incluso tiras cómicas. Ministré a niños que habían recibido demonios de tiras cómicas. Las criaturas se hacen sus amigos, y fantasean. Esto puede invitar a demonios. ¡Los libros y películas de Harry Potter están entre lo absolutamente peor! Los padres cargan una responsabilidad fuerte, y veo que muchos sólo dan vuelta la cabeza.

Lo oculto

Recuerde, puede haber casi tantas divisiones de entradas como usted pueda imaginar dependiendo de las categorías y las subcategorías. Permítame decirle aquí que no pienso poder cubrir todas las posibles entradas a lo oculto. Pero quiero hacer una lista con algunos que pueden sorprenderlo.

- Francmasonería
- Estrella oriental
- DeMolay
- Las hijas de Job
- Elk (Alces)
- Mormonismo
- Gurúes
- Islam
- Espiritismo
- Hinduismo
- Iglesia de la Unidad
- Baha'í
- Tarjetas y personajes de Pokemon
- Los que dicen la suerte
- Tablas Ouija
- Médiums
- Astrología
- Levitación
- Horóscopo
- Magia negra
- Espíritus guías
- Cristales
- Curiosidades indígenas
- Brujería
- Satanismo
- Logias diversas
- Hijas del arco iris
- Shriner
- Las hijas del Nilo
- Ciencia cristiana
- Testigos de Jehová
- Cienciología
- Religiones comunes
- Budismo
- Tibetanismo
- Rosacruces
- Teosofía
- Harry Potter
- Cartas del tarot
- Sesiones de espiritismo
- Quiromancia
- Colorterapia
- Viaje astral
- Amuletos de la suerte
- Adoración de demonios
- Clarividencia
- Nueva Era
- Religiones orientales
- Vudú
- Hipnotismo

Aunque ésta no es una lista de cada posible puerta, sin embargo debe darle una idea de lo que da permiso a los demonios para entrar en el alma y la carne de creyentes. (Vea los síntomas de opresión demoníaca en el apéndice al final del libro.)

CAPÍTULO 5

¿QUÉ CLASES DE PERSONAS VIENEN POR LIBERACIÓN?

P ERSONAJES DE FICCIÓN como Frankenstein y el hombre lobo tuvieron su parte en dificultar que las personas vengan por liberación o siquiera vean la necesidad de ella. La película *El exorcista* y otras producciones de Hollywood sobre demonios también hicieron difícil que las personas corrientes puedan creer que ellas mismas podrían tener demonios. Así que hemos creído otra mentira, y en gran parte, muchos han elegido quedarse en la esclavitud antes que enfrentar el riesgo del ridículo pidiendo ayuda. Así que la clase de personas a quienes he visto venir por liberación y a las que he ministrado directamente son buscadores silenciosos debido al estigma que va con la idea de liberación. Vienen efectivamente como Nicodemo fue a Jesús. Muchacho, creer en los demonios. Han hecho un buen trabajo volviendo realmente difícil para las personas ser libres.

¡Sé por experiencia que el opresor nunca suelta voluntariamente al oprimido! Déjeme volver a pronunciar esta oración. *El opresor nunca suelta voluntariamente al oprimido.* Esto es verdadero en el ámbito físico y en el espiritual. Si usted quiere ser libre, tiene que hacer un esfuerzo. A menudo, debe solicitarlo.

La mayoría de los creyentes saben que sufren por la opresiva mano de Satanás a través de sus poderes demoníacos, pero deciden llamarlo otra cosa. "Es así como soy." "La vida es así." "He estado con un consejero y con un médico así que considero que es algo con lo que tengo que arreglármelas." "Los demonios no viven realmente en los cristianos, ¿es así? Quiero decir, ¿cómo podían estar donde está el Espíritu Santo?" Ya no sé cuántas veces he escuchado estas afirmaciones.

Con el paso de los años, virtualmente he tratado personas de todo estilo de vida. No malas personas, no personas malvadas, sino personas buenas, personas piadosas. Yo solamente trato con creyentes. No tendría sentido echar demonios de una persona perdida. Otros entrarían inmediatamente porque no hay resistencia. Solamente ministro a creyentes, ¡y han sido miles!

¿Qué clase de personas? Déjeme compartirle algunas situaciones. Un concejal de la ciudad vino por liberación, y durante la sesión un espíritu de automutilación se presentó a sí mismo. El concejal quedó estupefacto cuando el demonio reveló su función. "No me corto ni hago ninguna automutilación. ¿Qué diablos significa en mi vida la automutilación?" Bien, cuando sondeamos algo más y permitimos que el Espíritu Santo nos revelara la información, recordó que cuando era niño, tenía una compulsión a jalar hebras de cabello de su cabeza. "Me gané tantas zurras por eso", dijo. "A veces volvía de la escuela a casa con manchones calvos en mi cabeza. Lo sigo haciendo". Se trataba de un espíritu de trichotillomania, un espíritu de compulsión que él no podía controlar. Fue liberado de ese espíritu y de los otros que había en su vida, permitidos por una maldición generacional.

Trichotillomania es un término acuñado por un dermatólogo francés en 1889 para describir el impulso compulsivo o irresistible de arrancarse el pelo que observó en pacientes. La palabra *trichotillomania* se deriva de las palabras griegas *thrix*, que significa "pelo, cabello"; *tillein*, que significa "tirar"; y *manía*, que significa "demencia" o "locura". Este nombre es poco apropiado para las personas con trichotillomania, que no están "enojadas", "psicóticas" o "locas" como el nombre sugiere. En psiquiatría, la trichotillomania es clasificada como un trastorno de control de impulsos tal como el juego compulsivo, la cleptomanía (robo compulsivo), y la piromanía (impulso compulsivo a encender fuego). He visto que los demonios pueden ser responsables de todos estos desórdenes.

Los trastornos de control de impulsos están caracterizados por la incapacidad para controlar o resistir la tentación (o el impulso) a hacer algo perjudicial para sí mismo o para otra persona. Un enfermo experimenta a veces un sentido de tensión creciente antes de llevar a cabo el comportamiento y puede tener después un sentido de alivio o de liberación de la tensión. A veces las personas incluso expresan un grado de placer después de haber realizado el acto. Las características de la trichotillomania incluyen la incapacidad de resistir los impulsos de jalarse el propio cabello, la tensión en aumento antes de tirar, y un sentimiento de alivio después.

También vi este espíritu en una porrista de la escuela secundaria que ha testificado que no volvió a tener ese problema desde que dejó mi oficina hace ya varios años. Recientemente, un ama de casa también fue liberada de este mismo espíritu. Ha habido muchos otros: simplemente personas comunes. Mi experiencia es que prácticamente todo lo que un médico llama un "desorden" podría ser causado por demonios. ¡Dios pone las cosas en orden; los demonios las desordenan!

Un cirujano y su esposa vinieron por liberación. La esposa tenía muchos espíritus de enfermedad que habían obtenido permiso para ingresar por la anestesia y varias cirugías. El cirujano me dijo después de que su esposa terminó la liberación: "Pienso que tengo que programar un tiempo para verlo. Mientras usted estaba ministrando a mi esposa, sentí mucho revuelo dentro de mí".

Me reuní con ese doctor aproximadamente un mes después. Tuvo que excusarse y correr al hospital en medio de la liberación. Tenía un buscapersonas para emergencias. "No se vaya de aquí —dijo—, volveré pronto". Bien, estuvo de regreso en menos de treinta minutos, y continuamos la liberación. Este cirujano muy respetado y muy educado me dijo cuándo finalizamos: "Probablemente no podré hablarle a nadie más de esto, pero quiero decirle que cuando usted mandó salir a ese último espíritu, yo podía verlo y sentirlo en la espalda, como un pájaro muy grande. Sus garras estaban clavadas en mis hombros cuando vino un ángel grande y lo apartó de mí. Pude ver a esa fea criatura rodar y caer cuando desapareció en la oscuridad". Dijo: "Hombre, ¡eso es excitante! Me siento tan libre ahora".

Este doctor había sido traicionado por un colega en años pasados. Había sentido cierta amargura y falta de perdón hacia el otro doctor. Eso había sido una entrada, tanto como los juramentos de fraternidades y las promesas que había hecho en la universidad. Pero ahora es libre. ¿Qué clase de personas? Personas normales y comunes y cotidianas, exactamente como usted.

La lista de personas a quienes he llevado a liberación incluye abogados, muchos pastores, diáconos, amas de casa, niños, atletas, estudiantes de la universidad, misioneros, asesores financieros, ingenieros, maestros de Escuela Dominical, cantantes profesionales, miembro del coro, banqueros, jubilados, programadores de computadoras, maestros de escuela, consejeros, rectores, oficiales de probation, oficiales correccionales, capellanes, policías, internos, entrenadores, escritores, etcétera, etcétera. Supongo que eso responde la pregunta. Simplemente personas.

CAPÍTULO 6

MI TEMPRANA EXPOSICIÓN
A LOS DEMONIOS

Tuve dos experiencias muy extrañas cuando estudiaba en el seminario y trabajaba en Fort Worth. Estaba empleado en una compañía de electricidad como lector de medidores. Leer medidores eléctricos implicaba hacer una ronda mensual por toda la ciudad y entrar a miles de patios en docenas de comunidades. Creo que llegué a conocer cada clase de perro y aprendí sus distintos rasgos y características. Aprendí a reconocer rápidamente en qué perros podía confiar y a cuáles podía engañar. También aprendí a cuáles debía dejar tranquilos.

Una de las cosas que hace un lector de medidores es apuntar cualquier mala experiencia con perros en una particular dirección. De esta manera, se puede saber con anticipación si se podría encontrar con un "perro malo". A veces la nota decía: "Fiero...cadena larga". La longitud de la cadena es algo muy importante. Leí medidores durante dos años y una vez un perro me mordió. Un cocker spaniel que no ladraba y parecía totalmente inocente, simplemente se acercó y me mordió.

Jamás voy a olvidar el encuentro más aterrador que tuve en mi vida. Era una casa con un garaje separado, al fondo, y se podía ingresar por el callejón. Cuando leí el medidor que estaba al fondo de la casa y comencé a caminar hacia la siguiente casa, que estaba justo detrás de la primera en la calle de al lado, pude ver una cadena que entraba en el garaje abierto. En el suelo había una gran estaca, y supuse que habría un enorme perro en el otro extremo. Vi que la cadena se movía, pero no oí ningún ladrido.

Salí despacito, tomando una distancia razonable de la puerta del garaje para poder pasar al siguiente patio. Cuando miré hacia adentro del garaje, esperando ver al perro, mi corazón casi se detuvo de golpe. ¡No era un perro! ¡Era un ser humano! Un hombre que podría tener unos dieciocho o veinte años. Estaba encorvado y se veía desaliñado. No habló, pero se movió hacia mí y esbozó una especie de gruñido al acercarse.

No puedo describir lo que sentí. Para ser sincero, estaba asustado. Nunca se me había ocurrido que podría ver algo así. Desearía haber sabido entonces lo que sé ahora. No emití palabra, y no estoy seguro de si hubiera sido capaz de decir algo. Recuerdo que me preguntaba: "¿Qué es esto?".

Esa tarde pregunté a otros trabajadores si habían visto a este joven. Varios de ellos lo habían visto. Uno dijo: "¡Hombre, ese muchacho está loco! Sus padres no pueden controlarlo. No saben qué más hacer". ¿Podría ser cierto esto?

¿Sería este muchacho como el endemoniado de Marcos 5? Nunca más lo vi después de esa vez. Regresé a esa casa en los meses siguientes, pero no volví a ver al joven ni a la cadena que lo sujetaba. Ése puede haber sido un caso de posesión demoníaca. Creí que lo era en aquel momento, y todavía lo creo.

¡PREDICADORES DE DIOS!

Aproximadamente un año después me encontré con algo similar. Fue en la zona sur de la ciudad, cerca del Seminario Teológico de una Southwestern. También era una casa esquina, pero el escenario era muy diferente. La casa parecía abandonada y el jardín estaba descuidado. Parecía un lugar deshabitado. Había setos que rodeaban todo el patio, y también estaban muy crecidos y necesitando ser podados. Me abrí paso por una pequeña abertura entre aquellos matorrales hacia el patio trasero. Me sorprendí al ver una mujer de espaldas. Su vestido estaba hecho harapos y su pelo lucía como si nunca se lo hubiese peinado. Hablé muy suavemente como para no asustarla.

La mujer se dio vuelta muy lentamente y soltó un "cacareo", como de bruja. Su semblante era oscuro, y su mirada dura. Era fea, y tenía el ceño fruncido. Me señaló y dijo: "¡TÚ! ¡Predicador de Dios!", con su cacareo burlón. Mis piernas se volvieron pesadas, y apenas podía moverme. No podía hablar, pero salí de ese patio tan pronto como me fue posible. Se me había ido la energía. Me detuve y me senté en el cordón de la vereda frente a aquella casa, tratando de recobrar la compostura y preguntándome qué era lo que acababa de experimentar.

Sus palabras, la risa, y la burla aún perduran en mi memoria. ¿Cómo sabía que yo era predicador? ¿Qué eran ese agotamiento y esa pesadez en mis piernas? Creo que era el poder de los demonios que había en esa mujer. Tras unos quince minutos de descanso y reflexión, retomé mi trabajo, y a unas cuatro casas de la de aquella mujer vi a una señora trabajando en su patio. Le pregunté sobre la mujer de la esquina.

"¿Conoce a esa mujer?", consulté.

"Oh no, no creo que nadie de por aquí la conozca. Nunca hay nadie en esa casa. Los niños ni se acercan allí. Jamás he visto a nadie entrar o salir de esa propiedad. Se oyen toda clase de historias", me dijo.

Han habido muchas situaciones que podría atribuir a actividad demoníaca, y compartiré algunas más.

SÉ QUIÉN ERES

Seguía trabajando para la compañía de electricidad, pero cuando sucedió esto lo hacía en un departamento externo de atención al cliente. Esta función incluía responder quejas y preguntas de los clientes sobre el servicio que recibían. Para trabajar, dividíamos la ciudad en territorios. El mío era al oeste de Fort Worth, y había otras cinco personas que trabajaban en mi oficina con las mismas responsabilidades. A los clientes que llamaban por teléfono a la compañía de electricidad y no recibían una respuesta que los satisficiera se les decía que un representante los contactaría personalmente. Los operadores telefónicos enviaban a nuestro departamento una orden de trabajo con información de la cuenta de esos clientes y de su problema.

Cuando salí de la oficina aquel día, me di cuenta de que entre los contactos que me habían asignados había uno que no pertenecía a mi territorio. Decidí que iría y haría este trabajo yo mismo en lugar de devolverlo al representante de la oficina a quien le correspondía. Encontré la casa y me dirigí a la puerta principal. Me presenté y la señora me invitó a pasar. Ella consideraba que su cuenta de electricidad era demasiado elevada. Me pareció que eso sonaba muy raro ya que se trataba de una suma inusualmente baja. Oí su queja, le expliqué cómo se realizaba el proceso de facturación, qué electrodomésticos consumían más electricidad, entre otras cosas, y pareció quedar satisfecha. Era una casa pequeña en un vecindario de clase baja. Quizás no tendría dinero suficiente para pagar su cuenta.

La puerta estaba abierta y estaba a punto de irme. Ella me dijo: "Usted no se va a ningún lado. No hasta que…". Estaba sentada en un sofá muy cerca de la puerta, y me hizo unas sugerencias sexuales muy explícitas. Me quedé pasmado. Di gracias que estaba ya en la puerta, y que ésta estaba abierta.

"No, señora —le dije—. Yo estoy casado, y no estoy interesado. Además, soy un predicador…"

Ella me interrumpió: "Sé quién eres. Cuando llamé supe que tú vendrías". Sonrió: "¡Sé quién eres, siervo de Jesucristo!".

"¿Ve esa pared de allí? —preguntó, señalando la pared frente a la puerta—. Tenía un cuadro de Jesucristo sobre esa pared. Lo aplasté contra el piso, lo pisoteé y luego lo rompí en pedacitos. ¡Sé quién eres!"

Le dije que me iba, y cuando comencé a retirarme, ella gritó: "Volverás. Volverás".

Otra vez sentí que mis piernas se volvían pesadas, y me parecía que hasta podía oler a los demonios mientras me iba. Olía como si alguien estuviera prendiendo un fósforo, un olor como a sulfato.

Cuando llegué al auto, me senté y traté de digerir lo que acababa de suceder. Puse la llave en el arranque y no sucedió nada. El motor del auto no hizo ningún sonido. Nada. Traté varias veces. Nada. Miré hacia atrás, a la casa, y vi a la mujer espiando por la ventana con una sonrisita en su rostro. Parecía querer mostrarme que ella era la responsable. Pensé en esa situación. Tal vez el Señor quería que yo regresara y le testificara y orara por ella. No estaba seguro. Recuerdo haber hecho una oración que sonaría extraña ahora, pero es lo que oré: "Señor, si tú quieres que yo regrese allí con esa mujer lo haré, pero si eso no es lo que quieres, necesito que este auto arranque". Volví a intentar encender el auto, y arrancó.

UN DEMONIO "MANDAMÁS" APARECE EN FLORIDA

Hace algún tiempo estuve en Florida en varios servicios carcelarios. Esto fue antes de haber recibido unción y discernimiento sobre el reino demoníaco. Algunos miembros de nuestro equipo fueron conmigo. Íbamos en una camioneta alquilada, y estábamos entrando en el estacionamiento de la cárcel.

El servicio iba a realizarse en la sala para visitas. Siempre, antes de ingresar a la prisión, yo oraba. Cuando hay otros conmigo, oramos antes de bajar del vehículo. Siempre recordaré ese momento particular de oración. Mientras una de las señoras oraba, yo "vi" algo. Permítame agregar que soy un hombre bastante común. No suelo ver cosas y nunca había experimentado ningún tipo de visión hasta donde puedo recordar. Pero esa tarde vi algo. Con la cabeza inclinada hacia el piso del auto, tuve la visión de un enorme demonio que rondaba la puerta principal de la cárcel.

El demonio parecía tener doce o catorce pies (de tres y medio a cuatro metros) de alto. Era negro con dos alas abiertas que podrían abarcar diez o doce pies (de tres a tres y medio metros). La cara era negra y parecía de cuero, con rasgos de ave. Parecía como si el demonio estuviera declarando: "¡Este lugar me pertenece!". Detuve la oración y compartí lo que había visto. Dije: "Debemos orar de otra manera. Debemos atar los espíritus malignos para que no haya dificultades durante el servicio. Pidámosle a Dios que envíe ángeles santos a hacer guerra a nuestro favor y por el bien del evangelio. Estamos entrando en un área de guerra espiritual". Cambiamos nuestra oración.

Cuando atravesamos la puerta principal del lugar, no sentí nada, pero supe que el Espíritu Santo estaba obrando. El capellán nos recibió en la entrada de la sala para visitas y nos dijo que estaba disponiendo algunas sillas plegables para el servicio. Todos ayudamos. "Probablemente no necesitaremos más de cuarenta", dijo. Esa sería una buena cifra según él.

Sin embargo, cuando se anunció el servicio y los hombres comenzaron a entrar al salón para visitas, las sillas se ocuparon rápidamente. Los hombres tomaban las otras sillas, que pronto también estuvieron ocupadas. Cuando se cerraron las puertas del salón ¡había más de doscientos hombres en la reunión! Al menos dos tercios de ellos hicieron un compromiso público al recibir a Jesucristo. ¡Guau! ¡Esa experiencia realmente me dio vuelta la cabeza respecto a la validez de nuestro poder y autoridad en la guerra espiritual!

Mi madre tenía demonios

Cuando me gradué del secundario mi madre comenzó a tener problemas. Parecía que todo había comenzado con una histerectomía, pero ahora estoy seguro que eran espíritus generacionales los que la atormentaban. La internaban en hospitales psiquiátricos, le daban el alta y luego la volvían a internar; vio tal vez a más de media docena de psiquiatras y psicólogos. Era paciente regular de doctores en medicina y quiroprácticos. Estaba atormentada, y no sabíamos cómo ayudarla. Yo oraba. Todos lo hacíamos. Ella oraba, pero aún así seguía siendo atormentada. Alrededor de tres años antes de su muerte intentó suicidarse nueve veces en un periodo de seis semanas. No podría describir lo que fue ese tiempo. Mis padres vivían a unas pocas millas de distancia de nosotros. Mi padre me llamaba a toda hora, porque no sabía qué hacer. Una noche me llamó como a las 2 de la madrugada. ¡Estaba desesperado! Fui de prisa a su casa y al llegar me encontré con carros de bomberos y una ambulancia. Cuando entré a la casa, mi madre estaba sentada en una silla en camisón con ambas muñecas cortadas y toda cubierta de sangre. Estaba sentada, en calma, mientras los paramédicos la asistían y la preparaban para llevarla al hospital.

Cuando un miembro de la familia está atormentado por demonios, la familia entera sufre. Mi padre había utilizado virtualmente todo el dinero de su retiro en doctores y hospitales. Nada servía. Yo no sabía qué hacer, sólo orar. Compartí este pedido con muchos internos y con mi amigo en Cristo, David Berkowitz (también conocido como el Hijo de Sam). David ahora es creyente, pero antes de ser salvo adoraba demonios. Me llamó una tarde desde su prisión en Fallsburg, Nueva York.

"Don, he estado orando por ti y por tu madre. El Espíritu Santo me ha mostrado que ella está siendo atacada por demonios de depresión y de suicidio. Si pones música de alabanza en su casa, los demonios se irán."

¡Por supuesto, por supuesto! ¿Por qué yo no pude ver que eran demonios? ¿Sería porque se trataba de mi propia madre? Supe inmediatamente que ése era el problema. Al día siguiente fui a una casa de electrónica y compré un reproductor de casetes continuo. Llevé cintas de alabanza y el reproductor a la casa de mi madre y le dije: "Mami, nunca lo apagues. No tienes que oírlo todo el tiempo, no tiene que estar muy fuerte, sólo deja que funcione despacito, pero todo el tiempo, día y noche". Ella accedió a esto. Sabe, mi mamá amaba al Señor.

Esa tarde les pedí a tres o cuatro personas de mi ministerio que me acompañaran a la casa de mi madre. Sólo nos reunimos alrededor de ella, le impusimos manos y ordenamos a los demonios que salieran en el nombre de Jesús. No sabía mucho de ese proceso en aquel momento.

Pero puedo decirle con certeza que a partir de ese momento hasta el día en que falleció, casi tres años más tarde, ¡no tuvo más intentos de suicidio ni aquella profunda depresión!

ALGUNAS COSAS QUE NO LES GUSTAN A LOS DEMONIOS

A los demonios no les gusta el nombre de Jesucristo. Es en su nombre que son derrotados. Se retiran en su poderoso nombre. Tiemblan. El más poderoso de los demonios se inclinará ante ese nombre. Usted debe recordar que tenemos autoridad *sólo* en su nombre.

"Y estas señales seguirán a los que creen: En mi nombre echarán fuera demonios..."

—MARCOS 16:17

"Mientras extiendes tu mano para que se hagan sanidades y señales y prodigios mediante el nombre de tu santo Hijo Jesús".

—HECHOS 4:30

"...la cual operó en Cristo, resucitándole de los muertos y sentándole a su diestra en los lugares celestiales, sobre todo principado y autoridad y poder y señorío, y sobre todo nombre que se nombra, no sólo en este siglo, sino también en el venidero; y sometió todas las cosas bajo sus pies, y lo dio por cabeza sobre todas las cosas a la iglesia..."

—EFESIOS 1:20–22

"En aquel día no me preguntaréis nada. De cierto, de cierto os digo, que todo cuanto pidiereis al Padre en mi nombre, os lo dará. Hasta ahora nada habéis pedido en mi nombre; pedid, y recibiréis, para que vuestro gozo sea cumplido."

—JUAN 16:23–24

"Volvieron los setenta con gozo, diciendo: Señor, aun los demonios se nos sujetan en tu nombre".

—LUCAS 10:17

La sangre no tiene autoridad. La sangre es para perdón y para limpieza: "Y casi todo es purificado, según la ley, con sangre; y sin derramamiento de sangre no se hace remisión...Así que, hermanos, teniendo libertad para entrar en el Lugar Santísimo por la sangre de Jesucristo, por el camino nuevo y vivo...teniendo un gran sacerdote sobre la casa de Dios" (Hebreos 9:22; 10:19–21, cf: 1 Juan 1:9).

Los demonios no pueden soportar la música de alabanza, como ya mencioné. No solamente los fastidia, sino que creo que también los atormenta. Usted sabe, ése era antes su trabajo. Ellos fueron alguna vez los ángeles de alabanza, cuya tarea consistía en cantar y alabar al Señor. Es un constante recordatorio del fatal error que cometieron al seguir a Lucifer en su rebelión. ¡Mi experiencia es que alabando se puede salir de cualquier cosa! Los demonios no sólo detestan la alabanza, sino que ésta invita la presencia del Señor, y Él habita en las alabanzas de su pueblo.

"Porque Jehová tiene contentamiento en su pueblo; hermoseará a los humildes con la salvación. Regocíjense los santos por su gloria, y canten aun sobre sus camas. Exalten a Dios con sus gargantas, Y espadas de dos filos en sus manos."

—SALMO 149:4–9

La alabanza no sacó a Pablo y a Silas de la cárcel, ¡pero hizo que Dios estuviera con ellos! La alabanza soltó las cadenas y derribó las puertas de la prisión, y hace lo mismo por todos los que se encuentran en cautiverio demoníaco. Atrae a Dios a la situación.

La sangre atormentará a los demonios, pero ellos no tienen que obedecer a la sangre. La sangre es para protección, limpieza, perdón y sanidad. La sangre santa, perfecta, intachable del Señor Jesús atormentará a los poderes demoníacos. Sin embargo, lo que ellos deben obedecer es la orden en el *nombre* de Jesucristo.

No les gusta la unción de aceite. Los he escuchado gritar y dar alaridos cuando se aplica la unción de aceite que lleva la promesa de sanidad, y los demonios son generalmente el origen de la enfermedad.

"¿Está alguno enfermo entre vosotros? Llame a los ancianos de la iglesia, y oren por él, ungiéndole con aceite en el nombre del Señor. Y la oración de fe salvará al enfermo" (Santiago 5:14–15). Note aquí que la autoridad al ungir con aceite está en el *nombre* de Jesús.

No les gusta la palabra "santo". Cualquier cosa santa atormentará a los poderes demoníacos. Los ángeles santos ponen nerviosos a los demonios. La sola mención del Espíritu Santo los debilita.

El nombre Jehová les causa temor y temblor. Suelo ordenar a los demonios que se presenten ante el trono de Jehová Dios y digan la verdad en su presencia. ¡Sé que no le mentirán a Jehová Dios!

La Palabra de Dios es la verdad. Los demonios son todos mentirosos, y odian la Palabra. El encuentro es realmente un encuentro de la verdad, no una confrontación de poder. ¡Usted lo entiende!

Hay alguna información útil que quiero transferirle. En una liberación, el candidato estaba acompañado por una amiga común. En medio del proceso, el candidato se detuvo y miró directamente hacia donde estaba sentada nuestra amiga. Le dijo: "Tu oración me está distrayendo. Por favor, no la hagas mientras Don me está hablando". Eso me pareció muy extraño. Quiero decir, yo estaba atando y dando órdenes a los poderes demoníacos, cuando de repente ella le pidió a nuestra amiga que dejara de orar.

Esto es interesante porque nuestra amiga no estaba orando, no en voz alta al menos. Estaba orando en silencio, en el espíritu. Aparentemente, los demonios podían oír la oración y sabían que era "en el espíritu", y eso les molestaba. ¡Bien!

Nuestra amiga le dijo a la candidata: "Ni siquiera he movido los labios ni he emitido sonido alguno".

"Puedo dar testimonio de que eso es verdad —le dije—. Ella no ha dicho ni una palabra desde que comenzamos."

"Oh, madre mía —dijo ella—. Estaba empezando a sentirme muy enojada interiormente y pensaba qué estaría haciendo ella."

Bueno, algo se levantó también en mi espíritu. Parece que los demonios pueden "sintonizar" nuestras oraciones, tal vez al punto de obrar contra nuestra petición. Pero se frustran cuando se "ora en el espíritu". No pueden soportarlo. Es una de las armas espirituales que se nos ha dado en Efesios 6 cuando hacemos guerra espiritual.

CAPÍTULO 7

UN CASO DE POSESIÓN DEMONÍACA DE NUESTRO TIEMPO

EN 1976 Y 1977, una serie de asesinatos satánicos aterrorizó a la ciudad de Nueva York. La nación entera estaba conmocionada por los extraños crímenes ocultistas atribuidos al "Hijo de Sam". David Berkowitz fue arrestado y se declaró culpable de la histórica ola de crímenes. Está encerrado en las profundidades del Departamento Correccional de Nueva York. Cumple una condena de más de trescientos cincuenta años consecutivos. Los denominados crímenes del Hijo de Sam están entre los más infames de la historia de Nueva York. David no fue un tirador solitario. Al ser parte de un culto satánico, hubo otros involucrados en los tiroteos. Pero David fue quien disparó en dos de los ocho distintos incidentes.

Hoy David Berkowitz es mi amigo. Me compartió su testimonio después de conocernos en 1988. Éste es el relato de la gracia más que asombrosa de Dios que llegó hasta el oscuro y depravado mundo de David Berkowitz, liberándolo de su tormento, dándole perdón, vida eterna y la condición de hijo en la familia de Dios. Éstas son dos de sus escrituras favoritas.

Quiero alabarte, Señor, con todo el corazón,
y contar todas tus maravillas.
Quiero alegrarme y regocijarme en ti,
y cantar salmos a tu nombre, oh Altísimo.

—SALMO 9:1–2, NVI

Así que si el Hijo los libera, serán ustedes verdaderamente libres.

—JUAN 8:36, NVI

David nació fuera del matrimonio y fue entregado al nacer, pero lo adoptaron padres cariñosos. Dice que de niño era cruel y destructivo. Recuerdo que me contó cuánto ansiaba las tinieblas. Dice: "Como el salmista dice en uno de los pasajes de más arriba, realmente debo agradecer a mi maravilloso Dios por su amor, gracia y misericordia abundantes. Como ve, los demonios me han atormentado y perseguido desde mi niñez. Durante toda mi niñez y gran parte de mi vida adulta, demonios crueles tuvieron control sobre mí. Pero gracias sean dadas a Jesucristo, pude ser restaurado a mi sano juicio".

Desde que ocurrieron los crímenes a mediados de los setenta, los periódicos y otros medios de difusión han relatado la historia de David. Sin embargo, la verdad completa aún está por escribirse, pues solamente David la conoce por completo. Él dice: "Hubo una época de mi vida en la que viví en total rebelión contra Dios. Era tan malvado que incluso adoraba al diablo y estaba involucrado en el satanismo. Al recordar todo lo que me ha pasado, no me extraña haber caído en tal depravación. Estaba poseído por demonios.

"Permítame contarle un poco cómo era mi vida siendo apenas un niño. Cuando pequeño, solía tener ataques en los que rodaba por el piso y tiraba los muebles al suelo. Mi madre adoptiva (que ha muerto hace ya mucho tiempo) no me podía controlar. Yo era tan salvaje y destructivo que a menudo causaba considerables daños a la propiedad.

"Cuando iba a la escuela estatal, era tan violento y revoltoso que una vez un profesor me redujo físicamente y me sacó del aula. Daba tantos problemas que las autoridades escolares les ordenaron a mis padres que me llevaran a un psicólogo infantil todas las semanas. Pero no surtió efecto."

David me dijo que se deprimía tanto que solía esconderse bajo su cama durante horas. Después, en otras ocasiones se encerraba en un armario completamente a oscuras desde la mañana hasta la tarde. Dijo: "Ansiaba la oscuridad y sentía el impulso de huir de la gente".

"UNA FUERZA QUE ME IMPULSABA HACIA LAS CALLES OSCURAS"

"Otras veces me levantaba en medio de la noche, salía a hurtadillas de la casa, y vagaba por las calles. Recuerdo que una fuerza me impulsaba hacia las calles oscuras, incluso cuando hacía mal tiempo, y erraba por las calles como un gato de callejón en la oscuridad.

"A veces eran las 3:00 o las 4:00 de la mañana, y volvía a meterme en la casa de la misma forma en que había salido, trepando por la escalera de incendios. Mis padres ni siquiera sabían que me había ido. "Ellos estaban constantemente preocupados y atemorizados por mi forma de comportarme tan extraña. A veces pasaba un día entero sin hablarles. Caminaba por el apartamento hablando solo. Mis padres sabían que vivía en un mundo imaginario, pero nada podían hacer al respecto. De vez en cuando los veía desmoronarse y echarse a llorar porque se daban cuenta de que era una persona muy atormentada."

David me dijo que crecer fue una pesadilla y que los pensamientos de suicidio lo asediaban continuamente. "Estaba tan deprimido y obsesionado que también pasaba tiempo sentado al borde de la ventana de mi habitación con las piernas colgando hacia fuera. Mis padres me gritaban para que entrara, pero rara vez los escuchaba. Sentía tal impulso de arrojarme por la ventana que mi cuerpo temblaba violentamente. ¡Y vivíamos en el sexto piso!"

"ERA TAN SALVAJE, ESTABA TAN CONFUNDIDO Y LOCO QUE APENAS PODÍA AFERRARME A LA CORDURA"

Sus padres adoptivos hacían lo mejor que podían, pero David no era capaz de responder a su amor y guía. "Mi mamá y mi papá trataron de criarme lo mejor que pudieron. Me amaban y me daban todo lo que los buenos padres darían a su único hijo. Pero yo era tan salvaje, estaba tan confundido y loco que apenas podía aferrarme a la cordura. Aun cuando caminaba por las calles siempre parecía haber una fuerza que intentaba hacerme parar frente a automóviles en movimiento.

"Los pensamientos sobre la muerte me abrumaban. ¡Y ni siquiera era adolescente! No tenía idea de qué hacer, y mis padres tampoco. Trataron de educarme en la fe judía, pero no sabían nada acerca de Jesús, el Mesías de Israel.

"Muchas de las cosas que me sucedieron podrían conmocionar a algunas personas. Pero nada de esto asustaba al Señor. En su tiempo, cuando nuestro Salvador caminaba entre la humanidad, los casos de niños victimizados y *poseídos* por espíritus malignos eran muy comunes" (vea Marcos 7:24–30 y 9:17–29).

David dice: "En efecto, hoy en día se siguen dando casos de posesión en niños. Pero la psicología moderna tiende a desestimar a estos niños perturbados y atribuye sus problemas a algún tipo de daño cerebral orgánico, problemas familiares, algo dentro del entorno del niño, etc. "Hubo unas pocas veces en mi vida en las que tuve una etapa de equilibrio. Logré terminar la secundaria aunque la mayor parte del tiempo faltaba a clase o me metía en problemas. También estuve tres años en el ejército. En 1974, fui dado de baja con honores. Pero hasta en el servicio tuve problemas."

"SENTÍA QUE ME ARRASTRABA UNA FUERZA PODEROSA"

Al regresar de su servicio en las fuerzas armadas, David se encontró con un entorno solitario. Los pocos amigos de antes se habían mudado. Su madre adoptiva había muerto. Su padre se había vuelto a casar y también se había mudado. Lo invitaron a una fiesta donde conoció nuevos amigos. Él no sabía que eran satanistas, y realmente no le importó cuando supo que lo eran.

"En 1975, estaba sumamente involucrado en el ocultismo y la brujería. Mirando atrás, ni siquiera puedo comenzar a explicar cómo había llegado a involucrarme. Un día todo pareció acomodarse mágicamente en su lugar. Los libros sobre brujería parecían brotar a mi alrededor. Dondequiera que miraba, aparecía una señal o símbolo que me conducía a Satanás. Sentía que un poder fortísimo me alcanzaba.

"No tenia paz mental. Sentía como si fuera arrastrado por una fuerza poderosa. No tenía idea de cómo enfrentarla y, para ser sincero, no lo intenté. ¿Por qué no? Porque las cosas parecían acomodarse en su lugar de una manera sobrenatural.

"Para alguien que nunca se ha involucrado en el ocultismo, esto puede ser difícil de entender. Pero la gente que sí lo ha estado, sabe muy bien a lo que me refiero. No podía resistir al poder que me guiaba, no al menos sin Jesús. Pero en ese tiempo no tenía relación con el Señor Jesús, así que no tenía defensa contra el diablo.

"En la Biblia, Jesús dijo respecto de Satanás: 'Desde el principio éste ha sido un asesino, y no se mantiene en la verdad, porque no hay verdad en él. Cuando miente, expresa su propia naturaleza, porque es un mentiroso. ¡Es el padre de la mentira!' (Juan 8:44, NVI).

"Bueno, ¡a mí ciertamente me mintió! Durante los años 1976 y 1977, me mintió y engañó. Y como resultado de escucharlo, acabé en la cárcel con una condena de más de trescientos cincuenta años consecutivos. Me imputaron seis asesinatos y una cantidad de tiroteos y otros delitos.

"Cuando entré por primera vez al sistema carcelario, me pusieron en una celda de aislamiento durante un tiempo. Después me enviaron al Centro Psiquiátrico Marcy. Con el tiempo fui a las cárceles de Attica y de Clinton, y finalmente acabé donde estoy ahora, en el Centro Correccional Sullivan."

David tiene una enorme cicatriz en el lado izquierdo de la garganta producto de un atentado contra su vida mientras estaba en Attica. "Como sucede con muchos presos, la vida en la cárcel ha sido una gran lucha. Tengo mi buena cuota de problemas y dificultades. Una vez casi pierdo la vida cuando un preso me cortó la garganta. Pero a través de todo esto Dios puso sus manos amorosas sobre mí.

"Con los años he conocido una cantidad de hombres que habían aceptado a Cristo. Muchos de ellos intentaron testificarme. Pero el diablo me tenía atado a tal extremo que para mí era realmente difícil entender el evangelio. Sin embargo, alrededor de 1987 acepté a Jesús como mi Señor y Salvador. Y hoy no puedo agradecerle lo suficiente por *todo* lo que ha hecho por mí.

"Actualmente, el Señor me está usando para enseñar estudios bíblicos en la capilla, como también para dar palabras de aliento durante nuestros servicios. Además, tengo autorización para trabajar con los hombres que el Departamento de Servicios Correccionales ha catalogado como "trastornados" o que tienen dificultades de aprendizaje. He podido aconsejar a estas personas atribuladas y ayudarlas en algunas de sus necesidades espirituales y físicas.

"Uno de mis pasajes favoritos de las Escrituras se encuentra en el libro del profeta Miqueas en el Antiguo Testamento. Este pasaje se ha convertido en algo así como mi canción de amor para el Señor.

¿Qué Dios hay como tú, que perdone la maldad y pase por alto el
    delito del remanente de su pueblo?
No siempre estarás airado, porque tu mayor placer es amar.
Vuelve a compadecerte de nosotros.
Pon tu pie sobre nuestras maldades y arroja al fondo del mar todos
    nuestros pecados.

Muestra tu fidelidad a Jacob, y tu lealtad a Abraham, como desde
tiempos antiguos se lo juraste a nuestros antepasados."

—MIQUEAS 7:18–20, NVI

Hoy David me llama su pastor. En 1978, le envié una carta porque creía lo mismo que hoy: ¡Dios puede salvar a cualquiera! Le dije
a David que Dios lo seguía amando y que Jesús lo podía salvar. Me
escribió enseguida. Su letra era desastrosa, y la escritura estaba espar-
cida por toda la página. Me dijo: "¡Si salgo de aquí, lo mataré!" Hoy
sonrío cuando digo: "Ahí se acabó nuestra correspondencia". Diez años
después, conocí a David en la cárcel Sullivan. Él estaba en un servicio
de adoración. Después se acercó y me abrazó. Sonreía de oreja a oreja.
(Yo no sabía quién era.) Me dijo: "Hermano Don, sólo quiero que sepa
que aprecio su fidelidad durante todos estos años, por ir a estos lugares
oscuros con la luz del evangelio. Lo aprecio, hermano, y aprecio el servicio de esta noche". Extendió la mano y dijo: "A propósito, mi nombre
es David Berkowitz".

Yo dije: "David, ¿eres salvo?" (Al mirarlo a los ojos pude darme cuenta de que sí.)

"Sí, señor —dijo—. Fui salvo hace un par de años cuando estaba
allá en Dannemora, Nueva York, en la prisión Clinton".

Desde aquella noche, por la razón que sea, David y yo hemos sido
muy buenos amigos. Él ha dado mucha revelación sobre el mundo
demoníaco, pues ha estado de ambos lados.

La posesión demoníaca es muy real, pero no puede sucederle a un
creyente. El testimonio de David es que cuanto más se llenaba de la
palabra de Dios, más libre era. Hoy, es libre de los demonios. Ahora los
atormentadores pueden influir sobre su vida y sus pensamientos. Puede
estar "oprimido", ¡pero estaba perdido y "poseído"!

El mensaje actual de David se resume en éste, uno de sus pasajes
favoritos.

Al que nos ama y que por su sangre nos ha librado de nuestros pecados,
al que ha hecho de nosotros un reino, sacerdotes al servicio de Dios su
Padre, ¡a él sea la gloria y el poder por los siglos de los siglos! Amén.

—APOCALIPSIS 1:5–6, NVI

CAPÍTULO 8

UN ASESINO EN NEW HAMPSHIRE

NO HAY SUFICIENTES creyentes que estén espiritualmente conscientes del poder que hay en el nombre de Jesús. Pocos creen o entienden la amplitud de la actividad demoníaca. Otros se burlan. Pero ¡tenga la seguridad de que es real! Billy Graham también ha escrito acerca de la realidad de la actividad demoníaca y del poder del nombre de Jesús para combatirla.

A principios de los 90, prediqué en una cárcel de la Costa Este. Alan Richards era un interno que estuvo en ese servicio donde compartí el testimonio del ex satanista David Berkowitz. En la reunión hablé acerca de la conversión de David a Jesucristo y de su liberación de lo demoníaco. Alan fue salvo en ese servicio, al igual que muchos otros. Con el tiempo, salió de prisión y volvió a meterse en problemas y ahora está confinado en otra cárcel estatal. Alan había mantenido contacto conmigo por carta, aunque yo no sabía que había sido salvo en nuestro servicio. Alrededor de tres meses antes de la liberación de Alan, comencé a recibir cartas en las que me describía el tormento de su vida.

Escribió que había estado profundamente involucrado en cultos satánicos. Me contó de sus horrendas pesadillas, que sentía un fuerte olor a azufre en la nariz, y que no podía leer su Biblia o siquiera sostener conversaciones con creyentes. Tenía mucho miedo y me rogó que lo ayudara.

"EL QUE TEME ESPERA EL CASTIGO, ASÍ QUE NO HA SIDO PERFECCIONADO EN EL AMOR"

En el amor no hay temor, sino que el perfecto amor echa fuera el temor; porque el temor lleva en sí castigo. De donde el que teme, no ha sido perfeccionado en el amor.

—1 JUAN 4:18

El temor es una de las más populares armas de Satanás. El que teme espera el castigo. El amor de Dios echa fuera el temor. Yo sabía que las cosas que Alan me compartía eran reales. He oído la historia muchas veces, no solamente de este ex satanista. También sabía que si él era genuinamente salvo, podía ser libre. Hice arreglos para hacerle una visita clerical. Sabía que íbamos a necesitar privacidad, pero la cárcel no aceptaría que lo viera en ninguna otra parte sino en la sala de visitas. Pero nos concedieron una cabina de abogados. Había cierto grado de privacidad.

Poco antes de salir para la visita, recibí otra carta de Alan. Estaba llena de desesperación. Me contaba que sus pesadillas eran cada vez peores y que no dejaba de ver imágenes malvadas de los sacrificios que había presenciado. No podía ni comer ni dormir, y el nombre de Jesús ardía en su lengua. También mencionó que había soñado con una criatura con tres efes en la frente.

Permítame comentar que la *F* es la sexta letra del alfabeto. El demonio tenía el 666 en su frente. *Malaquías* significa "mensajero de Dios". Al parecer, los demonios se mofaban de él por ser cristiano y contar la historia del evangelio.

HAY PODER EN EL NOMBRE DE JESÚS

Llegué a la cárcel a eso de las 11:00 a. m. Llamaron a Alan a la sala de visitas y comenzamos nuestra reunión.

Le pedí a Alan que me diera seguridad de su salvación. Me dijo que yo había predicado la noche en que fue salvo. Luego me contó que sabía que si Dios había perdonado a David Berkowitz, el llamado Hijo de Sam, ciertamente perdonaría a Alan Richards. En este punto, estaba convencido de que Alan era salvo. ¡También estaba convencido de que estaba endemoniado!

En efecto, estar endemoniado es la descripción escritural más exacta de la invasión demoníaca. La posesión implica propiedad. Los cristianos tienen dueño, fueron comprados por precio, y redimidos por Jesucristo. ¡Él vino a libertar a los cautivos! La mujer que estuvo enferma durante dieciocho años era una "hija de Abraham" pero Satanás la tenía atada. Jesús la libertó (Lucas 13). Alan estaba atado, aunque era hijo de Dios por haber nacido de nuevo.

Cuando Alan se sentó a la mesa frente a mí, lo escuché contarme cuánto había bajado de peso, y se quejaba de sentir mareos con dolor de cabeza y náuseas, y tenía los ojos vidriosos. Repasé varias escrituras con él, estableciendo que en su vida no había falta de perdón y que quería ser libre. Le pedí que leyera en voz alta una declaración denunciando a Satanás, denunciando todas y cada una de las ataduras con lo oculto, y proclamando a Jesucristo como su Señor. Apenas podía pronunciar las palabras, pero aunque con dificultad logró hacer la declaración, y dijo a Satanás y sus demonios: "No son bienvenidos en mi vida, y yo estoy buscando ser libre por medio de Jesucristo".

UN DEMONIO SE IDENTIFICA

Comencé por atar todas las potestades demoníacas que estuvieran en él, ligadas a él, flotando en libre circulación o relacionadas de algún modo con su vida, en el nombre de Jesucristo. Llamé la atención a los demonios y les prohibí que se ocultaran, se fueran, llamaran a otros para que los ayudaran, o dañasen a Alan de cualquier forma, siempre en el nombre de Jesucristo. Les ordené que obedecieran y que me hablaran según mis indicaciones. Alan comenzó a temblar y entró en una especie de semiinconsciencia. Mientras hablaba, miró hacia abajo, apartando su vista de la mía. Con su mano, explicó un nombre letra por letra. Le pregunté si era el nombre de un demonio presente en Alan. Su voz comenzó a hablar en forma entrecortada y finalmente el demonio habló con dureza: "¡Estoy aquí!".

Le pregunté al demonio si había algún otro poder demoníaco presente. "No", dijo. Pero yo sabía que no era así. Son todos mentirosos y la verdad no está en ellos. Yo sabía que había traído a otros demonios con él. Lo puse bajo juramento y le pregunté si podría sostener que eso era verdad ante Jehová Dios. Después de un rato, habló y contestó que no. Después de interrogarlo repetidas veces y exigirle que dijera la verdad, descubrí que tenía cinco príncipes con él. (Un príncipe es el "jefe" de un reino, y cada reino puede estar conformado por muchos otros demonios menos poderosos.) Le pregunté al demonio cómo había ganado acceso. Hubo silencio. Insistí: "¡Contéstame en el nombre de Jesús!". Su brusca respuesta fue: "Entré a través del odio".

GOLPIZAS DURAS Y REITERADAS

Nuevamente ordené a los demonios que prestaran atención, y dije: "Alan, te hablo a ti ahora". Levantó la vista, y le pregunté qué había sucedido esa vez que el odio entró. Estaba perplejo, pero mientras pensaba, dijo: "Hice algo realmente horrible para ingresar a la secta. Fue lo que me dijeron que hiciera para convertirme en miembro". Pregunté si ese suceso había causado el odio.

"No."

Yo dije: "Este demonio dice que entró a través del odio. ¿Cuándo comenzó ese odio?".

Alan me contó que como resultado de lo que hizo para ingresar en esta secta lo sentenciaron a centros juveniles hasta que cumpliera veintiún años. Me contó de las duras y reiteradas golpizas por parte de los oficiales. "Los odiaba" —dijo—. "Los odiaba."

Una vez más llamé la atención al demonio y le dije que iba a tener que irse en el nombre de Jesús. "No", dijo. Comencé a echar a este demonio y sus potestades demoníacas al abismo. Poniendo las palmas de las manos en sus sienes, Alan comenzó a retorcerse de dolor y angustia. De su boca fluían líquidos, su cabeza se inclinó hacia atrás, y tosió unas pocas veces a medida que los demonios salían. Yo sabía que había otros. Llamé nuevamente su atención y les mandé que obedecieran en el nombre de Jesús.

Pregunté el nombre de otros demonios. Varios de ellos me dieron sus nombres, y cada uno tenía otros poderes demoníacos consigo. Todos salieron de la misma manera. Entre la salida de uno y otro, Alan me decía que sentía náuseas y no sabía si podía continuar. El último demonio fue el más difícil. Decía ser Satanás. Cuando me dio su nombre, dije: "No, tú no eres Satanás. Sé que no lo eres. Eres un mentiroso. Te ordeno que me des tu nombre en el nombre de Jesús".

"Soy él" —insistió el demonio.

"No, tú no eres Satanás. ¿Quién eres?"

Furiosamente espetó: "Soy él, ¡y soy demasiado poderoso para ti!".

Alan comenzó a apretar los puños, y su rostro se contorsionó un poco.

"Tú no eres demasiado poderoso para Jesús, y obedecerás su nombre. Saldrás de él."

Aún enojado, dijo: "No, él es mío. Él me quiere aquí. Yo le doy fuerzas para pelear. Él es mío".

Nuevamente, obligué al demonio a prestarme atención y le hablé a Alan, que me miró y escuchó. "Alan, este demonio dice que tú lo quieres aquí. ¿Es cierto eso?", pregunté.

Él estaba perplejo. "No señor, no lo quiero."

Le dije que este demonio afirmaba que Alan lo quería porque lo ayudaba a pelear.

Alan confesó su necesidad de tener al demonio en su vida para que lo ayudara a pelear. Yo le dije que confesara que no quería a este vil demonio. Algo débilmente, dijo: "No, no lo quiero, y no es bienvenido en mi vida".

¡SALDRÁS DE ÉL AHORA EN EL NOMBRE DE JESUCRISTO!

Volví a llamar la atención al demonio. "No eres querido, y te irás en el nombre de Jesús." Entonces comenzó a hablar en otro idioma— "lenguas"—en tono muy amenazador. Alan comenzó a apretar los puños nuevamente y se lo veía enojado.

Yo dije: "En el nombre de Jesucristo, deja de hablar en lenguas".

La voz se detuvo de inmediato.

Entonces dije: "Reunirás a todas tus potestades demoníacas. No dejarás residuo de tus obras. No le causarás daño a él ni a nadie en la sala. Te irás inmediata y directamente al abismo, al infierno, ¡y te irás allí ahora!"

Ahora la voz se transformó en chillido. "¡No!, ¡no!"

Seguí presionando a este espíritu maligno: "Saldrás de él AHORA, en el nombre de Jesucristo".

Alan se apretó el pecho y se desplomó hacia delante, luego se arqueó hacia atrás al mismo tiempo que le salían fluidos por la boca y la nariz. Unos segundos después, se enderezó en su silla y me miró. Sus ojos estaban despejados. Estreché sus manos entre las mías; estaban cálidas. Le pregunté cómo se sentía.

"¡Me siento fenomenal!"

"¿Ya no sientes más náuseas?", le pregunté.

Con una gran sonrisa, dijo: "Nunca me había sentido tan bien". Era libre. En el nombre de Jesucristo, era libre.

Ahora bien, es importante observar que ésta es una excepción a las muchas liberaciones que he asistido. La mayoría es gente "normal" como usted y yo. No han cometido delitos violentos, y la única cárcel que han experimentado es la atadura a Satanás. Las ataduras de los creyentes, por lo general, tienen que ver más con lo que les ha sucedido que con cosas que hayan hecho mal.

CAPÍTULO 9

UN FIN DE SEMANA
DE LIBERACIONES

EN LA MAYORÍA de las sesiones de liberación que tengo no pasa mucho más que hablar, orar y ordenar a los espíritus malignos que se vayan. Es algo mesurado y ordenado. Probablemente no sea lo que usted cree. No se sujeta a la gente o se grita a los demonios. A menudo eso indica que el ministro de liberación no está ungido o no entiende el proceso. He compartido un par de excepciones, y quiero relatar una más. Es la historia de una señora que hoy es una intercesora por nuestro ministerio y por mí.

Jessica era cajera en una tienda de comestibles. Nunca la había visto hasta nuestra cita para liberación. Fui en mi coche a la ciudad donde ella vivía para encontrarme con otras siete u ocho personas que habían solicitado una reunión de oración y liberación. No había planeado encontrarme con Jessica. La señora que me había invitado me preguntó si era posible meter una persona más. Decidí quedarme una noche más. Jessica y su esposo, Chris, debían reunirse conmigo a las 5:00 p. m. Varias horas y muchas lágrimas después, se estaban yendo y Jessica estaba libre. Pero permítame comenzar desde el principio.

La sesión comenzó, como de costumbre, con una breve conversación y luego oración pidiéndole al Espíritu Santo que nos guiara a cada área de atadura, reconociendo su presencia y nuestra incapacidad para hacer nada sin su ayuda. Jessica era una mujer atractiva con una personalidad muy agradable. Su esposo era tranquilo y la apoyaba mucho. Yo no tenía idea de lo arraigada que estaba su atadura. Los ojos se me llenaron de lágrimas a medida que ella compartía algunas de las áreas donde había posibles fortalezas demoníacas.

ESTABA FAMILIARIZADA CON LA LIBERACIÓN

Una de las primeras cosas que Jessica me compartió, mientras los tres nos apiñábamos alrededor de la típica mesita de habitación de motel, fue que estaba familiarizada con la liberación y que había pasado por una varios años atrás. Le pregunté un poco al respecto, y me contó que había sufrido un fuerte ataque demoníaco justo uno o dos días antes de su liberación anterior. Sugirió que quizás el ministro de liberación no estaba realmente calificado. Cuando me contó un poco más al respecto, supe que no había recibido liberación completa. Es bastante común que, cuando los demonios permanecen, se manifiesten como si estuvieran enojados porque se ha destruido parte de su reino. Puede ser como revolver un nido de avispas.

Ella había experimentado cierto grado de libertad, pero los atormentadores aún permanecían y sin duda habían traído a otros en el tiempo transcurrido desde su primera experiencia. Le expliqué que simplemente hablaríamos y buscaríamos áreas o entradas obvias para el enemigo. Le expliqué que no necesitaba darme detalles de nada, pero dijo: "Ya lo he compartido todo muchas veces con psiquiatras y psicólogos...". ¡Oh, oh! Supe que nos enfrentaríamos con algunos atormentadores de angustia psicológica.

Saqué un anotador y comencé a tomar notas a medida que hablábamos. Le pregunté sobre posibilidades generacionales. Ella mencionó que ambos padres eran alcohólicos y que su padre estaba involucrado en la masonería. Su madre era mormona no practicante. Contó que sus padres peleaban todo el tiempo y eran gente muy enojada. "Nunca me sentí amada por ninguno de los dos, pero estoy segura de que me amaban." Durante la liberación, se acurrucó en posición fetal en el piso y pedía a gritos que su madre la abrazara. Lloraba como una niña desesperadamente necesitada de su mamá.

YO TAMBIÉN LLORÉ, JUNTO CON SU ESPOSO

Su madre ya ha fallecido, y Jessica dijo: "No recuerdo que mi madre me haya abrazado". ¡Qué triste! Me dijo que había sufrido muchos abusos por parte de un novio anterior. Con el tiempo la internaron en una institución mental y tenía tantos problemas psicológicos que no podía ocuparse de sus responsabilidades diarias. Fue una época horrible de su vida, dijo.

Le pregunté respecto al abuso sexual y otros abusos que suelen ser puertas de entrada para el enemigo. Me dijo que en su vida todos habían abusado de ella de todas las formas imaginables, desde familiares y consejeros hasta profesores de la escuela y socios de negocios. Todo esto fue muy doloroso para ella. Pasamos a otras posibles áreas, como participación en lo oculto. Había usado la tabla Ouija en épocas anteriores y estuvo en fiestas de pijamas donde se hicieron juegos de levitación y se contaron historias de terror. También había visto muchas películas de terror. Dijo que hasta donde podía recordar, siempre había tenido miedo y que era terriblemente insegura.

UN HISTORIAL DE PROBLEMAS MÉDICOS

Jessica tenía un historial de problemas médicos. Le habían diagnosticado desorden bipolar y había estado tomando durante muchos años antidepresivos y medicación que alteraba su estado de ánimo. También había pasado por varias cirugías importantes. Tenía dolor de espaldas constante y síndrome de fatiga crónica. También me contó que nunca se lo habían "diagnosticado" pero siempre sentía que tenía un problema de aprendizaje y que no podía retener mucho de lo que leía, especialmente la Biblia. "A menudo me siento muy confundida, y me cuesta mucho tomar decisiones." He oído esto tantas veces antes de las liberaciones.

Bueno, es obvio que había muchas oportunidades para que los demonios tuvieran acceso a su vida. Seguía teniendo algo de enojo, amargura y resentimiento hacia todos lo que habían abusado de ella a lo largo de su vida. Pero dijo que podía soltarlo y confesarlo como pecado. También albergaba falta de perdón hacia su primer marido.

Era tiempo de comenzar, y oramos juntos afirmando nuestra salvación y luego arrepintiéndonos de la falta de perdón, enojo, amargura, odio, resentimiento y pecados similares. También afirmamos juntos que recibíamos la obra completa de la cruz, quebrando el poder de toda maldición y cancelando el derecho de cualquier poder demoníaco en su vida. Su esposo repitió esta oración junto con nosotros.

Expliqué que iba a atar a los espíritus malignos en el nombre del Señor Jesucristo y que les demandaría obediencia en su nombre. Le dije que podía servir si cerraba los ojos para no distraerse. "Dime qué sientes, oyes o ves cuando dé órdenes a estos espíritus."

Ya sentía náuseas y temblaba, dijo.

Descubrí un demonio muy poderoso que hacía de Jessica una persona increíblemente miedosa, y sospeché que este espíritu demoníaco había entrado cuando Jessica miró películas de terror. Una persona rara vez se convierte en sonámbula (en un estado similar al trance donde el demonio habla por medio de ellos) durante la liberación, pero sucede. En efecto, la persona no es consciente de lo que está sucediendo, y los demonios hablan por medio de su voz. Éste no era el caso aquí. Jessica estaba en pleno control de sus facultades, y cuando até los espíritus malignos en el nombre de Jesús, dejó caer la cabeza y cerró los ojos.

Le pedí que me dijera qué pensamientos venían a su mente, palabras o nombres, lo que veía o sentía mientras ordenaba a los espíritus que respondieran. Me dijo que sentía mucho calor y cierta tensión en el pecho. También mencionó un cosquilleo en los brazos. Ordené, siempre en el nombre del Señor Jesucristo, que el demonio "príncipe", el jefe, la potestad demoníaca al mando, se presentara y se identificara. De inmediato, ella nombró al demonio príncipe. Reconocí el nombre al instante. Muy a menudo me topo con este espíritu; debe haber un millón con esa identidad. Este espíritu se jactó de que eran demasiados como para que pudiera con ellos. El demonio habló por medio de ella: "Estás demasiado cansado, y deberás detenerte y descansar. No podrás echarme". Esto era una treta para hacerle creer a Jessica que estaba siendo egoísta por ocupar mi tiempo y energía, o que no tendríamos éxito. Yo estaba cansado, ¡pero no tenía duda del éxito, porque nada tiene que ver con mi fuerza!

Este demonio reveló que su función y propósitos en la vida de Jessica eran la confusión, el desorden y la muerte. Uno por uno, comenzamos a echar abajo este reino. Este espíritu estaba allí como consecuencia del abuso que sufrió de niña. Entonces apareció un espíritu que identificó su función como manifestaciones de confusión, y su tarea era mantenerla inestable. También había un espíritu ligado a éste con la misión de causarle inestabilidad e inseguridad.

Una revelación interesante fue que había un espíritu cuya función era el abuso sexual, que no hacía que ella abusara de otros, pero que de alguna forma alentaba el abuso sexual por parte de otros. Comencé a cavilar sobre este espíritu. ¿Era seductor, engañoso, un coconspirador en asesinato? Ya me había encontrado con este espíritu antes.

Se identificó otro espíritu cuya función era la negación. Este espíritu vino por medio de la humillación vivida de niña. Un espíritu que se identificó a sí mismo como deshonra entró por una de sus cirugías estéticas. A menudo, este espíritu tiene una puerta de entrada de una "mente reprobada", según Romanos 1:24, ellos "degradaron sus propios cuerpos". Esto entra en la misma categoría que el *body piercing* o los tatuajes. A veces se revela como un espíritu demoníaco que opera en la vanidad.

Jessica dijo que quería ir al piso, entonces dejó la silla y se arrodilló, a veces apoyando las manos en el suelo con la cabeza baja; otras veces, con su cuerpo erecto, pero con la cabeza baja y los ojos cerrados. Levantó la cabeza y dijo: "Soy muy negativa en mi forma de pensar y hablar. Seguramente debe haber algo allí". Su madre era muy negativa e indecisa. Tenía razón; allí había un espíritu cuya función era la negatividad, que obtuvo el permiso a través de una maldición generacional de su madre y su abuela.

La liberación es algo asombroso. Es tan maravilloso cómo el Espíritu Santo nos trae la verdad y obliga a los demonios a reaccionar con obediencia a las órdenes dadas con la autoridad del Señor Jesucristo. Con cada liberación, Jessica suspiraba profundamente, a medida que los demonios salían e iban al abismo del infierno como se les ordenaba.

Hacia el final de esta noche maravillosa, ordené a uno de los demonios jactanciosos que quedaban que me dijera dónde estaba su amo. Hubo una respuesta débil: "Está en el abismo". ¡Ése era exactamente el lugar adonde se le había ordenado ir unos momentos antes!

También había espíritus que tenían permiso por su participación en actividades con la tabla Ouija, y tenía tres espíritus distintos que identificaron su tarea como discordia. Los demonios de amargura e incredulidad tenían fortalezas significativas en su vida. La amargura era por su madre, y el espíritu maligno estaba ahí con permiso. Éste se negaba a irse, afirmando que tenía permiso de Dios para estar allí. Le dije que este espíritu no se iría hasta que ella perdonara a su madre y se arrepintiera de la falta de perdón y la amargura. Le pedí que confesara esto en voz alta. No vaciló, pero irrumpió en llanto durante la oración, diciendo: "Oh Dios, tú sabes cuánto necesitaba su amor y aprobación".

Ya había sido libre de muchos espíritus, pero quedaban otros que debían salir. Una vez que confesó el perdón por la amargura hacia su madre fallecida, la fortaleza se quebró. El espíritu de amargura estaba carcomiéndole el gozo y robándole el fruto del Espíritu. Cuando se le ordenó al espíritu que saliera, hubo cierta resistencia, pero no por mucho tiempo. Jessica tosió y dio varios suspiros profundos. Se podía ver cómo retorcía la espalda y el cuello cuando el espíritu la soltaba.

Entonces se acomodó nuevamente, abanicándose con las manos como si estuviera acalorada. Ella sentía que aún había algunos allí; ¡yo también lo sabía! Hablamos por un momento. Entonces expresó cuánto resentimiento le guardaba a su madre. "Ella nunca me abrazó. Nunca me dijo que me amaba. Nunca estuvo a mi lado. ¡Yo la necesitaba tanto!" Comenzó a llorar. "La necesito ahora."

Lidiamos con el resentimiento, y se arrodilló hundiendo la cabeza entre las manos al mismo tiempo que confesaba el resentimiento y la falta de perdón hacia su madre fallecida. Después de completar esta tarea, até los espíritus que estaban allí con permiso y les ordené que se sujetaran a la autoridad del Señor Jesucristo. Cuando lo hice, ella cayó al piso sobre su lado izquierdo y comenzó a llorar. Se acurrucó en posición fetal y pidiendo a gritos a su madre. "¡Necesito a mi madre! ¡Necesito a mi madre!" Tanto su esposo como yo luchábamos por contener las lágrimas mientras yacía allí como una niñita y los demonios la atormentaban. Les ordené que detuvieran su obra y salieran de inmediato y fueran directamente al abismo del infierno. Mientras los demonios salían, ella gritaba. Tosía y los soltaba con profundos suspiros.

Me preguntaba si sus gritos podían oírse en las habitaciones contiguas del motel. Eran fuertes y agudos, como si le estuvieran haciendo daño. Pero estaba a punto de suceder la liberación más concluyente. Hablamos nuevamente, y aunque ahora estaba bastante tranquila, yo sabía que el espíritu que aún no habíamos enfrentado bien podría ser el más poderoso de todos. El espíritu de rechazo era poderoso en su vida.

GRITOS ESPELUZNANTES

El temor es un espíritu común; puede haber uno o muchos. Ni bien mencioné el temor, ella empezó a sacudirse y sus ojos comenzaron a temblar nerviosamente. Miedo de "tantas cosas". Fracaso, enfermedad, muerte, rechazo, condenación…a este demonio se le había dado demasiado permiso en su vida. Cuando comencé a atarlo, ella estaba arrodillada y cayó hacia atrás, sentándose con las piernas extendidas hacia delante. ¡Estaba horrorizada! En efecto, estaba "viendo" a este espíritu. Retrocedió rápidamente tratando de alejarse de lo que estaba viendo hasta que se chocó con la cama. "Es tan horrible. Es tan asqueroso. ¡Oh, oh! ¡OH!" Entonces dio un grito de esos espeluznantes: "¡No, no, es Charles…No, no!". Miré a su esposo para que me ayudara. Él dijo: "Charles es un hombre que trabaja con Jessica. Había estado en el hospital durante un largo tiempo, pero murió unos días atrás. Ella estaba visitándolo cuando murió". Sin embargo, *no* era el espíritu de Charles. Su espíritu estaba en algún lugar de la eternidad, presente con Dios o separado de Dios para siempre. Probablemente, era el temor de los demonios que la atormentaban. No obstante, cuando alguien muere, si tenía espíritus malignos, esos espíritus van a algún lado. Cuando llega la muerte, ya no tienen un hogar. Ciertamente es verdad que los espíritus malignos estarían buscando un nuevo hogar. Jessica tenía puertas abiertas. Esta situación resultaba extraña porque ella seguía gritando. Pensé que quizás su esposo debería ir al mostrador de recepción y explicar, en caso de que alguien llamara, pero el Espíritu Santo estaba al mando, y no pasó nada.

Jessica miró desesperadamente alrededor de la habitación buscando ayuda. Seguía diciendo: "¡No, no! Oh, es tan maléfico". Entonces se arrastró hasta mí como si estuviera escapando de algo y me asió fuertemente de una pierna. Se aferró a mí como si sintiera que algo la fuera a arrancar. Ella temblaba. En efecto, era más que un temblor. Su cuerpo entero se sacudía, casi fuera de control. Puse la mano sobre su hombro y ordené a los espíritus que detuvieran su tormento.

"Oh, me van a matar. ¡Me van a matar!"

"No, no van a hacer más que salir de ti. Eso es todo lo que van a hacer" —le aseguré.

Antes de que pudiera tranquilizarla más, exclamó: "Van a matar a mis hijos. ¡Oh, no, van a matar a mis hijos!".

Impuse ambas manos sobre su cabeza y ordené que los espíritus la dejaran de inmediato.

"Oh, oh…" —dijo ella mientras tosía. Cada vez que hablaba, sus palabras eran más suaves, hasta que respiró profundamente y dijo: "Oh, se fueron. ¡Se fueron!". Se desplomó hacia delante, soltó mi pierna y me miró a los ojos. Ya había pasado. Era libre. Se inclinó hacia su esposo, que tenía lágrimas en los ojos. Él le dio un gran abrazo.

Se estaba haciendo tarde. Habíamos batallado durante varias horas. Cuando nos abrazamos y hablamos por un momento, los ojos que ahora miraba eran distintos a lo que llegaron. Había claridad, y había paz y serenidad en su semblante. Otra victoria. Otra cautiva hecha libre por el poder del nombre de Jesucristo.

Me sentía espiritualmente tan cargado que pensé que nunca me iría a dormir. La adrenalina espiritual aún seguía fluyendo. Estaba tan cansado, pero también lleno de entusiasmo del Espíritu Santo. No solamente podía ver el poder libertador del Espíritu Santo en acción, sino que también me hice de dos nuevos amigos y de dos nuevos intercesores. Siempre estoy buscando intercesores. Jessica ahora tiene un nuevo trabajo, y a menudo viene a la iglesia cuando estoy en su ciudad para interceder cuando conduzco a la gente a la liberación. Una vez más, le doy a Él alabanza y gloria.

FIN DE SEMANA INTERESANTE

Desde 1999, he estado conduciendo a diferentes ciudades para encontrarme con gente que ha solicitado liberación. Un amigo mío, que también ha pasado por liberación, me concertaba las citas. Cuando llego, siempre hay una lista de espera de entre diez a quince personas que quieren venir. No es algo que he intentado que suceda. Ha pasado porque un hombre experimentó libertad auténtica de los atormentadores, y lo contó a otros, y…bueno, parece no tener fin.

Funciona como se supone que debe funcionar la experiencia de la salvación. Uno es salvo y lo cuenta a otro. Andrés encuentra al Salvador y va a buscar a su hermano para que también pueda conocer a Jesús. Cuando la gente pasa por liberación, y encuentra libertad auténtica de los atormentadores, quiere que otros también conozcan esa libertad.

Supongo que podría informarle sobre cualquiera de esas reuniones que se realizan, pero quiero compartir acerca de un fin de semana poco usual. Todas las sesiones de liberación parecían ser muy visuales puesto que la persona que estaba siendo ministrada podía "ver" lo que ocurría y describírmelo vívidamente.

La primera fue una señora que había estado en toda clase de problemas, más de los que puedo contar en este libro. Por supuesto, ella provenía de una familia disfuncional, se escapó de su casa varias veces, y acabó en la prostitución y drogadicción mientras aún era adolescente. Había estado casada unas cuantas veces; había tenido escarceos con la perversión sexual, la brujería, la hechicería, y la magia blanca; tenía tatuajes; y su ex esposo había hecho un cambio de sexo. ¿Le da esto una idea de su esclavitud? ¡Guau! Ella era salva pero, por supuesto, tenía muchas ataduras. Su pastor estaba allí con ella, y nos encontramos en la iglesia donde ella era miembro. Después de reunir algo de información sobre la señora, pude ver que iba a haber una batalla. Me incliné hacia el pastor con una sonrisa y dije: "Gracias, pastor. Muchas gracias". Los tres sonreímos y luego entramos en un tiempo de oración. Qué sesión poderosa fue esa. A medida que ataba y sometía a los demonios a la autoridad de Jesucristo, ella podía "ver" la batalla que se estaba produciendo. Con los ojos cerrados y el rostro entre las manos, me informó que lo que podía ver era como una caverna con estalagmitas y estalactitas y un precipicio donde no había nada más que tinieblas como un abismo sin fondo si uno caía por él.

Uno por uno, se les ordenó a los demonios que salieran y fueran al abismo. Ella los describió que, vacilantes, iban hasta el borde y luego se precipitaban hacia las tinieblas. Al demonio príncipe, o el "jefe", lo describió como una clase de criatura grande y negra, parecido a un pájaro prehistórico. Fue hasta el borde pero enterró las garras de sus patas en el borde y se tambaleaba allí, rehusando irse. Ella dijo que veía una cadena que lo sostenía y que no le permitía caer, y que parecía que otros demonios más pequeños sostenían la cadena que evitaba que cayera.

LA FALTA DE PERDÓN LES DABA FUERZA

En este punto le pregunté si tenía alguna falta de perdón o amargura en su vida. Confesó que sí. Le expliqué que esto era permiso para que los demonios se quedaran y que debía perdonar para ser libre. Inclinó la cabeza y oró en voz alta, perdonando a su cuñada. Entonces, nuevamente ordené al demonio que se fuera al abismo del infierno. Dijo que la cadena estaba rota, pero que aún se aferraba de sus patas. Entonces dijo que vinieron dos ángeles. Uno le abrió las garras a la fuerza, el otro blandía una gran espada y lo arrojó por el precipicio. Entonces ella dijo: "La habitación está vacía. Las hordas de demonios que estaban allí, ahora ya no están. No hay sino luz que brilla en la habitación de la caverna".

Algo formidable, ¿no? No inventé nada. Allí había otros dos o tres que coincidían en su descripción de lo que "veían" mientras ocurría la liberación. Mucha gente a la que ministré ese fin de semana pudo darme descripciones gráficas de la batalla que se estaba produciendo. ¡Formidable!

Un hombre vio y describió virtualmente lo mismo, pero se trataba de una habitación grande llena de demonios. Él dijo: "Cuando usted ata a demonios particulares, comienzan a empacar sus cosas, como maletas, y se quedan allí por un rato. Cuando le dice que se vayan inmediatamente, salen corriendo por la puerta. Cuando les ordena que no dejen nada tras de sí, que junten todas sus obras y vayan directamente al abismo, se los ve tristes, y corretean recogiendo papeles y guardándolos en sus bolsos mientras se apresuran a salir".

Una señora que tenía dificultades con el espíritu de temor, dijo: "No se va. Se queda ahí mirándome con este rostro horrible y aterrador".

Ordené que el espíritu le confesara a ella que ella tenía autoridad sobre él en el nombre de Jesucristo.

"Con actitud desafiante —dijo ella—, dice que usted [Don] tiene autoridad sobre él, pero que yo no".

Una vez más se negó a confesar que ella tenía autoridad. Ella lloraba. Entonces dije: "Suelto los santos ángeles de Dios para que te atormenten hasta que confieses su autoridad sobre ti".

El rostro de ella cambio y sonrió: "Veo dos grandes ángeles que estrangulan al demonio. Él forcejea, pero sigue diciendo: 'No, no, no lo voy a decir'". Entonces ella relató que la horrible criatura dijo: "Está bien, está bien; ella tiene autoridad sobre mí en el nombre de Jesucristo".

Cuando ordené al espíritu que fuera al pozo del infierno, dijo que los dos grandes ángeles lo lanzaron a las tinieblas.

¡He oído relatos como éste durante días! Estaba recargado por no decir más. Qué revelación me dio el Espíritu Santo durante estas sesiones de liberación.

Un estudiante de secundaria vino buscando liberación. Era un cristiano excepcionalmente maduro para su edad. Se estaba preparando para la universidad. Ray había experimentado algunas situaciones "inusuales" a lo largo de su joven vida.

Me contó que cuando era niño tenía sueños extraños. "Recuerdo haber soñado con cabezas de gansos, muchas veces, cuando era muy niño" —dijo. "En ese entonces, no sabía nada sobre cosas demoníacas, pero sí recuerdo que esos sueños me daban mucho miedo. Siempre he sentido que en mi vida sucedían cosas sobrenaturales. Como si la batalla se produjera por mí. ¿Sabe lo que quiero decir?". Sí sabía lo que quería decir. Muchas personas me han contado algo similar.

Yo había guiado a este joven a su liberación hacía cosa de un año, cuando él vivía en otro estado. Había viajado para encontrarme con su familia, y todos pasaron por el proceso de liberación. Esa vez, fue libre de muchos espíritus perturbadores, pero seguía teniendo algunos problemas, por lo que decidió encontrarse conmigo nuevamente. El Espíritu Santo le había mostrado que aún había algo que lo estaba perturbando. Realmente me agrada este joven, y espero que algún día sea un exitoso hombre de negocios. Es muy listo. Como siempre, hablamos de posible consentimiento o permiso que los demonios pudieran tener. Hablamos acerca de la falta de perdón, amargura, resentimiento y puertas de entrada similares. Establecimos que no había puertas abiertas y oramos. Entonces até los espíritus malignos de acuerdo con la Palabra de Dios y ordené que todo espíritu fuera obediente. En el nombre de Jesucristo, ordené que el demonio de mayor rango se identificara ante Ray y que lo hiciera muy claramente.

Podía percibir la turbación en Ray. Parecía sentirse muy incómodo, y tenía el ceño fruncido. Dijo: "Temor. Es *temor*". Anteriormente había sido libre del espíritu de temor. Ordené al espíritu: "¿Se te ha ordenado que salgas de él antes?".

"No" —fue la respuesta. Resulta ser que este espíritu no estaba en él sino adherido a él. El espíritu de temor que había sido echado antes, estaba en él; éste estaba *adherido* a él. Ray podía "ver" al espíritu, que era un pulpo con tentáculos adheridos a distintas partes de su cuerpo.

En el interior había espíritus que identificaron sus funciones como envidia y lujuria. Los até, les ordené que se fueran, y lo hicieron.

"Aún hay algo aquí" —dijo Ray. Indagamos nuevamente, y se presentó un espíritu. Era un espíritu de distracción y confusión que decía estar en una misión asignada por un espíritu territorial llamado Ma Ha Bone. Ya me había topado con él muchas veces. Es un espíritu de alto rango sobre espíritus demoníacos cuyo permiso es la francmasonería ancestral. Ray dijo: "No dejo de oír: 'Ma Ha, Ma Ha'". Yo sabía lo que estaba sucediendo. Este espíritu estaba pidiendo ayuda.

Ma Ha Bone se presentó, y Ray dijo: "Es como si éste hubiera puesto una pared alrededor de estos espíritus". Reconocí su presencia diciendo que respetaba su alto rango, pero que yo tenía autoridad en esta situación y que Ray tenía autoridad en el nombre de Jesús. Le recordé a este espíritu que se había cancelado el permiso de maldición generacional y le dije que confesara que ya no tenía derecho sobre la vida de Ray.

De inmediato, Ray informó: "Dijo que confesaba que no tenía ningún permiso en mi vida".

El espíritu Ma Ha Bone salió, y yo continué lidiando con el otro. Éste tenía permiso de estar allí por una maldición ancestral y decía haber estado en la familia por muchas generaciones, habiendo obtenido acceso a través de la adoración druida. Interesante. En este reino había otros cuatro espíritus presentes por permiso de la francmasonería de su ascendencia. Un demonio decía ser el responsable de traición y persecución, algo con lo que Ray había luchado durante varios años. Había un espíritu que aseguraba que su función era "sacarlo de donde Dios quería que estuviera y ponerlo en un lugar distinto". Dijo que debía "robar su destino". Había fracasado, pues el Espíritu de Dios nos estaba guiando y revelando información para que Ray pudiera ser libre.

A continuación hubo un espíritu que decía funcionar como necesidad. Era un espíritu de pobreza y sentí que el Espíritu Santo me decía que también se le había pegado a su padre. Le ordené que revelara si también estaba en el padre. Ray dijo: "Puedo ver a esta serpiente; parte de ella está en mí, y parte en mi padre". En el nombre de Jesús, ordené a este espíritu que se volviera uno y fuera directo al abismo. Ray dijo: "Está muerto. Un ángel con una gran espada acaba de cortarle la cabeza. ¡Está muerto!".

Ahora nos quedaba el último. Ray dijo: "No está en mí. Está sobre mí como un paraguas pero pegado a mi cuerpo".

Era un espíritu que se cernía sobre él. Le ordené que revelara su misión en la vida de Ray.

"Ocultarlo, robarle reconocimiento" —fue la respuesta del demonio.

Ray dijo: "Es como si las personas que están a mi alrededor pueden verme si están cerca, y en mi nivel ellos pueden ver por debajo de la cubierta, pero los demás no me pueden ver. Mi rostro está oculto para ellos".

Ordené que este espíritu adhiriera toda obra de las tinieblas a sí mismo "como un imán" y soltara a Ray inmediatamente y fuera al abismo. Ray dijo: "¡Guau! Cuando usted dijo que juntara todo como un imán, pude sentir que toda clase de cosas en mi parte central se movían hacia un punto y salían de mí. ¡Guau!" —dijo. "¡Esto es una locura!"

Sí, lo es. También es emocionante ver la mano de Dios obrar y experimentar la autoridad que el Señor Jesús nos ha dado.

¡Hay cientos de estas historias! Algo formidable, ¿eh?

CAPÍTULO 10

EL PODER DE LA LENGUA

ONNIE ES UNA maravillosa cristiana muy respetada y que sirve incansablemente en su iglesia. Está llena del Espíritu Santo y tiene una relación sólida con el Señor. Sin embargo, ha logrado esto después de superar mucha adversidad en su vida. La suya, no obstante, es otra historia. Ésta trata de su hija Rebecca. Connie me trajo varias personas que necesitaban liberación. Ese día, trajo a su hija de treinta años.

Rebecca era una alcohólica en recuperación a punto de salir de un programa de tratamiento. Tenía una historia realmente interesante para contar sobre su esclavitud, no a la heroína, sino a Satanás y su reino demoníaco. Fue salva cuando era niña y recuerda claramente su experiencia de salvación, pero ha conocido el tormento la mayor parte de su vida. Comenzó justo en el momento de su nacimiento, pero no porque ella o sus padres hubieran hecho algo malo.

Cuando alguien viene a mí buscando liberación de los atormentadores, el formato es bastante similar. Hago lo posible por hacerlo sentir cómodo y ver que el suceso no es amenazador o intimidante. He sido testigo de primera mano de la liberación de más de veinticinco mil creyentes. Hay mucha falsa enseñanza acerca de esta materia, pero lo que es peor, hay poca enseñanza escritural. En las Escrituras, hay abundante verdad acerca de lo demoníaco, pero en nuestras iglesias se enseña muy poco. Esto me tiene desconcertado. La mayoría tiene una concepción de los demonios gestada en Hollywood que no se acerca ni remotamente a lo que enseñan las Escrituras. Cada vez que se menciona el tema, hay misticismo y temor. Si quiere arruinar una conversación, solamente mencione los demonios. No tardará mucho en quedarse totalmente solo. Una de las primeras obras del proceso de liberación es llevar a la gente más allá de los falsos conceptos de las obras de las tinieblas.

Separado de ti nada puedo hacer

Rebecca y su mamá no entraban en esta categoría. Ambas eran muy conscientes de las enseñanzas escriturales, así que comenzamos con una oración parecida a ésta:

Padre, gracias por Jesús y por nuestra salvación. Gracias por este momento que creemos fue predestinado por ti. Reconocemos y admitimos la presencia de tu Espíritu Santo, y buscamos su guía al buscar romper la atadura y libertar a Rebecca de los atormentadores. Siempre soy consciente de que separado de ti, ¡nada puedo hacer! Danos dirección clara, y recibimos unción para este momento. Reclamamos su liberación completa en el nombre de Jesús. Amén.

Conseguí un anotador y dije: "Comencemos discutiendo posibles puertas de entrada que puedan haber dado acceso a espíritus demoníacos a su vida. Mamá, ayude también. Posibles maldiciones generacionales, maldiciones habladas, traumas y cosas por el estilo".

Descubrimos que hubo participación de ambas parejas de abuelos en la francmasonería y algunos actos de adulterio en su ascendencia. Había mucha depresión de un lado de la familia e ira y alcohol del otro. Uno de sus abuelos había sido un hombre muy violento. Uno de sus parientes favoritos sufrió depresión severa y tuvo varios intentos de suicidio antes de lograrlo. Había varias posibilidades de que los espíritus estuvieran allí por el permiso de la maldición generacional. Tomé nota de esto, y continuamos nuestra discusión.

Temían que muriera desangrada

Su madre contó sobre su nacimiento y algunos momentos difíciles y dolorosos. "Cuando ella nació, pensaron que yo podría morir. Hubo algunas complicaciones, y temían que pudiera morir desangrada. Mi tipo de sangre es poco común, y no había nada disponible en el hospital. Fue un momento muy traumático. Las enfermeras llevaron a mi hija recién nacida a mi esposo y le preguntaron si quería cargar al bebé. Estaba tan alterado por mi condición que dijo: "¡Ahora no!". Ésta parecía ser una reacción bastante normal de un esposo preocupado, pero en este caso, fue una puerta de entrada para el espíritu de rechazo. El poder de nuestras palabras y acciones es asombroso y absolutamente increíble. Los demonios no dejaron pasar esta oportunidad. Obviamente, Connie sobrevivió. Encontraron sangre en otro hospital, corrieron a ella, y con el tiempo estuvo bien. Ambos padres habían recordado ese momento y se preguntaban si quizás un espíritu de rechazo podría haber venido a la niña a través de ese trauma. El Espíritu Santo ya se los había revelado y se habían ocupado de esto, pero el espíritu de rechazo aún estaba allí. Rebecca dijo: "Mi padre me ha contado acerca de la situación y me pidió perdón, y yo lo he perdonado…pero, sabe, nunca me sentí realmente amada por mi padre, aunque yo sé que me ama mucho".

Pregunté sobre cualquier incidente de su niñez que recordara como vergonzoso o humillante: abuso sexual por parte de amigos o palabras de condenación, ridículo, etcétera. Además, las situaciones traumáticas tienden a ser puertas para la entrada de demonios. Por más poca importancia que pueda tener para los demás, para nosotros el suceso puede ser lo suficientemente horrenda como para provocar una brecha en nuestra vida y recibir un espíritu del enemigo.

VARIOS NIÑOS SE BURLABAN DE ELLA

Su madre me contó que ella siempre había tenido problemas estomacales, cólicos muy feos cuando era bebé, y ha tenido problemas desde entonces. Rebecca ha pasado varias situaciones que recordaba como traumáticas. Una ocurrió cuando estaba en la escuela primaria. Varios niños se burlaban de ella, y ella corría y se escondía en unos neumáticos que había en el patio de recreo que los niños atravesaban a gatas. Ella dijo: "Recuerdo que me escondía allí y ellos me arrojaban arena y se reían de mí. Se mofaban y se burlaban de mí. Me sentía muy mal".

En los primeros años de secundaria, más o menos cuando estaba en séptimo, dijo: "Perdí a todos mis amigos. El novio de esta chica comenzó a llamarme, y ella se puso muy celosa. Ella era una de las chicas más populares de la escuela, y pudo hacer que todos los chicos se volvieran en mi contra. Me convertí en una marginada y no me dejaban socializar con ninguno de ellos. Ésa también fue una sensación horrible". De eso surgieron más espíritus de rechazo, y fue más o menos en ese tiempo que me volví muy tímida. Quizás fue por temor a más rechazo. No lo sé". Su madre estuvo de acuerdo.

Para cuando estaba en noveno año, tenía un nuevo grupo de amigos. "Finalmente fui aceptada por otros" —dijo—. Pero por la razón que fuera, aún me sentía rechazada. Fue entonces cuando experimenté con el alcohol."

Rebecca me contó que sintió una gran culpa durante esta época de su vida, porque sabía que eso estaba mal y que estaba decepcionando a sus padres. Dijo que se sentía muy sola y deprimida y hasta tenía tendencias suicidas, mucha ansiedad y ataques de pánico. Describió una especie de presión intensa en ambos lados de la espalda. Tenía el dolor incluso cuando llegó a nuestro lugar de reunión ese día. He oído esta historia muchas veces: gente que se enferma o siente temor antes de llegar para la liberación. ¡Los demonios saben!

YO SOY LAS TINIEBLAS

Le pregunté si alguna vez había tenido pesadillas o incluso si había sentido una presencia aterradora en la habitación. "¡Sí! Una vez me desperté y sentí, en efecto vi, esta niebla negra que se cernía sobre mí, y pregunté: '¿Quién eres?' Respondió: 'Soy las tinieblas…'. Esto fue muy aterrador. Cuando mi parienta favorita murió, comencé a tener la sensación de que me iba a volver loca. Era muy fuerte. [Esta parienta era atormentada por un demonio de insania e indudablemente había salido de ella al momento de su muerte y vino a Rebecca.] Comencé a ser atormentada en mayor grado desde la noche del funeral de mi tía.

"Una vez mientras dormía en la habitación de huéspedes donde ella solía dormir —continuó Rebecca—, de hecho vi una figura parada en la entrada, como una niebla. Incluso se fue a las escaleras antes de desaparecer. Yo estaba aterrorizada."

"En un momento —dije—, haremos una oración arrepintiéndonos de cosas que podrían dar permiso a los demonios para quedarse. Cancelaremos su consentimiento para estar allí. Quebraremos su poder e invalidaremos sus derechos en tu vida." Le dije que podría comenzar a sentir lo maléfico de su presencia. Me dijo que ya lo sentía.

He descubierto que se pueden presentar muchos síntomas distintos una vez que los demonios son conscientes de que su tiempo es corto, por ejemplo, movimientos en la región central, náuseas, dolores de cabeza, cambios de temperatura, revoleo de los ojos, aceleración del pulso, ardor, confusión intensa, adormecimiento o cosquilleo, dolor de cuello y espalda, tensión, etcétera. Le recordé esto y le aseguré que no le harían daño sino que simplemente se aferraban a ella. La animé a que no se alarmara y le dije que podía comenzar a tener algunos pensamientos poco usuales.

ELLOS TE ODIAN

Hay gente que me ha dicho: "Oh, los oigo gritar". "Ellos te odian." "Dicen cosas horribles de ti." "Los oigo decir que no sabes lo que haces, y que lo único que voy a conseguir viniendo aquí es pasar vergüenza." "Él no tiene poder para hacernos salir." "Su hija acaba de resultar herida y lo necesita." Tanta basura sale de sus sucias bocas.

Le expliqué a Rebecca la forma en que, por lo general, salen de una persona. "La mayoría de las veces sentirás que suben desde tu parte central y salen a través de tu respiración. Puede que sientas la necesidad de escupir, eructar, toser, o que hasta sientas ganas de vomitar. Sólo suéltalos. A veces la liberación es muy fácil y sin ningún drama." Le pedí que practicara con un suspiro profundo. Esto le serviría para cuando los demonios salieran de ella.

"Antes de orar —dije—, déjame pedirte que me digas todo lo que oigas, veas, o sientas durante la sesión. Eso me ayudará en el proceso. El Espíritu Santo nos dará discernimiento, y los demonios revelarán lo suficiente como para atraparlos a todos. No te inquietes. No te harán daño, y cuando salgan de ti no irán a nadie más. Harán tal como se les ordene porque están sujetos al nombre del Señor Jesucristo.

"Ahora hagamos esta oración los tres juntos. Oren después de mí. Pueden decirla con otras palabras si quieren —le dije—, pero la verdad de lo que oremos derribará fortalezas. Repitan después de mí en voz alta. Confesamos de acuerdo con 1 Juan 1:9, y recibimos perdón y limpieza."

Padre, gracias por Jesús, te doy gracias por mi salvación. Tú eres el Salvador, y yo soy la pecadora. Gracias por recibirme en tu familia por gracia y por medio de la fe. Yo soy tu hija, y tengo derecho a la libertad. A todo aquel que me ha lastimado, mentido o decepcionad, yo lo perdono. Me arrepiento de la falta de perdón; sé que es pecado. La pongo bajo la sangre de Jesús. Me arrepiento del enojo, amargura, odio, rebelión, resentimiento y venganza, envidia, celos y contiendas, lascivia, brujería, idolatría, y de todas las obras de la carne. Pongo todo bajo la sangre de Jesús, y al hacerlo quiebro el poder y los derechos legales de Satanás en mi vida. Quiebro el poder de las maldiciones generacionales y niego permiso en mi vida a todo espíritu demoníaco. Me arrepiento y denuncio todo contrato hecho con Satanás; puesto que es un mentiroso, ningún contrato es vinculante. Por la sangre de Jesús me libero de todo pacto con el diablo. Renuncio a todos los juramentos, votos, promesas, y ceremonias impuras. Denuncio y confieso toda ligadura impura del alma, porque Jesús es mi Salvador Y Señor. Él es mi libertador y mi sanador, ¡y Él quebró el poder de la maldición! Decido ser libre, y seré libre por el poder de la resurrección de Jesucristo según su santa Palabra y bajo la autoridad de su nombre. Amén.

SE DESPLOMÓ HACIA ADELANTE EN SU SILLA

Entonces le informe a Rebecca que yo iba a hacer tal como las Escrituras dicen que se debe hacer: "Voy a atar al hombre fuerte, y vamos a volver a traer tus cosas y a tener una casa limpia. Sólo sé sincera y desea ser libre. [Por treinta años, esta joven mujer había conocido el tormento del enemigo.] Voy a ordenarle al demonio príncipe, el cabecilla, que se presente. Tú sólo dime lo que oigas, veas o sientas." Cuando comencé a atar a los espíritus malignos, ella se desplomó hacia delante en su silla y se arrodilló en el suelo, con la cabeza inclinada y los ojos cerrados.

"Ahora le hablo al demonio príncipe, y te ordeno que te presentes y te reveles a Rebecca ahora."

De inmediato, Rebecca me dio un nombre.

Ordené al demonio que revelara los nombres de los otros príncipes. Una vez más, Rebecca me dio nombres al instante. Más tarde descubriríamos que uno que se identifico como Jake, no era príncipe.

Ordené al espíritu que se identificó como príncipe y le pedí que revelara su función. La respuesta inmediata fue "matar". Bueno, ése es el propósito de Satanás, según Jesús: robar, matar, hurtar y destruir. Al someterlo a interrogatorio, también reveló que era un demonio multifunción y que era responsable del rechazo, la adicción y el temor. También era un demonio guardián.

Este demonio reveló que entró por consentimiento legal de una maldición generacional, probablemente del abuelo violento. Puesto que todos los demonios son mentirosos, a menudo resulta difícil sacarles la verdad. He aprendido que ningún demonio le miente a Jehová Dios. Mientras que a usted y a mí nos mentirían todo el día, he descubierto que se les puede sacar la verdad poniéndolos bajo juramento en el nombre de Jesús. Mientras que ellos siguen siendo muy engañosos, siempre me recuerdo que la liberación es un encuentro de verdad, no de poder. El nombre de Jesucristo es el que invoca temor en ellos. La presencia del Espíritu Santo de Dios y de sus santos ángeles hace cumplir las órdenes impartidas. Las órdenes dadas siempre deben basarse en la verdad tal como se define en la Palabra de Dios.

Descubrimos que había espíritus por permiso de una maldición generacional a partir de la participación ancestral en la francmasonería, una organización sin vida, sin Cristo, una secta en su definición purista, ¡con juramentos y promesas que niegan la deidad de Cristo!

"Depresión, depresión, depresión"

Ordené a uno de los espíritus que se había identificado que se presentara y revelara sus funciones. De inmediato, Rebecca comenzó a repetir: "Depresión, depresión, depresión". Además, descubriríamos que esta entidad demoníaca era un espíritu multifuncional que también estaba allí por permiso de una maldición generacional.

Él estaba construyendo un reino de destrucción en la vida de Rebecca. Este demonio se responsabilizó no solamente de la depresión, sino también de los dolores de cabeza, enfermedad, pánico, ceguera, control, duda, preocupación, temor y muerte. Pero la depresión era el centro de atención y la función principal de este demonio.

Ahora bien, el tercer espíritu maligno que decía ser un príncipe, se identificó como Rebecca. He visto que no es inusual que un espíritu tome el nombre de la persona en la que habita. Al parecer este espíritu entró a través de la muerte de su familiar, espíritu que probablemente torturaba a su pariente perturbada. Rebecca sufrió muchas de las mismas cosas que su pariente sufría antes de morir.

Cuando alguien muere, si en él habitaban espíritus, los espíritus quedan sin un cuerpo. Es claro que prefieren un cuerpo, un organismo viviente. Prefirieron ir a los cerdos antes que ser echados y enviados a las profundidades. (Vea Marcos 5:1–22.) Rebecca dijo que la noche del funeral de su familiar, comenzó a tener pensamientos aterradores. Sentía que algún día iba a enloquecer. Pensó que se estaba volviendo loca. Este espíritu "familiar" llegó hasta Rebecca. Los espíritus atormentadores salieron de esta pariente y fueron a atormentar a algún familiar.

Este demonio príncipe, Rebecca, se atribuía responsabilidad por la ansiedad, dolor, alergias e insania. Rebecca había sido víctima de todas estas cosas desde la muerte de su familiar. Estos espíritus se disiparon rápidamente y se los mandó a volar. Hubo poca resistencia cuando salieron por medio de su respiración. Su cuerpo se convulsionó y tembló un poco a medida que salían por medio de suspiros profundos. Con cada salida, su cuerpo estaba cada vez menos tenso.

Tres príncipes—demonios cabecillas, líderes o jefes—quedaron expuestos, y a dos se les había ordenado irse y llevarse consigo todas sus obras. Sólo quedaba uno. Yo había aprendido que los demonios son tan engañadores como para hacerle creer a veces que una respuesta es sí o no diciendo algo que no es una respuesta directa. Muchas veces, había visto cuando el príncipe de todos los demás enviaba a algún espíritu a actuar como príncipe mientras que el verdadero "cabecilla" se ocultaba detrás de algo que aún no había sido expuesto. Parecía ser el caso con este último príncipe. También había un espíritu más que se había identificado como Jake, pero que no era un príncipe. Interesante. Cuando le pregunté a Rebecca si el nombre Jake significaba algo para ella, se quedó pensando por un momento. ¡Pareció algo perpleja cuando reveló que Jake era un tipo más grande que les compraba alcohol a ella y sus amigas, porque eran menores de edad!

Su decisión de comprar alcohol

Ordené que el espíritu revelara cómo había tenido acceso a Rebecca, y éste confirmó lo que ahora sospechábamos. Entró a través de la decisión de Rebecca de comprar alcohol. Este espíritu era el responsable de la incredulidad, el resentimiento y la rebelión, los cuales salieron por su aliento cuando se les ordenó y ofreciendo poca resistencia.

Entonces volví al que decía ser "el" príncipe. Volví a preguntarle ante Jehová Dios si era el príncipe. No hubo respuesta. El Espíritu Santo me había revelado que había muchos otros ahí y que este demonio no estaba al mando. En el nombre del Señor Jesucristo, até al espíritu y le ordené que recogiera todas sus obras y se fuera inmediata y directamente al pozo del infierno. Éste fue un poco más tenaz, pero con algunas fuertes arcadas y exhalaciones, este espíritu y todos los que había traído se fueron.

Yo sabía que el príncipe aún no se había revelado, entonces en el nombre de Jesús le ordené una vez más que dijera su nombre de inmediato. Rebecca me dio un nombre sin demora. Ninguno de nosotros había oído ese nombre jamás. Nos sorprendió descubrir que según el diccionario la palabra significa "ocupar".

Este espíritu estaba allí por una maldición generacional y estaba con permiso de la afiliación masónica de ambos abuelos.

"Siento muchas náuseas"

En ese momento, Rebecca comenzó a sentirse descompuesta y preguntó si había algún tacho de basura donde pudiera vomitar. Ahora los espíritus estaban nerviosos y exasperados. Estábamos en proceso de derribar un reino que se había estado construyendo durante treinta años. Rebecca también comenzó a sentir dolor de cabeza, y se intensificó el ardor en su espalda. Su cuello y espalda se pusieron realmente tensos y duros.

Até de inmediato a este espíritu y le ordené que se fuera al pozo del infierno y la dejara sin incidentes. El espíritu salió con algunas arcadas y se fue a través del aliento de Rebecca. Yo sabía que quedaban otros, y los atraparíamos uno por uno.

El siguiente fue el que opuso la mayor resistencia. Cuando di la orden, apareció otro príncipe y se identificó. En esta oportunidad se develó el patrón de destrucción para la vida de Rebecca. El propósito de este demonio a lo largo de la vida de Rebecca era atormentarla de niña, llevarla a la esclavitud de la adicción, volverla loca, hacer que vagara por las calles como una mujer sin hogar, y quizás hacerla cometer asesinato y suicidarse. ¡Guau! ¡Qué revelación nos estaba dando el Espíritu Santo!

Ahora estábamos arrancando raíces

Como dije, una de las funciones de este demonio era lograr que Rebecca vagara. Esto tiene significación escritural. Recuerde, Caín fue condenado a ser un fugitivo errante por causa del asesinato de Abel. (Vea Génesis 4:11–12.) Un espíritu errante estaba echando raíces en Rebecca y no quería salir. Gracias a Dios, éste proceso no es negociable. Los demonios que no tienen permiso de estar allí deben irse cuando se les da la orden. Ahora bien, creo que este espíritu errante sólo tiene los abismos del infierno en los cuales vagar. Ha sido confinado al abismo. Ahora estábamos arrancando raíces, espíritus arraigados, que intentaron quedarse sin éxito. Rebecca expresó que sentía que eran como tentáculos que le envolvían las tripas.

Este espíritu errante también era un príncipe y tenía bajo sus órdenes tres espíritus: enojo, culpa y temor. El Espíritu Santo me mostró que este espíritu estaba relacionado de algún modo con el alcohol. Cuando se lo puso bajo juramento ante Jehová Dios, el espíritu errante confesó que él, el temor, el enojo y la culpa, estaban todos relacionados con el alcohol.

Allí también había espíritus de preocupación y tensión. Cuando ordené que el espíritu de tensión se presentara y revelara su función, Rebecca dijo que sentía ardor en la espalda cercano al punto de los omóplatos y apenas podía torcer el cuello por la tensión. Cuando se le ordenó, este espíritu también la dejó, y su cuerpo se dejó caer relajadamente. Sería bastante fácil encontrar a otros espíritus ya que el reino que estaba dentro de ella se debilitaba cada vez más.

PRESIÓN EN EL PECHO

Después vendría un espíritu de confusión. Y yo había atado a este espíritu desde el comienzo, ordenándole que permaneciera completamente inactivo durante el proceso de liberación. Le pregunté a Rebecca cómo se sentía. Dijo que aún sentía algo de movimiento en su interior y cierta presión en el pecho, algo parecido a la acidez estomacal. Hablamos un poco y pedimos a su mamá que nos compartiera lo que hubiera podido discernir por el Espíritu Santo. Dijo sentir que podría haber un espíritu de mente reprobada. Es un espíritu bastante común y se lo revela en Romanos 1:28: "Y como ellos no aprobaron tener en cuenta a Dios, Dios los entregó a una mente reprobada, para hacer cosas que no convienen". Este espíritu viene cuando una persona conoce a Dios y elige vivir como si no lo conociera. Rebecca sabía que el alcohol la metería en problemas, sabía que convertirse en adicta estaba mal y que desagradaría a Dios, pero de todas maneras lo hizo. El espíritu de mente reprobada vino por caminar en desobediencia por propia voluntad.

Había otros con éste. Había un espíritu de lascivia, que era un príncipe. Estaban el pensamiento pervertido, un espíritu de humillación, un espíritu de engaño y un espíritu de asesinato, los cuales habían entrado a través de una maldición generacional. El reino se estaba desmoronando, el enemigo estaba retrocediendo, y Rebecca estaba a punto de ser libre. Até a cada uno de estos espíritus y les ordené que salieran. En algunos de estos casos, tuve que pedirle a Rebecca que se arrepintiera del acto que permitió que estos espíritus entraran en su vida y que denunciara sus obras. Ni bien lo hizo, su poder se quebró, y cada uno salió sin incidentes.

Después de algunas horas, ¡estaba libre! Su semblante había cambiado. Sus ojos brillaban y no estaban vidriosos. Para su madre había evidencia de que su aspecto había cambiado. Ella sabía que era libre.

Un niño de diez años con muchos problemas

Antes de cerrar este capítulo, me gustaría relatar una liberación reciente que fue bastante especial. Fue con un niño de diez años llamado Brandon. Él había experimentado muchos problemas en su joven vida y le habían diagnosticado trastorno de déficit de atención (TDA) y también depresión. Era un niño muy perturbado, enojado e infeliz. Una vez, la enfermera de la escuela había llamado a su casa y le había dicho a su madre que decía algunas palabras muy extrañas y sintió que sus padres debían saberlo.

Una vez también había perseguido a un niño por la calle amenazando matarlo con un bate. Aterrorizaba a los vecinos y destruía la propiedad privada. Le pregunté a Brandon si sabía por qué lo hacía. "Sí, quería que otra gente se sintiera tan mal como yo" —dijo—. A veces, a la noche cuando trato de irme a dormir, cuando oro y le digo a Dios que lo amo, algo me dice: 'No, tú lo odias'. Estoy cansado de sentirme así."

Brandon tenía espíritus que habían entrado por permiso de una maldición generacional que lo habían atormentado durante toda su tierna vida. Parte del permiso era de antepasados que habían estado involucrados en la francmasonería. Estos espíritus hablaban por medio de él, lo cual no pareció sorprenderle. Ordené que el espíritu responsable del TDA confesara que cuando él se fuera no tendría necesidad de medicación alguna. La voz habló desde el pequeño: "No puedo confesar eso. No sé nada de medicina". Asombroso.

Brandon tenía un rostro sombrío y un enojo que le fruncía el ceño. Una vez que echamos a todos los espíritus, había una gran sonrisa en su rostro, al igual que en los de sus padres. Cuando le pregunté a Brandon cómo se sentía, dijo: "¿Sabe qué? Siento ganas de gritar bien fuerte. ¡Me siento tan bien!". ¡Tenía deseos de gritar! Sentí que Brandon tenía el llamado y la unción para la intercesión. Le pregunté si oraría por mí cada vez que se sacara los zapatos. "Seguro que lo haré —dijo—. Le prometo que lo haré."

"NUNCA ME HABÍA SENTIDO ASÍ. ¡ESTOY TAN FELIZ!"

Al día siguiente, estaba invitado a predicar en su iglesia. Mientras esperaba en la oficina del pastor justo antes de salir al púlpito, hubo un golpecito en la puerta, y Brandon entró vestido con su mejor traje de domingo y con una gran sonrisa en el rostro. Se aferró a mí y me abrazó durante varios segundos. "Nunca me había sentido así. Estoy tan feliz." Sólo me agradecía y me agradecía. No necesitaba decirle que le agradeciera a Jesús en vez de a mí, él lo sabía, y también le agradeció a Él. Me dijo: "¿Sabe qué? Ayer estuve sin zapatos todo el día sólo para orar por usted". ¡Qué poderoso es el Dios al que servimos!

CAPÍTULO 11

SANADA DE UN
TUMOR CEREBRAL

¿CREE QUE LA oración de fe sana a los enfermos? ¿Tiene miedo de que quizás no ocurra? ¿Tiene miedo de ser avergonzado? Permítame darle un ejemplo. Hace varios años, me pidieron que reemplazara en el púlpito a un pastor amigo mío. Tuve que reprogramar mis horarios para hacerlo. Él iba a estar fuera de la ciudad y necesitaba que predicara en su lugar. Acepté hacerlo con mucho gusto. En esa congregación había una miembro que se llamaba Donna Motley. Ella y su esposo Mike habían estado enfrentando algunos problemas. Donna se había visto aquejada por dolores de cabeza y episodios de desmayos. Había ido a cinco neurólogos y a cinco neurocirujanos. La conclusión fue que tenía un tumor cerebral, un adenoma pituitario, y que había que extraerlo.

Varias personas habían estado orando por Donna. Su cirugía estaba programada para el jueves siguiente al domingo en que yo debía predicar. Durante toda la semana, mientras estudiaba para el mensaje, ella estuvo en mi corazón. "Oía" al Espíritu Santo decirme continuamente que impusiera mis manos sobre ella y orara por ella en el servicio. Yo quería resistirme, porque no había visto que lo hicieran en esta iglesia. No sabía cómo lo recibirían. Pero sabía que Dios me había hablado, entonces lo único que importaba era obedecerle a Él.

Estaba en el cierre del mensaje, y el director de música pasó para dirigir una canción de invitación. "No —dije—. No quiero música ahora. Voy a hacer lo que el Espíritu Santo me urge a que haga. No sé lo que alguien pensaría de esto, pero de todos modos lo voy a hacer. Voy a pedir que Donna y Mike Motley pasen adelante, y voy a orar por la sanidad de Donna." Ahora bien, prácticamente todos en la iglesia conocían su situación. "Voy a imponer manos sobre ella y le voy a pedir al Señor que la sane. También quiero que todo aquel que cree que Dios aún sana a la gente, venga y la rodee para orar". Pasó la iglesia entera. No hubo vacilación.

Al día siguiente, Donna fue a ver a su neurocirujano para hacerse una resonancia magnética (RM) prequirúrgica. Su cirugía estaba programada para el jueves. Ese día, ella llevaba puesta para su médico una camiseta que decía: "Mi Dios es un Dios formidable". Donna dijo que después que le hicieron la RM, ella y Mike esperaron durante un tiempo inusualmente largo para ver al neurocirujano. Se preguntaba qué podía demorar tanto.

MI DIOS ES FORMIDABLE

Finalmente, el médico salió con una mirada perpleja. "Sra. Motley —dijo—, hemos cometido un error. Usted no tiene un tumor cerebral. No hay nada allí." Durante todo ese tiempo, Donna había creído que sería sanada y se lo dijo a su médico incrédulo. Después el médico continuó, tratando de explicarnos cómo siete médicos podían haberse equivocado. Donna dijo: "Doctor, ¡el error que ha cometido es no darle gloria a Dios por mi sanidad!".

Ahora ella posee imágenes de RM que muestran un tumor cerebral antes de la oración e imágenes que muestran que NO hay tumor después de la oración. ¡Nuestro Dios es formidable!

TIEMPOS UNGIDOS, SEÑALADOS, PREPARADOS

Una vez oí al Dr. Adrian Rogers, ex pastor de Memphis, describir la unción. Dijo que es "un toque especial para una tarea especial". A eso, yo agregaría: "Para un momento especial". En realidad, es mucho más que eso. Quiero compartir un momento especial que tuvo lugar hace algunos años. Creo que fue un tiempo ungido. Tenía programado predicar en varias cárceles y decidí quedarme en una ciudad céntrica respecto a todas ellas.

Me encanta pescar, pero pensé que no tendría tiempo de hacerlo por todos los servicios que había planeado, pero llevé mi caña y mi carrete por si acaso. Cuando llegué, llamé al capellán de la cárcel donde iba a estar esa tarde. "Me alegra que haya llamado —dijo el capellán—. Traté de ubicarlo, pero ya había salido de su casa. Hermano Don, hoy tenemos un nuevo guardia en la unidad, y canceló todas las actividades nocturnas los días de semana. Lo siento mucho, pero no podemos tener servicio esta noche." Bueno, sé que esas cosas pasan. Sencillamente es parte del ministerio carcelario. Entonces decidí ir a pescar.

Por lo general, pesco en el puerto deportivo donde hay entradas en "T" y "L" que le permiten estacionar y pescar en un área que se parece a un parque. Compré mi carnada en uno de los barcos de langostinos que había en el área y me dirigí a mi punto de pesca, pero distraídamente pasé de largo. Cuando me di cuenta, ya me había pasado unas cuantas calles y decidí continuar por el camino de la bahía, porque había divisado un muelle a la distancia. Pensé que intentaría primero en el muelle. Cuando llegué al pequeño parque público, pude ver a una persona en el muelle. Recogí mi equipo de pesca y me dirigí al final del muelle. A medida que me acercaba, pude ver que la persona era una mujer. No tenía equipo de pesca y miraba fijamente las aguas de la bahía.

Me pregunté qué haría allí una mujer sola y sin equipo de pesca, pero realmente no quería saberlo. Sólo quería pescar. Fui al lado opuesto del muelle a unos cien pies de donde ella estaba. Cuando comencé a pescar y a sacar un pescadito tras otro, pude ver que ella se acercaba, poco a poco, a donde yo estaba. Yo sólo quería pescar, así que digamos que la ignoré. Poco después, ella inició una conversación. "Seguro está pescando mucho. ¿Siempre los devuelve al agua?". Confieso que no me mostré demasiado amigable al decirle que siempre devolvía los peces al agua. En ese punto, no estaba interesado en conversar.

No sabía para entonces que ése era un momento ungido, señalado y preparado por Dios. ¡Dios había arreglado este encuentro! Yo seguía pescando.

Ella continuó hablando y, mientras lo hacía, comencé a escuchar con mayor interés. Me dijo que era médica. Yo sólo escuchaba, pero en mi mente decía: "Sí, usted es médica". Me dijo que no podía ejercer porque hacía cosa de un año la habían internado en una institución para psicóticos. Me dijo que había intentado suicidarse un par de veces. La escuché con más atención. Le pregunté por qué estaba en el muelle. Ella dijo: "Siento atracción por el agua. El agua es definitiva. Uno puede cortarse las muñecas y sobrevivir, tomar una sobredosis y sobrevivir, pero el agua es definitiva". Observé las aguas revueltas de la bahía y miré atrás hacia la costa: había que nadar bastante. Ella explicó cuán abatida se sentía y la terrible depresión que sufría a causa de su situación. ¡Estaba allí para suicidarse!

SUPE QUE ÉSTE HABÍA SIDO UN MOMENTO PREPARADO

Comencé a guardar mi equipo de pesca, porque ahora sabía por qué el servicio se había cancelado. Ahora sabía por qué "distraídamente" había pasado de largo de mi punto de pesca. ¡Supe que este momento había sido preparado! ¡Iba a realizar un tipo de pesca diferente! Justo cuando me preparaba para testificarle, comenzaron a aparecer otras personas y arruinaron el momento privado. También entendí eso.

Dije: "Señora, no quiero que malinterprete esto, pero ¿le importaría acompañarme hasta donde está mi automóvil y sentarse por unos minutos en el asiento delantero? Quiero hablarle y orar por usted". No vaciló en decirme que sabía que necesitaba oración.

Mientras caminábamos hacia mi automóvil, le hablé acerca de su salvación. Me aseguró que era salva y que tenía confianza en su relación con Cristo. Aunque no asistía a una iglesia evangélica, recordaba el día en que le pidió a Cristo que fuera su Salvador. Le pregunté si creía en los ángeles. "Oh, sí. Creo que han intervenido en mi vida muchas veces." Entonces, le pregunté si creía en los demonios. Vaciló por un momento, y luego dijo: "Sí, supongo que sí".

DIOS HA OÍDO SU CLAMOR

Llegamos al coche y nos sentamos en la parte delantera. "Aunque ése haya sido su diagnóstico, no creo que usted sea psicótica. Creo que está atormentada por espíritus malignos de depresión y suicidio. Además creo que Dios ha oído su clamor pidiendo ayuda. Creo que por eso estamos sentados aquí en este momento."

Le pregunté si quería ser libre y si en ella no había falta de perdón, ira o pecado no confesado, para que en el nombre de Jesús yo pudiera reprender a los demonios. ¡Estaba lista! "¡Por favor, hágalo!" —dijo—. Primero tuve unas palabras de oración reconociendo y agradeciendo a Dios por su presencia. Pedí que el Espíritu Santo me guiara y que lograra su libertad a través de la liberación bíblica.

Le expliqué que iba a atar a los espíritus malignos en el nombre de Jesucristo, y que cuando lo hiciera, ella podía experimentar algunas sensaciones físicas tales como náuseas, opresión en el estómago, sensación de hormigueo, revoleo de ojos, ardor en partes de su cuerpo, etcétera. Asintió en señal de que había entendido. Tomé autoridad sobre los espíritus malignos y los até en el nombre de Jesucristo. Ordené que no se partieran en dos, se dividieran, se ocultaran o usaran cualquier otra artimaña. No podían hacerle daño o ir a otra persona. Les ordené que me prestaran atención y que cuando se les impartiera la orden de salir, debían ir inmediata y directamente al abismo.

Después de atar a los espíritus malignos, le pregunté si había experimentado algún síntoma o sensación no común. "Oh, sí, me arden los labios, y en las manos, en ambas manos, tengo una sensación de hormigueo y ardor." Los demonios estaban nerviosos, y sabían lo que se venía. Se manifestaron a través de las molestias que describía. Le dije que, cuando diera la orden de que los demonios se fueran, ella podría sentir que subían y salían por su boca. A medida que expulsaba a los demonios, veía como su cuerpo se movía pesadamente por las exhalaciones profundas. ¡Podía ver y oír el profundo suspiro de alivio! Le pregunté qué sentía.

"La niebla desapareció. [No había habido niebla.] Oh, incluso puedo ver más claramente. Las cosas son nítidas y claras" —comentó—. ¡Nunca he sentido tanta paz en toda mi vida!"

Hablé con ella brevemente de lo que había sucedido y la animé a ir a una iglesia donde enseñaran la Biblia. Luego oré con ella nuevamente. ¡Era libre en el nombre de Jesucristo! ¡Un tiempo señalado, ungido y preparado!

Cuando volví a casa, le envié algunos materiales para leer y una carta de aliento. Algunas semanas después, llamó a casa y habló con mi esposa. Yo estaba fuera de la ciudad. Le contó a mi esposa lo que había ocurrido en su vida como resultado de este momento preparado por Dios. Ella estaba bien. Volví un par de años después de este incidente, y llamé para ver cómo estaba. Contestó su esposo. Me presenté y dije: "No sé si sabe quién soy...". Me interrumpió con: "Sí, sí, sé quién es". Me dijo que su esposa no estaba en casa, pero que ahora era una persona diferente. "Gracias a Dios, ahora su vida es diferente" —dijo.

CAPÍTULO 12

MÁS RELATOS PERSONALES

E STE LIBRO SERÍA muy largo si incluyera los testimonios de todos los que han pasado por liberación. También sería un libro muy interesante. Gente de toda condición social ha venido a verme pidiendo ser libre de la opresión demoníaca. Para mí, es muy triste que nuestras iglesias no traten esto. La gente viene como Nicodemo: por la noche, bajo un manto de secreto, debido al estigma que acompaña a la liberación. Saben que algo está bien, y frecuentemente incluso saben lo que es. Pero no pueden ir a su pastor, porque él no lo cree. No quieren contárselo a sus amigos, porque no quieren ser humillados. Como Nicodemo, saben que hay algo más para sus vidas.

Hollywood ha creado imágenes muy falsas sobre la liberación. Le ha dado demasiado poder a los demonios, haciendo que la gente sienta terror de sólo pensar en lo demoníaco. Debemos olvidarnos de Hollywood y concentrarnos en la Santa Palabra. Lo cierto es que cada creyente tiene autoridad "sobre toda fuerza del enemigo" (Lucas 10:19). Entonces me pregunto: ¿por qué la iglesia no da un paso y se ocupa de esto? Toda iglesia debería tener un ministerio de liberación activo, ¡y todo pastor debería ser capaz de guiar a alguien en el proceso de liberación! ¡Creo también que cada pastor debería pasar por liberación!

Hace un tiempo, tenía programados servicios en la capilla de una cárcel de mujeres en la parte sudoeste del país. Como de costumbre, el capellán me esperó en la puerta principal. Me confesó que había cometido un error de organización y que también había otro grupo para ministrar. Me preguntó si quería compartir los servicios con el otro grupo. Me he dado cuenta de que eso nunca resulta muy bien. Se disculpó por el error, y yo le dije que entendía, que no era problema. Por cortesía, me dijo: "Ya que está acá, ¿hay alguien a quien desee hacer una visita personal?". "Sí —le dije—, hay una señora que ha pedido verme cuando fuera posible. La veré hoy".

El capellán me llevó a una habitación privada cerca de la cafetería y envió a una oficial al dormitorio a llamar a la interna para una visita pastoral especial. A partir de aquí, dejaré que esta ex convicta cuente la historia.

"Un día que nunca olvidaré"

Bueno, ante todo, quiero agradecer a Don su pasión por ver las almas libres de las garras de Satanás. Oh, querido lector, Satanás es real. Quiere destruir cada vida que Dios ha creado y llevarnos a todos al infierno cuando muramos. Voy a compartir sobre un día que jamás olvidaré.

El 26 de enero de 1997, el Señor envió a Don a mi vida para continuar mi proceso de liberación. Yo estaba en la cárcel, pero Dios ya había comenzado a obrar en mi corazón. Encontrarme con Don fue el siguiente paso en mi liberación del reino de las tinieblas.

Era una hermosa mañana de domingo en la unidad carcelaria Hilltop en Gatesville. Generalmente, yo estaba en la iglesia y esa mañana tenía planeado ir. El capellán llamó a mi dormitorio y me avisó que Don Dickerman estaba allí y que le gustaría verme. Estaba tan ansiosa por verlo. Yo sabía que podía ayudarme con las horrendas pesadillas que tenía. Sabía que él entendía la batalla. Mis pesadillas eran tan espantosas que despertaba al dormitorio entero con horribles sonidos que salían de mi boca.

Yo había aceptado a Cristo y vivía para Él con todo mi corazón, pero el residuo de mi vida pecaminosa aún persistía con mucha presencia demoníaca. Le dije a Dios: "¿Cómo puedo testificar de ti durante el día y aterrorizar a la gente por la noche?". No sabía qué hacer. En ese entonces no me daba cuenta de que tenía autoridad para enfrentar esos poderes en el nombre de Jesús. Dios fue fiel y me envió a Don.

Tomamos a los demonios por sorpresa

El capellán hizo los arreglos para que nos encontráramos en una pequeña habitación tranquila, y sin oficiales presentes. Tomamos a los demonios por sorpresa. Yo no sabía que Don vendría, y Don tampoco sabía que vendría a ministrarme a mí. Pescamos a los demonios desprevenidos. No tuvieron la oportunidad de planear una estrategia defensiva.

Tuve que ser totalmente sincera con Don y decirle que aún tenía una tremenda falta de perdón hacia mis padres. No sabía que eso les estuviera dando a los demonios permiso para atormentarme, pero Don sí. Él me ayudó a orar para soltar esa falta de perdón, y al instante me alivié del tremendo peso que había acarreado.

Comenzamos la sesión con oración para reconocer la presencia del Espíritu Santo de Dios y para pedir su unción y guía para lo que vendría a continuación. Entonces, Don ató a los espíritus malignos en el nombre de Jesucristo y les dio instrucciones específicas. Les ordenó que no podían hacerme daño, que no podían ir a nadie más, que no podían partirse, dividirse o multiplicarse...Les dio muchas instrucciones directas y la orden final de que debían salir e ir al abismo cuando se les ordenara, ¡para no volver nunca!

El demonio enfureció al ser puesto bajo juramento ante Jehová Dios

Don ordenó que el príncipe se identificara. Exigió el nombre del demonio que decía estar al mando. El demonio dijo que su nombre era Yunque, y en efecto habló por mi boca. Luego Don ordenó al espíritu que revelara cuántos demonios estaban presentes. El demonio mintió varias veces, y Don le seguía ordenando: "¿Esto puede sostenerse como verdad ante Jehová Dios?". El demonio enfureció al ser puesto bajo juramento ante Jehová Dios, pero terminó confesando que había seiscientos espíritus demoníacos presentes.

Entonces Don le ordenó al espíritu que revelara cómo había obtenido acceso a mi vida para vivir su despreciable personalidad a través de mí. Este espíritu había entrado cuando nací junto con otro espíritu conocido por el nombre de Viento. Estos dos poderes demoníacos tenían permiso en mi vida a través de los pecados de mis antepasados. (Vea Éxodo 20:5.) El consentimiento vino por la participación en lo oculto por parte de mi abuelo. Fue muy activo en la francmasonería, una sociedad secreta que implica hacer muchos votos, juramentos, promesas y ceremonias impías.

Cuando Don ordenó que Yunque y Viento salieran, me apreté el estómago, retorciéndome de dolor. Ellos habían habitado allí todos estos años. Habían controlado mi vida de pecado: alcohol, pobreza, lascivia, enojo...no querían irse, pero subieron y salieron de mi boca. Pude sentir cuando dejaban mi cuerpo.

Había otros seis "príncipes" demoníacos, y cada uno tenía un reino de muchos demonios bajo su autoridad. Recuerdo que había demonios especializados en las tareas de confusión, muerte y asesinato. Yo estuve en la cárcel por intento de asesinato. Este demonio casi logra su inmunda obra en mi vida. Gracias a Dios por su misericordia y gracia.

Sus tentáculos recorrían todo mi cuerpo

Después había un demonio que se llamaba a sí mismo Pulpo. De alguna forma, podía ver a este espíritu. Podía ver que tenía tentáculos que recorrían todo mi cuerpo. Este demonio me atormentaba en el área de la lujuria y me había consumido tanto durante todos estos años. Cuando Don les ordenó que salieran, pude sentir literalmente a estos seres abandonar mi cuerpo por la parte de atrás del cuello y a través de los poros de mi piel. Cuando les ordenó que fueran directamente al abismo, ¡yo los sentí dejarme!

El siguiente demonio que se presentó era un príncipe de confusión. Estas viles criaturas me hacían sentir muchas náuseas y dolor de estómago. Se agitaban por todo mi cuerpo, luchando para no irse. Sabían que tenían que irse, pero se asían, batallando por permanecer en mi cuerpo. En mi interior se estaba produciendo una guerra, y podía sentir su resistencia al poder de Cristo que había en Don. Cuando salieron de mi, los "vi" salir volando, y pegando alaridos. Era un ruido horrible. Así debe ser el infierno, sólo sonidos increíblemente terribles.

Cuando se iban de mí, podía ver que salían a través de un sucio embudo que era estrecho en mi cuerpo y se expandía hacia su extremo. A medida que salían, sentí un deseo abrumador de atacar a Don a golpes. Los demonios querían matarlo, pero yo no me podía mover. Él estaba destruyendo el reino que habían establecido en mí, y ya no podían controlar mi vida. Aunque odiaban a Don, al que realmente odiaban era al Espíritu Santo. ¡Sabían que tenían que irse!

Pude ver cuando se iban como una bandada de pájaros negros. Eran criaturas horribles, horrendas, sucias y desfiguradas que gritaban al salir de la parte superior de mi cabeza. Había cientos de ellas. Siento que no hay forma de describir adecuadamente lo que sucedió, pero lo que compartí es una descripción exacta de lo que sucedió.

Sentí como si hubiera tomado una ducha de adentro hacia fuera

Finalmente había terminado. ¡Había pasado! Me desplomé hacia adelante sobre el escritorio, exhausta. Recuerdo haberle dicho a Don que sentía que tanta mugre y roña—suciedad mugrienta y arenosa—había sido limpiada de mí. Sentí como si hubiera tomado una ducha de adentro hacia fuera. Por primera vez, me sentí libre y limpia por dentro, y fue la primera vez en mi vida que los seres demoníacos no vivían en mi cuerpo y tenían cierto grado de control sobre mis pensamientos y acciones. Finalmente era libre de sus poderes e influencia sobre mí y podía vivir mi vida totalmente para Cristo. Tuve la autoridad todo el tiempo pero no lo sabía, y tampoco habría sabido cómo usarla. Satanás había engañado tanto mi mente. Aunque era salva y servía al Señor lo mejor que podía, no era capaz ver esta verdad en las Escrituras. Ahora sé cómo pelear, y entiendo quién soy en Cristo. La batalla por mi alma sigue siendo encarnizada, pero ahora los demonios deben batallar conmigo desde fuera de mi cuerpo. Ya no estoy cautiva de Satanás y sus demonios. Soy libre por dentro, y decido permanecer libre de su tormento que viene desde afuera.

Al año siguiente, me liberaron de la cárcel física en la que estaba. Gracias a Dios, cuando las puertas se me abrieron para ir a casa, también era libre por dentro. Ya hace varios años de eso, y mi vida no ha sido la misma. Mi vida hoy es una alabanza y proclamación de la victoria que todos tenemos en el poderoso nombre de Jesús. ¡Alabémosle, sólo alabémosle a Él!

Y después estaba Kay, que ya había sido libre de muchos demonios. La había visto por lo menos en tres ocasiones anteriores. Había sufrido abuso sexual en su niñez, había estado en tratamiento por convulsiones, y experimentó muchos traumas a temprana edad. Era una hermosa joven con dos hijos pero recientemente divorciada.

Después de la primera sesión hacía más o menos un año, ella había sido libre de espíritus de perversión sexual que habían venido a través del abuso recibido cuando era muy pequeña. También se echaron de ella espíritus de temor, y recibió liberación de las convulsiones. Las sensaciones de ahogo que solía tener por las noches se detuvieron, y su vida comenzó a evidenciar una gran mejora. Estaba activa en los estudios bíblicos y en intercesión.

Volví a verla a petición suya en un momento en que estaba experimentando amargura y cierto temor irracional de su ex esposo. Sospechaba que él podría intentar hacerle daño o causarle angustia psicológica mediante llamados telefónicos o amenazas implícitas. Una vez más alcanzó cierta medida de liberación y fue libre de espíritus de duda y confusión. Comenzó a mostrar mayor progreso y fue testimonio de ello. Sin embargo, la siguiente vez que la vi, me dijo: "Don, sigue habiendo algo. No puedo decir exactamente qué es, pero sigue habiendo algo".

Unas seis semanas más tarde yo estaba en otra ciudad para una serie de sesiones de liberación con varias personas. Parece que eran como trece individuos diferentes. Era domingo a la tarde, y las sesiones duraron hasta casi la medianoche. Uno de los candidatos no se presentó para la liberación, y el coordinador dijo: "Kay está en la iglesia, y ha querido verlo nuevamente".

Pronto, el coordinador regresó con Kay. Estaba tan feliz, dijo. "Esta mañana el Espíritu Santo me dijo que hoy sería para mí una cita con el destino. No sabía que llegaría a verlo, pero sé que el Espíritu Santo lo tenía en mente".

Kay siempre había sido propensa a creer que todo lo que sucedía tenía un significado espiritual. En efecto, estaba continuamente afligida, en cierta medida, tratando de buscarle el sentido espiritual a cosas que usted y yo consideraríamos hechos cotidianos. Estaba pensando que quizás ésta era otra de esas situaciones. Estaba equivocado, y gracias a Dios que lo estaba. Era su cita con el destino. Su vida estaba a punto de cambiar para siempre.

Comenzamos con oración. Luego até a los espíritus malignos con una orden general y exigí que el príncipe de esos demonios se identificara, si había algún poder demoníaco presente. Kay sonrió, en realidad era una sonrisita de complicidad, y dijo: "Sólo Jesús". No me convencía, y sospechaba que era un espíritu engañador. Pregunté: "¿Eres Jesucristo? ¿Eres el Señor Jesucristo?". Kay comenzó a gruñir. Nunca la había visto hacer eso antes. Inclinó la cabeza levemente hacia un lado, y bajando el rostro hacia la mesa, gruñía.

Era un espíritu engañador. Había tomado el nombre Jesús (el nombre terrenal de Cristo) y la estaba engañando. Este espíritu decía ser "anticristo" y dijo que estaba en una misión como el príncipe territorial de la ciudad en la que Kay vivía. Kay veía como en visión todo lo que me iba diciendo. "El demonio es un dragón verde y naranja, y escupe fuego por la boca". Ordené que el espíritu territorial no le prestara ayuda alguna al reino establecido en Kay, quien volvió a gruñir. ¡Este espíritu llamado Jesús tenía reinos gemelos! ¡Allí había otro espíritu por permiso de la adoración druida y había entrado en la familia en Escocia varios siglos atrás. A su función la denominó tinieblas.

Un demonio definió su obra como "deseo de muerte". Decía estar allí por permiso de las palabras habladas por su madre. Se echó fuera a estos esbirros, y llamé al frente al príncipe Jesús. Exigí que revelara cómo había obtenido acceso a la vida de Kay. "Electrodos—fue su respuesta—, cuando ella tenía diez años." Kay recordó que en ese entonces le estaba haciendo estudios por las convulsiones. Un demonio íncubo que entró a través del abuso sexual trajo a este espíritu. Era un espíritu vil, y se jactaba de sus deberes de anticristo. Yo dije: "Sabes que tu tiempo es corto, ¿no? Jesucristo vuelve pronto". El espíritu habló por medio de Kay: "Sí, ¡debemos ser diligentes!". Cuando la voz salía de ella, hubo algunos "gruñidos".

Ordené a este espíritu que revelara su misión y funciones en la vida de Kay. "Destruir, engañar, psicosis, hacerle creer que está loca, muerte…" Esto explicaba su confusión al tratar de espiritualizar todo lo que sucedía, y a menudo creía que estaba enloqueciendo. Ordené que este espíritu saliera y fuera al abismo inmediatamente. Hubo mucha tos, arcadas y gruñidos, y pronto pareció estar libre. Pero no por completo; había un reino oculto, aún sin descubrir.

Yo habían programado salir y volver a casa el martes. El coordinador llamó y dijo: "Kay necesita verlo nuevamente y va de camino en su automóvil para encontrarse con usted". Pensé que me daría un buen informe de su libertad. Error. "Don, cuando llegué a mi casa sucedió algo de lo más extraño. Mi pierna izquierda empezó a temblar y comencé a sentir un hormigueo. Creo que sigue habiendo algo allí."

"Bueno, veamos", dije.

Oramos nuevamente. Até a los espíritus malignos y ordené que el príncipe de cada reino demoníaco se presentara y se identificara. "Soy Jesús."

Vacilé y pedí al Espíritu Santo que me ayudara: "¿Eres el mismo espíritu que echamos de ella el domingo?".

"No, soy su gemelo"—y nuevamente hubo un gruñido que seguía después de cada respuesta.

Ya me había encontrado con esto antes, esto es, espíritus gemelos, reinos gemelos. Entonces salió a la luz un espíritu que se llamaba a sí mismo Satanás. Yo sabía que no lo era, pero él insistía.

Humillé al espíritu, diciendo que Satanás debía ser un tonto al desperdiciar su tiempo en una pequeña rubia de Texas cuando podía estar en un amplísimo lugar de importancia en el mundo. "Eres sólo un mentiroso" —dije.

Entonces el espíritu confesó que era una réplica de Satanás, y dije: "Eres una pobre imitación". Hubo muchos gruñidos.

Se identificaron otros dos espíritus. Uno era un príncipe, y el otro era un espíritu de engaño. Ordené al espíritu de anticristo que recogiera su reino y se volviera uno. La psicosis también estaba en este reino. Le ordené que recuperara cada semilla que se había plantado, que arrancara de raíz todo lo que había sido plantado, que arreglara el desorden por completo, y que se fuera el abismo.

Kay podía ver todo esto sucediendo en su mente. "Oh —dijo—, puedo verlo arrancar cosas de raíz. Las raíces son tan largas. Cada vez que usted interrumpe las órdenes, él vuelve a poner algunas." Entonces seguí presionando.

"Las está arrancando de raíz y poniéndolas en una bolsa. Ahora está recogiendo en el suelo lo que parecen ser semillas y poniéndolas en la misma bolsa." Mientras yo continuaba impartiendo órdenes, ella dijo: "Ahora veo un trapo sucio, un trapo mugriento, y lo retuercen dos manos poderosas. La suciedad y la mugre van saliendo del trapo. Ahora las manos lo retuercen aún más y salió toda la suciedad. Sacude el trapo para estirarlo, y está limpio". Kay lloraba, y las lágrimas corrían por su rostro. "Oh, gracias, Señor. Gracias. Te alabo, Jesús. ¡Soy libre!"

Nuestra justicia es como trapos de inmundicia. Gracias a Dios que Jesús no sólo vino a perdonarnos y limpiarnos del pecado, ¡sino también para libertarnos de la inmundicia de la opresión demoníaca!

Un prisionero irlandés

Eddie Ferncombre con Don

También encontraría demonios en la vida de un preso del otro lado del Atlántico. En octubre de 1999, hice un viaje a Irlanda para ver a mi flamante hermano recién convertido, Eddie Ferncombe. Eddie tenía una reputación tristemente célebre en Irlanda. Era famoso por su actividad criminal. Mi amigo David Berkowitz (el Hijo de Sam), que ha sido creyente desde finales de la década del ochenta, leyó acerca de las aventuras de Eddie en Irlanda y me preguntó si le escribiría a Eddie para testificarle como había hecho con David muchos años atrás. A los presos de Nueva York no se les permite mantener correspondencia con otros presos, si no él mismo le habría testificado.

Le escribí a Eddie y le compartí el evangelio. Me respondió diciendo que si yo supiera quién era, probablemente no desearía tener nada que ver con él. Se sentía demasiado malo como para que Dios lo amara, y seguramente Jesús no podría salvar a alguien como él. Continúe nuestra correspondencia, y ¡un día Eddie aceptó a Cristo por carta! Nuestra amistad creció, y me pidió si tenía alguna cinta de audio que pudiera enviarle ya que le permitían tener un pequeño grabador en su celda.

Reuní algunas cintas de servicios carcelarios realizados aquí, en los Estados Unidos, y se los envié por correo postal. En una de esas grabaciones, ministré liberación al final de un servicio, ordenando a los espíritus que salieran de ciertos presos en el nombre de Jesús. Cuando Eddie escuchó esta cinta en particular, esto irritó a los demonios que estaba en su interior. ¡Las órdenes en el nombre de Jesús en una cinta grabada bastaron para que los demonios reaccionaran de golpe! Dijo que cuando yo ordenaba a los espíritus en la grabación, empezó a sentir mucho calor. "Estábamos en medio del invierno, Don, y me había desvestido hasta quedar en calzoncillos, y me arrojaba agua del lavamanos en la cara. Nunca había sentido algo así". Eddie se dio cuenta de que tenía demonios.

"DON, ¿PUEDE AYUDARME?"

Al día siguiente llamó al capellán, un sacerdote católico. "Cuando le conté mi experiencia y le pedí que me ayudara, se rió de mí. Don ¿puede ayudarme?" Yo sabía que Dios me estaba llamando a hacer el viaje y ministrar a mi nuevo amigo en Cristo. Ahora bien, no conocía a nadie en Irlanda y no estaba seguro de cómo llegar allí, puesto que es un viaje muy costoso. Sólo sabía que debía ir. Ésta es la historia de Eddie.

Nací en 1972, y cuando miro hacia atrás, nunca pensé que llegaría tan lejos y me convertiría en el hombre que soy hoy. Desde mi nacimiento, parecía que había nacido para morir joven por autodestrucción. Entonces vivía aceleradamente y varias veces estuve cerca de la muerte. Ahora las cosas son diferentes, la garra de Satanás en mi vida se quebró, ¡y Jesucristo es mi Salvador! El "poder" que alguna vez conocí fue la violencia y el delito. Eso ya se fue, junto con su dolor, enojo, pena, frustraciones, sangre, sudor y lágrimas. El Señor y mis nuevos amigos cristianos me han ayudado a quebrar este círculo vicioso de autodestrucción y daño a otros. Y lo que me dieron a mí, ahora se los doy a ustedes, mis hermanos y hermanas, para ayudar a inspirar esperanza y cambio para ustedes también. Les doy amor y verdad.

Bien podría culpar a mi infancia por cómo salí, pero mis hermanos y hermanas no salieron iguales a mí. Debe haber sido otra cosa. Nací y me crié en un gueto de la clase trabajadora, plagado de drogas, delitos, violencia, y pandillas callejeras criminales. Fui testigo de la violencia a temprana edad. Provenía de un hogar destruido. Apenas teníamos suficiente dinero para comer. Tengo poca educación, y aunque mi crianza tuvo cierto efecto sobre mí, ahora acepto la responsabilidad por mis acciones, mis delitos y mis errores. Mi madre y mi abuela me criaron desde que tenía dos años y medio de edad. Mi mamá tenía veinticinco cuando nos tenía a los cinco hijos. También tengo cuatro medio hermanos. Cuando era pequeño, solíamos mudarnos mucho, de un apartamento a otro. Mi mamá trabajaba duro para proveer para nosotros, y recibíamos mucho amor y afecto, que es mejor que las cosas materiales.

Yo tenía ansias de venganza

Tanto mudarnos me dejó recorrer las calles y "engancharme" con los chicos malos. De niños éramos violentos. Pronto aprendí que mis modos violentos podían ser un arma poderosa sobre la gente. Me encantaba lastimar a quienes me habían hecho daño o que habían hecho daño a mi familia o amigos. Nunca dejaba que nadie se saliera con la suya cuando me daban una paliza. Tenía ansias de venganza, y siempre la conseguía. Tenía problemas en la escuela, me expulsaban seguido, y finalmente a los trece, me echaron. No volví nunca.

En ese tiempo, entraba y salía de las cortes juveniles por delitos tales como robo de automóviles, robo, y agresiones. Robaba todo lo que sabía que podría vender. Primero era para bebida. Más tarde, para droga. Me estaba volviendo muy violento. Apuñalaba a cualquiera que se cruzara en mi camino, o usaba martillos o hachuelas; no importaba. A los quince, me había convertido en ladrón profesional de casas y autos, y me había hecho conocido por apuñalar a la gente.

La gente me tenía miedo

Era miembro de una pandilla criminal juvenil. Teníamos algo así como cuarenta miembros, y controlábamos el delito en nuestro "vecindario". La gente que tenía el doble o triple de mi edad, me tenía miedo, y eso me hacía sentir poderoso. Para mantener ese poder, sentí que debía volverme más violento. El hogar para niños con problemas no me aceptaba. Finalmente me aceptaron en uno pero me expulsaron por apuñalar a dos personas en una pelea. A los dieciséis, me enviaron a un centro de detención juvenil durante doce meses por una agresión y por escaparme de la custodia legal.

Mientras estuve en el centro de detención, entraba y salía de la celda de aislamiento por agredir a internos y a oficiales. Salí por cuatro o cinco días, momento en que me arrestaron por robo y recibí otros dieciséis meses por tres cargos. En esa época consumía bastante droga. Cumplí esta sentencia de dieciséis meses de la misma forma en que cumplí la primera: violencia contra la autoridad y contra otros internos. Tres meses después de esta sentencia, maté a un hombre de una puñalada durante un robo callejero. Usaba heroína, crack y cocaína. Estaba realmente arruinado en ese entonces. Tenía diecisiete años y ya había apuñalado entre veinticinco y treinta y cinco personas, y eso sin contar a los otros que herí con otras armas. En su mayoría, hería a rivales, a aquellos que me habían hecho lo mismo.

Fui acusado de asesinato

Fui acusado de un cargo por asesinato a la edad de diecisiete. (Más tarde, se redujo a homicidio culposo por mi edad y mi drogadicción.) Me dieron una condena de diez años. Siempre había odiado a la autoridad, así que tuve problemas desde el comienzo. No obedecía órdenes de nadie. Agredía a los oficiales y hacía toda clase de protestas, lo que hacía que me enviaran de una cárcel a otra. Estuve en todas las cárceles y centros de castigo de Irlanda tres o cuatro veces. Nada de esto ayudó. Me seguía rebelando en cada oportunidad porque mi odio sólo crecía después de las muchas golpizas que me daban ocho, diez o doce guardias. En más de once años de encarcelamiento, sólo he pasado diez meses con la población general. Como es el caso ahora, pasaba mi tiempo en aislamiento. A lo largo del camino, incluso, tuve escarceos con lo oculto y me hice tatuar el "666". ¡Tenía tatuajes de odio hacia todos! Todo por mi enojo con la autoridad.

Odiaba el sistema y el sistema me odiaba a mí. Tenía el respeto de otros internos porque luchaba contra el sistema. Aquí me gané el acceso a la cárcel más dura de Irlanda, alojado en el ala de los rebeldes. En 1996, mientras estaba en la Prisión Mounty Joy en la Cárcel de Dublín, yo y otros cinco reclusos tomamos a cinco oficiales como rehenes. Los tuvimos cautivos durante tres días en lo que se ha descrito como la peor crisis en la historia de la cárcel. Nos enviaron a todos a la Prisión Portlaoise, el complejo de máxima seguridad de Irlanda. Ahora estoy en una cárcel dentro de una cárcel. Es mi cuarta vez aquí, y las tres veces anteriores estuve en el ala del "hampa". Los guardias aquí usan equipos antimotines cada vez que se abren las puertas. Siempre estoy esposado antes de salir de mi celda, y me acompañan no menos de seis oficiales. Recibí una condena adicional de seis años por el sitio, y por eso estoy en el ala de los rebeldes.

Alguien sí se interesaba por mí

Hace dos años, comencé a escribir a algunos cristianos, y ellos me mostraron amor y respeto como ser humano. Me mostraron que alguien sí se interesaba por mí. Confiaban en mí y se fiaron de mí como un igual. Todo esto me resultaba extraño puesto que odiaba a la sociedad y creía que la sociedad me odiaba a mí, pero también me hizo bien. Quería lo que ellos tenían. ¡Acepté a Cristo por correo! Quería un cambio. Realmente lo deseaba, pero no sabía que Dios me amaba tanto que envió a Jesús para salvarme. ¿Salvarme?

Le estaba escribiendo a Don Dickerman, de Texas. Él me envió la oración de salvación y palabras de aliento. Leí algo de la Biblia, y cuando repetí la oración de salvación...¡PUM! Con lágrimas en los ojos, comencé a gritar fuerte. Una sensación de calma vino a mis pensamientos, y supe que realmente estaba sucediendo algo. ¡El Espíritu Santo entró en MI cuerpo! ¡Guau!

¡Yo no estaba "flipando"; esto era real! Don me envió algunas cintas grabadas de servicios que había dirigido en cárceles de los Estados Unidos. Cuando escuché una de las cintas, él estaba ministrando liberación a los internos. Ató a los espíritus malignos en el nombre de Jesús, y cuando hizo esto en la grabación, mi cuerpo empezó a sentir calor y había agitación en mi interior. Estábamos en pleno invierno, y no me podía refrescar. Me quedé en calzoncillos y me arrojé agua del lavabo en la cara. Cuando ordenó a los espíritus que salieran, yo comencé a hacer lo mismo. Ahora sabía que tenía demonios pero no podía encontrar liberación. Le conté a mi capellán sobre esto al día siguiente, y él se rió de mí. Le escribí a Don contándole al respecto y le pedí ayuda. Don me dijo que cuando leyó mi carta sintió que el Señor le decía que viniera a Irlanda y a ministrarme liberación a mí.

Es un día que nunca olvidaré. Primero vino a verme el lunes para conversar sobre lo que yo debía hacer y dijo que iba a volver el miércoles a hacer la liberación. Me habló de la necesidad de perdonar y que no podría ser libre hasta que lo hiciera. Guau, esto era difícil. Sentía tanto enojo por las golpizas que me habían dado, por el hombre que me había "alcahueteado" y que ahora estaba libre y vendiendo droga a los niños... ¡tanto odio! ¿Cómo podría perdonar? Me dijo que tenía que ser como Dios me había perdonado a mí, no basándose en el hecho de si lo merecen o no. Me dijo que leyera Mateo 18:23–25. Dijo: "El perdón no significa decir que lo que sucedió está bien. Eso no fue lo que Jesús dijo cuando me perdonó. No dijo que el pecado estaba bien. El pecado es asqueroso, y lo llevó a Él a la cruz. Lo que Él dijo fue: 'De todos modos te amo'. Cuando perdonas, no estás diciendo que lo que sucedió estuvo bien. Fue doloroso entonces, y es doloroso ahora. Lo que estás diciendo es: 'No te deseo ningún mal. Quiero que Dios te ame así como me ama a mí. Si corresponde venganza, dejo eso a Dios porque Él dice: 'Mía es la venganza. Yo pagaré, dice el Señor' (Romanos 12:19). Tu puedes hacer eso, Eddie. Tienes que hacerlo si es que voy a ayudarte".

Ese día, cuando dejé la cárcel y conduje de regreso a Dublín, me pregunté si Eddie perdonaría. Me preguntaba si podría. Yo sabía que mi viaje sería en vano si él no lo hacía. Oré por él y pedí a Dios una medida extra de gracia para la vida de Eddie. Mi contacto en Dublín me había llevado a Portlaoise y me esperó mientras visitaba a Eddie. Ella no iba a poder llevarme allí el miércoles pues me dirigí al sur de Irlanda para predicar en algunas iglesias.

El miércoles debía estar en la cárcel a eso de las 10:00 a. m. pues la hora de visita se limitaba a una hora y no se permitían visitas después del mediodía. Bueno, ¡fue un día de la ley de Murphy! Todo lo que podía salir mal, salió mal. Hubo un gran embotellamiento. Me quedé varado en el tráfico en Dublín, sin mencionar lo que fue conducir del lado izquierdo con el volante del lado derecho. El tiempo parecía correr a toda velocidad mientras miraba el reloj y trataba de maniobrar por las calles. Cuando finalmente llegué a la cárcel ya era mediodía. Portlaoise está unas cincuenta millas al sur de Dublín, y había tardado casi tres horas y media para conducir hasta allí.

Cuando llegué a la cárcel para hacer la visita, otros estaban saliendo porque la visita había terminado. Me sentí muy desanimado. Había estado atando a Satanás todo el camino para que no entorpeciera esta visita. Con todo esperaba victoria aunque la cosa no se viera bien. Le expliqué al oficial de visitas que había venido desde Texas. "Te recuerdo del lunes, muchacho" —dijo—. Ahora me voy a almorzar. Vuelve a la 1:00, y le preguntaré al director si te concede un permiso especial."

Fui a buscar algo para comer y oré para que Dios interviniera durante esa hora. Recuerdo que ese día estaba algo fresco, gris y lluvioso. Me pareció que los diez días enteros que estuve en Irlanda fueron así. Volví a la cárcel con la expectativa de un permiso especial. Seguramente me darían una hora con Eddie. ¡Me equivoqué! ¡Me dieron tres horas! Y me dieron la visita en un área especial donde no había nadie más presente. Todas las visitas se habían ido, y el oficial me dijo que podía quedarme hasta las 4:00. Me dirigí a ver otra vez a Eddie escoltado por un amable oficial irlandés, que me preguntó: "¿Es usted como David Wilkerson?". (David Wilkerson es un famoso pastor de la Iglesia Times Square de Nueva York y un ex ministro callejero.) Yo sabía lo que me quería decir. Pensé por un minuto y dije: "Sí, sí, lo soy". El oficial dijo: "¡Es bienvenido aquí, muchacho!" Observe cómo el Espíritu Santo había preparado todo. Ahora me preguntaba si Eddie habría sido capaz de perdonar.

FUE UNA BATALLA

Eddie continúa su historia:

Soltar mi enojo y perdonar a aquellos por los que sentía tanto odio fue una verdadera batalla. Pero me di cuenta de que debía hacerlo porque los perdonados deben perdonar. Los que han recibido gracia deben ser misericordiosos con otros. Cuando perdoné, supe que algo había sucedido. Sabía que estaba listo para que echaran los demonios de mí. Apenas podía esperar hasta el miércoles. Cuando Don vino ese día, me contó de los muchos obstáculos que había sufrido esa mañana. Incluso llegó demasiado tarde para la hora de visitas (sólo se nos permite una hora). Sin embargo, en el plan de Dios, puesto que Don había llegado tarde y había venido de Texas, el director nos dio una visita especial de tres horas. El tiempo extra era necesario. Yo estaba algo nervioso a medida que la hora se acercaba. No estaba seguro de qué esperar. Don dijo que sentía que sería sabio alertar al oficial, que se sienta en una cabina de Plexiglás y observa la visita, respecto de la liberación que estaba por venir. Cuando le dije que iba a estar orando por liberación por mí, el oficial asintió y dijo: "Hágalo a gusto, muchacho. Hágalo a gusto".

Jesús vino a quebrar las cadenas del pecado y también a perdonar mi pecado

Me trajeron a la sala de visitas, esposado como siempre. Me escoltaron cuatro oficiales. Creo que por mi semblante Don podía darse cuenta de que estaba listo para experimentar liberación. Hablamos algo, después oró, reconociendo la presencia del Espíritu Santo y mi necesidad de dirección para conocer la liberación completa del enemigo. Me explicó que cuando atara a los espíritus malignos que había en mí, bien podría sentir su presencia por alguna clase de manifestación. Ya sabía eso por haber escuchado la cinta. El nombre de Jesucristo es poderoso. Me explicó que los demonios deben tener permiso para estar presentes por medio de una maldición generacional, abuso, trauma, inmoralidad, ocultismo, y otras cosas. Hicimos una oración agradeciendo a Dios por la salvación y después nos arrepentimos de la falta de perdón, enojo, amargura, odio, etcétera, y recibimos la obra completa de la cruz para quebrar el poder de cualquier maldición.

También me explicó que mientras que antes estaba poseído por demonios, ahora estaba poseído por el Espíritu Santo de Dios; fui redimido, comprado por precio, adquirido: ¡era posesión de Dios! Explicó que los demonios ahora eran intrusos y su única obra posible ahora era la opresión, que estaban en mi carne y en mi alma, no en mi espíritu. Comenzó a atarlos en el nombre de Jesucristo. Sentía toda clase de agitación en mi interior: náuseas y dolor de cabeza, ardor…Me puse muy tenso. Don comenzó a reprender a los espíritus y les ordenó que salieran de mí. Hombre, ¡esta sí que fue toda una experiencia! Sentí cuando salían por mi aliento, suspiro tras suspiro, liberación tras liberación, mientras ordenaba a los espíritus que se fueran: espíritus de odio, ira y amargura, resentimiento, espíritus de rebelión, espíritus de asesinato y muerte.

Durante unas dos horas los espíritus fueron saliendo hasta que finalmente se fue el último y casi me desplomé en mi asiento. La tensión había desaparecido, y sentía paz. Recuerdo que sentía que "volaba", volaba en Dios, no por las drogas. Sentía una paz y una calma que jamás había experimentado antes. Todas mis batallas internas habían terminado. Todo mi odio y mi ira, mi dolor y mis frustraciones, ¡se habían ido, ido, hermano! En mis cartas siempre le había contado a Don que nunca, nunca, jamás podría perdonar al sistema y a algunas personas. Pero ahora, no sólo podía perdonar, también podía amar. Podía perdonar realmente a la gente, ¡y guau! Qué arma más poderosa. Me encantó, y nunca me he arrepentido. Eso fue el 26 de octubre de 1999, un día que nunca olvidaré.

Ahora el Señor vive en mí, y siento que me está usando para alcanzar a otros que estaban y están en mi antigua situación. Ahora amo tanto a Jesús. Él murió por nuestros pecados. Dedique tiempo a pensar en eso. Quiero hacer que el Señor esté orgulloso de mí y alcanzar a tanta gente como sea posible. Creo que Él abrirá las puertas correctas para mí, y yo lo seguiré sin cuestionamientos. Quiero que todos mis amigos cristianos estén complacidos con mi vida, y quiero que este testimonio sea un enorme gracias por su amor.

El ceño fruncido desapareció de mi rostro

Mi familia y mi novia han estado esperando toda mi vida que realmente vuelva a casa. Ahora ya no falta mucho. No he tocado las drogas en absoluto durante más de cuatro años, habiendo sido adicto a la heroína durante siete. Finalmente vencí eso. Ahora soy un hombre apacible, pacífico y tranquilo: un hombre feliz. El ceño fruncido desapareció de mi rostro. El odio desapareció de mis ojos oscuros, que ahora brillan. Espero que esto ayude a todo aquel que lo lea, e intentaré ayudar a cualquiera que me escriba.

Mientras escribía esta porción del libro, me interrumpió una llamada telefónica. Era de un hombre que ahora vive en Texas. Me dijo: "Hermano Dickerman, sé que no me recuerda; para serle sincero, no me acordaba de su nombre. Tuve que llamar a una de las cárceles en las que ministró para que el capellán me diera su nombre. Después de describirlo a usted y la ministración que había tenido lugar en un servicio al que asistí hace unos años, me dijo: 'Usted está hablando de Don Dickerman'. Él me dio su número, señor.

"Quiero decirle algo para animarlo —continuó el hombre—, y para que siga ministrando como lo hace. En ese servicio usted mencionó que Dios aún sanaba a la gente y que los demonios aún retrocedían en el nombre de Jesús. Debo decirle que yo era algo escéptico, porque antes habían orado por mí, pero no había sucedido nada. Verá usted, me habían disparado y tenía parálisis en uno de los brazos y una espalada muy débil. Apenas me podía mover."

Me preguntó si me acordaba de ese servicio. No me acordaba, pero estaba seguro de que fue como muchos de nuestros otros servicios.

Dijo: "Después de que usted oró por los hombres por salvación, pidió que pasaran adelante los que necesitaban sanidad. Estuve a punto de no pasar porque mi lesión parecía estar demasiado mal y porque otros me habían hecho imposición de manos. Creo que era el diablo el que me decía que no pasara, pero lo hice.

"Usted hizo una oración muy simple, y luego el dolor y la limitación de mi brazo se liberaron instantáneamente. Podía moverlo, y no me dolía. Ya no tengo problemas con el brazo hoy, ¡muchos años después!"

Le agradecí su llamado y su testimonio de bendición.

Entonces me dijo: "Pero, señor, eso no es todo. También ha atado a espíritus malignos en mí y les ordenó que salieran. Mi mamá siempre me había dicho que tenía un espíritu maligno y que necesitaba liberación. Pasé muchos años en la cárcel por un delito terrible que cometí. Algo salió de mí ese día, ¡y mi vida cambió!

"Yo había estado asistiendo a la iglesia y tratando de arreglar las cosas, pero parece que después de ese día tenía hambre del Señor. Nunca me saciaba de Él o de la Palabra. Desde que salí, tengo un trabajo a tiempo completo y he comenzado un ministerio. Ahora yo también ministro en cárceles. Les envió libros y compro cosas para los capellanes que necesitan equipamiento y así por el estilo. El Señor está bendiciendo mi vida, y todo comenzó el día que usted me tocó en el nombre de Jesús. Sólo quiero decirle gracias y continuar haciendo lo que usted está haciendo."

¡Realmente emocionante! Me pareció bien incluirlo como un extra.

Un diácono bautista con demonios

Quiero compartir una historia de un amigo que conocí en Oklahoma. Él y su esposa se han ido a vivir a Texas desde entonces. Ambos están en mi junta de asesores. Les pregunté si él y su bella esposa compartirían su historia, y accedieron gentilmente a hacerlo. Aquí está el relato en sus palabras:

Tengo un vívido recuerdo de este día. Era el primero de octubre de 1999. Era una hermosa tarde típica de otoño. Habíamos llegado de la iglesia hacía dos horas, cuando oímos un automóvil que estacionaba en nuestra casa de Oklahoma. Mi esposa fue a la puerta y saludó a nuestro invitado. Era un hombre humilde, de voz suave, llamado Don Dickerman. Era la primera vez que nos veíamos. Durante la visita, nos contó un poco acerca de su vida y de cómo Dios lo había llamado a ministrar en las cárceles. ¡Esta gente estaba literalmente tras las rejas! Nos contó cómo había visto a muchos de ellos ser libres de la esclavitud por el poder y la autoridad del Señor Jesús.

Yo sabía que era del Señor que él estuviera allí. Una de las cosas de las que Don habló esa tarde fue sobre cómo Dios "orquesta" las cosas en nuestras vidas. Desde aquel día, soy cada vez más consciente de la "orquestación" divina en mi vida, y estoy tan asombrado y tan agradecido. En ese primer encuentro, sentí un increíble vínculo hacia Don. Sabía que había llegado la ayuda.

Realmente fue un milagro

Verá usted, aunque yo no estaba tras las rejas de una celda, había estado atado durante años pero no me había dado cuenta. Fue realmente un milagro cuando Dios trajo a Don a nuestra situación para que Jesús pudiera hacerme libre. Dios usó a este hombre ungido de una forma tan poderosa en mi vida, y agradezco a Dios por su disposición para ser usado. Es difícil resumir la historia de mi vida en un espacio corto, pero compartiré lo que crea que es necesario. Mi oración es que cuando lea esto, Dios toque su corazón con el conocimiento de quién Él es y lo sencillamente impresionante que es. ¡A su nombre sea la gloria!

Mi esposa y yo habíamos sido salvos cuando niños y habíamos servido fielmente en la iglesia durante toda nuestra vida de casados. Habíamos enseñado en la Escuela Dominical, cantado en el coro, estado en varios comités, dirigido departamentos de Escuela Dominical, estado en equipos de oración, asistido a talleres, seminarios, y entrenamiento de discipulado. Incluso era diácono ordenado desde los veintinueve años de edad. Nunca habíamos oído del ministerio de liberación hasta cosa de un mes antes de conocer a Don. Ciertamente nunca pensamos que tendríamos necesidad de él. Ambos amábamos al Señor, y enseñamos a nuestros hijos a amarlo. Dios nos ha bendecido con una buena vida y con hijos y nietos que lo conocen como su Salvador personal. Tenemos una familia afectuosa y disfrutamos la mutua compañía. Como en la mayoría de las familias, ha habido tiempos difíciles pero, gracias a Dios, Él ha preservado nuestra unidad familiar a través de todos ellos. Lo que intento decir es que soy una persona normal con una vida normal. ¡Soy cristiano!

Sabía que había un diablo, pero pensé que su trabajo era tentarme a pecar. No tenía idea del control que el mundo demoníaco podía tener y tenía en mi vida. Alabado sea Dios por su hermoso plan para cada uno de nosotros y por la forma en que nos lleva al lugar donde clamamos a Él y Él nunca deja de estar presente. Durante varios años, el Señor nos había estado acercando a Él por medio de varios estudios que ofrecíamos en nuestra iglesia. Habíamos pasado por cinco o seis años de entrenamiento de discipulado, en que Dios nos estaba preparando para lo que vendría. Todos estos estudios trataban acerca de cómo experimentar a Dios de una forma más profunda. Estudiamos las características y atributos de Dios, cómo desarrollar la mente de Cristo, cómo orar, cómo perdonar, y cómo rendirle las heridas y pecados del pasado a Él. Aprendimos que para un cristiano la vida significa guerra, y lo que las Escrituras dicen acerca de nuestra victoria por medio de Jesucristo.

Estábamos atravesando algunos momentos difíciles

Una de las cosas que usó para prepararnos fue el Camino a Emaús, un retiro de setenta y dos horas que se concentra en Jesucristo y su gran amor incondicional por nosotros. Un ministerio que Dios también usó tremendamente en mi vida fue Promise Keepers (Cumplidores de Promesas). Oí a hombres hablar de su amor por Jesús, y los vi llorar de gratitud cuando hablaban de su amor por ellos. Cuando atravesamos algunos momentos difíciles, el Señor usó todo esto y más para que pusiéramos nuestros ojos en Él.

El Señor me ha bendecido con un trabajo en una compañía durante más de treinta y seis años. La compañía había sufrido algunos cambios importantes en la alta gerencia en los últimos años y, como resultado, por primera vez me habían degradado en mi carrera. Esto fue un verdadero golpe, que trajo un periodo de depresión y enojo reprimido. En este tiempo fue que Dios comenzó a moverse en nuestras vidas en gran manera. Al día siguiente de enterarme de que me habían degradado, de un importante recorte en mi sueldo, y de que me transferirían a otro estado, estábamos usando un libro devocional que también habíamos dado de regalo a nuestros hijos casados.

Yo haré una cosa nueva

Ese día, nuestra hija llamó para ver cómo estábamos, y nos preguntó si esa mañana habíamos leído nuestro devocional. (Por supuesto que no. Sentíamos demasiada pena por nosotros mismos en ese momento y no habíamos abierto nuestras Biblias.) Ella dijo: "Creo que el pasaje de hoy es para ustedes dos". Era Isaías 43:18–19, que dice: "No os acordéis de las cosas pasadas, ni traigáis a memoria las cosas antiguas. He aquí que yo hago *cosa nueva*; pronto saldrá a luz; ¿no la conoceréis? Otra vez abriré camino en el desierto, y ríos en la soledad" (énfasis agregado). Esto debería haber sido una pista de que Dios tenía el control de la situación. Reconocimos que Él quería hacer algunos cambios en nosotros, así que a regañadientes comenzamos a dar los pasos necesarios para avanzar.

Fue en el *nuevo lugar* donde Dios comenzó a hacer una cosa nueva. Sería uno de los mayores desafíos y también uno de los tiempos más bendecidos que jamás hubiéramos experimentado con Él. Fui humillado de muchas formas, cosa nada sencilla para alguien que nunca había recibido serias críticas en el trabajo. Todo lo que había experimentado eran ascensos y cumplidos. No hubiera querido admitirlo, pero mi trabajo era mi vida y mi identidad. Hacía un buen trabajo y estaba orgulloso de él. Miro el pasado con mucho más entendimiento que nunca antes. El Señor me ha mostrado muchas cosas.

Fue un tiempo muy triste de mi vida

Aunque mis padres no asistían regularmente a la iglesia, se aseguraron de que nosotros lo hiciéramos. Concurríamos a una pequeña iglesia bautista del vecindario. Mi padre y mi madre eran adictos al alcohol, y a veces ambos experimentaban batallas con la depresión, especialmente mi madre. Ella pasaba semanas en los hospitales en cada ocasión, para tratarse por depresión. Apenas si la vi durante todo mi último año de secundaria. Ése fue un tiempo muy triste de mi vida. Años más tarde, cuando murió repentinamente, me costó mucho expresar mi dolor. Mis emociones estaban bloqueadas dentro de mí. Mi niñez y adolescencia fueron una sucesión de momentos vergonzosos y desilusiones.

Por fuera, mi familia parecía estar bien, y tengo algunos buenos recuerdos. Pero sabía la verdad y había determinado no ser "de esa forma". Como resultado, tuve varios amigos ocasionales, pero no realmente íntimos. Quería demostrarle a mi padre que era algo porque aunque sabía que me amaba, nunca sentí realmente su aprobación. Una de las cosas que ahora entiendo es que mis padres estaban atados por las cadenas del mismo enemigo que me había estado robando toda mi vida. Ahora puedo ver que esas mismas fortalezas habían estado en sus familias por generaciones. Nunca hablé con nadie sobre la situación de mi hogar.

Estas heridas del pasado parecían estar aflorando

Durante muchos años ni siquiera hablé de esto con mi esposa. Mis hermanas quizás veían las cosas de otra forma, pero así veía yo la situación. Creo que todos negamos y nos escondemos de la verdad en cierto grado. Tanto mi madre como mi padre tenían características de personalidad que veía en mí y que ahora sé que eran demonios que estaban en mi vida con el permiso de una maldición generacional. (Vea Éxodo 20:5.) Nunca tuve problemas con el alcohol, pero a temprana edad decidí no hacer ciertas cosas. Esto se convirtió en una cuestión de orgullo en mi vida, lo cual le dio una fortaleza al enemigo. No estaba mal elegir hacer lo bueno, pero la forma en que obran los demonios es torciendo las cosas, y si hay orgullo, seguro pueden usarlo. Estas heridas del pasado más algunas recientes parecían estar aflorando y necesitaban ser tratadas.

Más o menos al mismo tiempo, el Señor comenzó a poner en mí el deseo de jubilarme. Yo sabía que había puesto mi trabajo primero durante todos estos años. Aunque ya se lo había entregado a Dios y le había pedido perdón, una vez más fui ante Él, confesándole que no lo había puesto primero en mi vida y que le dedicaba mi vida sinceramente. Le dije que deseaba lo que Él deseaba para mi vida y que haría lo que Él me dijera. Creo que en este momento Dios comenzó a poner en acción su plan de exponer a los demonios que provocaban esclavitud en mi vida y traerme libertad para experimentar el gozo verdadero. El enemigo me había robado eso durante tanto tiempo.

No recuerdo haber sido tan libre jamás

Sólo mi esposa se daba cuenta de que había una falta de gozo genuino en mi vida. Una de las cosas que compartí con Don fue un recuerdo de cuando tenía más o menos trece años de edad cuando, al comienzo del verano, me encontraba en el cine de nuestra pequeña ciudad. Recuerdo que estaba tan entusiasmado al pensar que tenía todo el verano por delante, ¡tres meses enteros de libertad! No recuerdo haberme sentido tan libre otra vez, hasta ahora.

Decidí jubilarme e hice un viaje para discutir esto con mi supervisor. Mientras iba de viaje, en un severo estado de depresión y confusión, experimenté lo que ahora sé que era la manifestación de espíritus malignos. Aquí debo decir que nunca estuve deprimido o confundido respecto a mi decisión de jubilarme. En efecto, fue como si me quitaran un peso de encima en esa área. Creo que fue la confirmación de parte del Señor de que estaba haciendo lo correcto. La depresión estaba relacionada con cosas personales que nada tenían que ver con mi trabajo. Una noche en el hotel, fui despertado por tremendos sacudones en mi cuerpo. Era como si fueran a arrojarme de la cama, y yo me asía para evitarlo. Estos sacudones duraron por lo que parecía ser un tiempo muy largo, pero probablemente hayan sido sólo unos minutos. A la mañana siguiente, llamé a mi esposa y le conté sobre el incidente. Ella reconoció que esto era una batalla espiritual, pero yo en ese momento no.

Ella comenzó a tener hambre por las cosas del Señor y se estaba llenando por medio de los estudios bíblicos y también al pasar más tiempo con Él en oración. Ella le había estado respondiendo al Espíritu Santo que la atraía a un lugar diferente en su andar espiritual. Se había enamorado de Jesús como nunca antes y estaba aprendiendo a escucharlo y a obedecerlo. Por otro lado, aunque había cumplido con la asistencia a clase e intentaba hacer las tareas, yo siempre había tenido problemas de concentración, especialmente cuando se trataba de lo espiritual. Era como si hubiera niebla o una nube sobre mi mente. Me distraía con facilidad y nunca llegaba a completar ninguno de los estudios. Conmigo era una suerte de lotería. No retenía mucho de lo que leía, pero creía que estaba haciendo mérito con Dios por asistir a clase.

Me siento tan agradecido porque aunque no estaba aprovechando al máximo los estudios, Dios los estaba usando para volver mi corazón a Él. Estaba tan engañado. Me sentaba en la iglesia, y en lugar de escuchar el sermón (aunque trataba de concentrarme), en mi cabeza resolvía problemas relacionados con el trabajo. O incluso si escuchaba atentamente, rara vez recordaba algo de lo que el pastor había dicho. Como con tantas otras cosas, pronto aprendí que esta falta de capacidad de concentración y comprensión era una obra del enemigo. Él también es experto en distraernos de lo que el Señor tiene para nosotros.

Sufrí una terrible depresión

Durante varias semanas después del incidente en el viaje, sufrí una terrible depresión. Perdí todo interés en mi trabajo, lo cual era muy raro en mí. Siempre he sido muy agresivo en mi trabajo, e incluso cuando me degradaron, había decidido hacer el mejor trabajo posible. Había logrado con éxito revertir una mala situación. Aprendí a amar a la gente que trabajaba para mí, y ellos me amaban a mí. Esto había resultado ser una verdadera bendición, y yo lo sabía. Pero no era yo mismo. Pocas semanas después del viaje, me desperté nuevamente por la noche con los mismos sacudones y temblores en mi cuerpo. Esta vez estaban acompañados de sonidos extraños que salían de mi boca.

De inmediato, mi esposa comenzó a tomar autoridad en el nombre de Jesús y a reprender a los espíritus inmundos. Finalmente, se detuvieron los fuertes ruidos y los temblores. Pero no había terminado. Durante nueve días y noches seguidos, pasamos mucho de lo mismo una y otra vez. Cuando ella decía el nombre de Jesús o leía las Escrituras, especialmente de los Salmos, o hablaba de la sangre de Jesús, los demonios se iban. Comenzamos a darnos cuenta no sólo de lo que estábamos enfrentando, sino que también empezamos a ver el poder presente en el santo nombre de Jesús y en su Palabra.

Nos sentimos abrumados

Aunque esta podría haber sido una situación espantosa, mi esposa dice ella realmente nunca tuvo miedo porque sentía la presencia misma del Señor y sabía que la batalla era de Él. Yo también sentía su presencia. Es como si Dios hubiera abierto un camino para que viéramos el mundo espiritual, revelándonos la verdad de lo que realmente sucede en ese reino invisible. Aprendimos que, aunque ese mundo es invisible a nuestros ojos humanos, es muy, muy real. Nos sentimos abrumados y confundidos, pero Dios estaba obrando. Y supongo que todo esto era parte de esa *cosa nueva* de la que nos había hablado.

Antes de que todo esto comenzara a ocurrir, mi esposa había hecho arreglos para encontrarnos con una amiga en nuestra casa una mañana. Era una cristiana muy fuerte y nos habíamos hecho íntimos amigos. El día que vino a visitarnos, compartimos con ella lo que había sucedido y oró con nosotros. ¡Ella entendía! Pensamos que nadie lo haría. ¡Dios es tan bueno que pone en nuestras vidas la persona apropiada en el momento exacto! Ella nos puso en contacto con algunas otras personas que entendían y que comenzaron a orar por nosotros. Yo estaba sintiendo algo de alivio, pero comenzaron a suceder cosas cada vez más extrañas.

Había veces en que mi cuerpo comenzaba a hacer toda clase de contorsiones. Sentía náuseas y hacía arcadas secas durante largos periodos, y también comencé a hablar en una lengua que "sonaba muy extraña". Estas cosas sucedían cuando mi esposa o los otros me hacían liberación. Una vez, cuando traté de agarrar mi Biblia, mis manos se contorsionaron de tal forma que se deformaban e incluso me dolían. Cuando se ató y se reprendió a los demonios, mis manos recobraron su estado normal. Yo creo que esas veces, cuando se les impartía la orden, los demonios salieron, pero no podíamos entender por qué no se terminaba. Habíamos comenzado a leer sobre guerra espiritual y a hacer preguntas al respecto. Esto no se estaba dando como los libros decían. Ahí fue cuando el Señor puso en escena a Don.

Hasta me sané de una afección de la tiroides

Como dije antes, fue un milagro. No voy a entrar en detalles, pero fue algo así como "el hermano de mi amigo conoce a un muchacho cuyo hermano tiene un ministerio de liberación, y creo que trata este tipo de cosas". Llamamos a Don, y vino a nuestra casa. Don me ha guiado a través de numerosas sesiones de liberación, en las que sucedieron muchas de esas mismas cosas extrañas. Por medio del discernimiento del Espíritu Santo, Don pudo identificar los espíritus malignos controladores y ordenarles que se fueran al abismo en el nombre de Jesús. Cada vez había más libertad. ¡Hasta me sané de una afección de la tiroides!

Él dice que mi situación es inusual por el hecho de que llevó tanto tiempo, y que había tantas áreas de esclavitud, pero también dice que las fortalezas que el enemigo tenía en mi vida son muy comunes. Hemos descubierto que muchas de mis ataduras provenían de espíritus generacionales. Algunos de esos mismos espíritus habían hecho estragos en la vida de mis padres. Otros vinieron a través de traumas y heridas de mi vida, y había algunos que obtuvieron permiso por mis propias decisiones y acciones. Estoy aprendiendo que no hay una forma fácil de arreglar esta situación. Con eso quiero decir que uno no puede sencillamente llamar a alguien como Don para que venga, y ate a los demonios, los eche, y pensar que nunca volveremos a tener más problemas con el enemigo.

Ahora ya sé qué hacer

Es una batalla continua y debemos estar preparados para pelearla. Me he dado cuenta de que es necesario mantenerme en comunicación muy estrecha con el Señor en todo momento. Estoy aprendiendo a "orar sin cesar". Estoy aprendiendo a disciplinarme a meterme en la Palabra de Dios regularmente y a asegurarme de que mi cuerpo, alma, y espíritu estén alineados con el Espíritu Santo y sometidos al Él. He aprendido a reconocer los sutiles intentos del enemigo para recuperar fortalezas en mi vida. Cuando los reconozco, ahora sé qué hacer al respecto. Reconozco, reprendo y permanezco (como dice Don). Mi esposa también ha pasado por liberación con Don, al igual que otros miembros de la familia.

Aquí hay otra cosa que debo compartir con usted sobre cómo el Señor "orquesta" hermosamente las cosas en las vidas de sus hijos. Cuando Don vino a nuestra casa esa primera vez, no conocía absolutamente a nadie en la ciudad donde vivíamos, ni siquiera a nosotros. Hoy, Don va a esa ciudad regularmente a ministrar liberación a todo el que lo desee. Cientos han sido libres por la misericordia de Dios y por la dedicación de Don al ministerio al cual Dios lo llamó. ¡Gloria a Dios!

Me siento más libre que nunca en toda mi vida

En unas pocas páginas es difícil registrar todo lo que ha sucedido en un periodo de años. En efecto, Dios me ha estado trayendo a este lugar a lo largo de toda mi vida. Quizás ahora no me sienta como a los trece años,

¡pero me siento más libre que nunca en toda mi vida! Dios ha restaurado en mi alma el gozo verdadero. Soy un hombre libre. Libre para amar, libre para servir, y libre para adorar al Señor. Él ha hecho y continúa haciendo cosas maravillosas en mi vida. Nos ha permitido compartir nuestra experiencia con otros que necesitan saber que no están solos en la batalla. Ahora tengo mucha más claridad mental, y puedo oír de mi Señor sin interferencia de los demonios. Él me habla maravillosas palabras de aliento e instrucción. Ahora conozco mi verdadera identidad, y sé quién soy en Jesús. La batalla nunca tendrá fin, al menos no en esta vida, pero sé que Jesús ya ha ganado la victoria. También sé de dónde viene mi libertad. Viene de Jesucristo, que "vino a libertar a los cautivos". ¡Gloria a su nombre!

Los terrores nocturnos se convirtieron en terror diurno para un niño de cuatro años

Recibí un correo electrónico de una amiga y ministro asociado preguntándome si también ministraba a niños. Me dijo que había conocido a una pareja que estaba teniendo dificultades extremas con su hijo de cuatro años. Percibían que era algo espiritual pero no sabían cómo proceder.

Le dije a mi amiga que sí ministramos a niños, en efecto lo hacemos bastante seguido. Sin embargo, le expliqué que primero los padres deben pasar por el proceso de liberación para quebrar cualquier permiso legal que los demonios pudieran tener en la vida del niño por a través de una maldición generacional. Dijo que hablaría con los padres, ya que asistían a la misma iglesia, y que los pondría en contacto conmigo. Éste es un relato de lo que sucedió, en las palabras de los propios padres.

Mi esposo y yo tenemos un matrimonio feliz y hemos buscado mucho a Dios durante el curso de nuestros diecisiete años de matrimonio. Ambos crecimos en hogares cristianos y tenemos un hogar donde hay cuidado, afecto, y paz para nuestros hijos. Para comenzar nuestra historia, quiero describir a mi hijo Seth. Es un niño sumamente dulce, afectuoso y cariñoso. Es muy obediente y mostró una profunda sensibilidad al Espíritu Santo a temprana edad. Siempre éramos cautelosos respecto de las influencias en nuestro hogar y éramos diligentes en mantener un ambiente espiritual limpio. Cuando él tenía dos o tres años, si había desobedecido, era común que viniera y nos pidiera que le diéramos una paliza.

Cuando tenía dieciocho meses de edad tuvo lo que en el mundo de la medicina se denomina terror nocturno. Reconocimos esta experiencia como tormento demoníaco. Seth experimentó estos terrores nocturnos durante un par de años. Asimismo, también manifestó demonios varias veces cuando estábamos con la familia de mi esposo. Cuando ocurrían estos extraños episodios, orábamos y ordenábamos que los espíritus malignos salieran. Estos episodios eran infrecuentes pero cuando sucedían eran muy perturbadores. Seth no había tenido manifestación alguna por varios meses, y pensábamos que estaba libre de cualquier espíritu demoníaco generacional.

En febrero de 2005, mi esposo y yo nos fuimos de viaje. Mi hermana tuvo a nuestros hijos mientras estábamos fuera de la ciudad. Una vez de regreso, nuestro reencuentro con los niños fue maravilloso. Era tan fantástico estar en casa. (En ese entonces Seth tenía cuatro años.) Sin embargo, a la mañana siguiente se desató el escándalo cuando nuestro hijo comenzó a manifestar demonios justo cuando mi esposo estaba saliendo para ir a trabajar. Seth se puso muy violento y agresivo conmigo, lo cual era totalmente atípico en él.

A lo largo de las dos semanas que siguieron, los demonios continuaron manifestándose. Era obvio que los espíritus demoníacos estaban operando en Seth; podía verse en sus ojos. Era como si de pronto una presencia de las tinieblas estuviera sobre él. Estos espíritus me gritaban cosas horribles, me daban patadas, me pegaban, me escupían, e incluso una vez me arrojaron objetos. Un día un espíritu habló a través de él y dijo: "Voy a conseguir un cuchillo y te voy a matar". (Nuestro hijo no tenía una pizca de agresividad en su cuerpo; nosotros sabíamos que no era él.) La mayoría de las manifestaciones ocurrían cuando mi esposo no estaba en casa. Varias veces sucedió que Seth manifestaba demonios en un estado de total agitación y agresividad, y cesaba segundos antes de que mi esposo estacionara en el garaje. Era obvio que estos demonios estaban tratando de destruir mi relación con mi hijo. Oramos, impartimos la orden, y buscamos consejo de nuestro pastor, pero aún así los espíritus malignos seguían manifestándose. Sabíamos que en Cristo teníamos la victoria pero no lográbamos avances con nuestro hijo. Necesitábamos ayuda desesperadamente.

Una amiga de la iglesia nos puso en contacto con Don Dickerman. Don requería que mi esposo y yo pasáramos por liberación para quebrar todo espíritu generacional antes de que pudiera ver a nuestro hijo.

Entonces llenamos todos los papeles para pasar por liberación. Primero fue mi sesión. Don me ministró liberación y trató con algunos espíritus malignos que operaban en Seth. Mientras Don trataba con un espíritu que operaba en nuestro hijo, sentí que la mitad de mi rostro se contorsionaba en un gruñido. Oí que de mi boca salió un gruñido muy extraño, pero muy real. Me encantaría decir que después de la primera sesión de liberación todo volvió a la normalidad, pero no. Sin embargo, el nivel de intensidad de las manifestaciones demoníacas disminuyó grandemente. Satanás estaba intentando destruir nuestra familia, pero Dios nos estaba levantando como guerreros en su reino.

Dos semanas después, Seth y yo nos encontramos con Don mientras mi esposo tenía su sesión de liberación con otra pareja del equipo ministerial de Don. Mi esposo estaba lo más "limpio" que se puede estar, nunca bebió alcohol, no consumió drogas, e incluso no tuvo una etapa de rebeldía. Incluso éramos vírgenes cuando nos casamos. Sabíamos que su abuelo estuvo involucrado en la francmasonería, y descubrimos que eran los espíritus más importantes que estaban operando en Seth. Durante la sesión de mi esposo, en efecto, este espíritu de masonería habló por su boca con voz horrenda y dijo: "Él era mío". Se refería a Seth. El espíritu estaba muy enojado e informó que Seth tenía "el alto llamamiento de Dios en su vida". Estos espíritus generacionales habían sido asignados a nuestro hijo para bloquear el destino de Dios para su vida.

Mientras mi esposo estaba en su sesión deliberación, Don ministró humildemente a Seth y echó más demonios que estaban activos en su vida. Seth estuvo tranquilo durante toda la sesión, pero en un punto dijo: "De vuelta a la central", mientras Don ordenaba a un demonio que se saliera de él y fuera al abismo. Don y yo nos miramos y sonreímos.

Durante los dos meses siguientes, Seth continuó manifestando demonios, pero el nivel de intensidad había disminuido grandemente. Fue una larga batalla de cuatro meses por su libertad, pero el Señor quería entrenarnos en un poco de combate intenso mano a mano con el enemigo. Sabíamos que sería totalmente libre del tormento demoníaco; hicimos presión y batallamos por la libertad de nuestro hijo diariamente. Cuando manifestaba demonios, les ordenábamos que salieran, y Seth comenzaba a toser, hacer arcadas y retorcerse. Dios nos estaba mostrando la realidad de los espíritus malignos y nos estaba enseñando cómo batallar en el ámbito espiritual.

A fines de mayo de 2005, tuve otra sesión de ministración con Don para tratar con los restantes espíritus demoníacos que operaban en Seth. Poco después de esa sesión, ¡él estaba libre! Una mañana, Seth bajó las escaleras, y las tinieblas habían desaparecido de sus ojos. El Señor le habló a mi esposo confirmando su libertad: "Él es libre". ¡Gloria a Dios! ¡Seth ahora tiene siete años y camina en victoria! Lo que Satanás planeó para dañarlo, Dios lo usó para bien. Como resultado de la batalla que pasamos, sentimos que Dios nos estaba llamando a ministrar liberación a otros. Nos entrenamos con Don durante un par de meses, y ahora ministramos liberación a otros regularmente. No sólo es un verdadero gozo caminar en victoria en nuestras vidas personales, sino también que el Señor nos use para ayudar a otros a caminar en libertad. ¡Gracias sean a Dios que nos da la victoria por medio de Jesucristo!

¡Realmente fantástico, eh! Es una historia sencillamente asombrosa y, como resultado, aquí hay un par de ministros de liberación adicionales que entienden totalmente el proceso y tienen la unción para ministrar.

Pensé que nunca sería libre: La historia de Ron Cummings

Yo era un criminal de carrera. No podía mantenerme alejado de los problemas. Es una larga historia y no resulta relevante para esta parte de mi testimonio. Entraba y salía de la cárcel. No podía hacer nada y estaba desesperado. Me escapaba, pero ellos me atrapaban. Cuando me enviaron a la cárcel Eastham después de mi huída, me pusieron en los módulos. Esta cárcel ha sido llamada la más severa de los Estados Unidos.

Cuando estaba en estos módulos, entrada la noche comencé a sufrir algunas de las pesadillas más horrendas que jamás había experimentado en toda mi vida. En la pesadilla me encontraba enterrado vivo en un ataúd. Estaba tan oscuro y era tan claustrofóbico. No podía respirar o ver nada. Recuerdo claramente que pateaba y golpeaba el ataúd tratando de salir por la fuerza. Arañé el revestimiento del ataúd tratando de escapar, sólo arañé y arañé y arañé. Pero no hubo caso. ¡Estaba atrapado! ¡Enterrado vivo! En una ocasión en particular recuerdo que di patadas y golpes por todos lados y que arañé la parte de arriba del ataúd. De repente me erguí en la cama.

Estaba muy oscuro. Me faltaba el aire, y sentí una humedad en los dedos. Me estiré y jalé de la cuerda de la luz en la celda. Cuando la encendí, vi que tenía sangre en los dedos y también en la sábana. Eché un vistazo a la pared junto a la cama y, donde había arañado, había marcas de rasguños con sangre hasta dejar mis dedos en carne viva al tratar de escapar del ataúd. Fue horrible. Tan real y tan demoníaco. Tal era la oscuridad que había envuelto hasta lo más recóndito de mi ser. No había vida en mí. Sabía que estaba muerto. Sólo esperaba que mi corazón y mi respiración se detuvieran.

¡La medicación no ayudaba! Las pesadillas no cesaban. Me puse más agresivo y finalmente me enviaron a la Unidad Psiquiátrica Ellis III, donde me dejaron en calzoncillos blancos y me pusieron en una celda de aislamiento. Era sólo un bloque de cemento, con un agujero en el piso que servía de inodoro. Recuerdo que tenía tanto frío en esa celda y se me ponía toda la piel de gallina. ¡Esa celda era tan fría!

Una vez cada cuatro horas abrían la pequeña ranura por donde pasaban la comida para medicarme. Me aburría tanto. Durante uno de mis momentos de lucidez, le pedí al guardia en una de sus rondas si me podían dar algo para leer. Cuando me dijo que no, me puse hecho una furia. Finalmente me desmayé en el suelo. Había perdido a mi esposa, mis hijos, mi vida, mi libertad, y ahora tenía una sentencia de 125 años. ¡Estaba perdiendo la cabeza! ¡Me estaba volviendo loco! No sé por cuánto tiempo estuve inconsciente, pero entonces vi una pequeña Biblia de bolsillo que habían puesto frente a la ranura de la comida de la celda. Sabe, no podía quitarle los ojos de encima. Allí estaba y yo la miraba fijamente. Abrí la Biblia por el final (Dios sabía qué cosa me llegaría). Hubo tres palabras que saltaban a la vista. Decían: "¡Dios te ama!".

No creía que alguien me amara, mucho menos Dios. No había tenido una visita en años, y no había recibido una carta en años. Nunca nadie había extendido la mano para tocarme y decirme: "Ronnie, te amo". Pero aquí estaba. Dios me estaba diciendo que me amaba. Caí de rodillas allí donde estaba y clamé a Dios, diciendo: "He arruinado mi vida de tal forma. Dios, he lastimado a tanta gente. Dios, todos mis grandes planes y conspiraciones se derrumbaron y quedaron en nada. He fallado en todo lo que he intentado hacer. Dios, lo siento tanto. Haz que las voces se detengan. Por favor haz que se vayan las pesadillas. Dios, haz que cese el dolor. Dios, por favor detén el sangrado".

Y sabe usted que en el rincón de esa celda, arriba cerca del techo, de pronto apareció una pequeña luz del tamaño de un lápiz. Era muy brillante, la luz más brillante que jamás haya visto. En una fracción de segundo, iluminó la celda entera. ¡Esa luz me traspasó! Parecía que cada célula de mi todo cuerpo cobraba vida. Sentí una corriente cálida sobre mí y a través de mí, y donde una vez tuve calor, ahora sudaba profusamente. El sudor caía literalmente en el piso hasta formarse un charco. Y simplemente comencé a llorar y llorar y llorar. No podía detenerme. Usted sabe, el Espíritu del Dios viviente vino a esa celda, y ese día Jesús entró en mi corazón. ¡Sentí que de mí salían cosas, hermano! Es como si simplemente las hubieran empujado para salir. ¡Uf! Cosas feas. Y Jesús me amó y me amó y me amó. No sé cuánto duró esto.

Cada vez estaba mejor, y un par de semanas después me transfirieron nuevamente a la Unidad Eastham. De inmediato pedí ver al ministro allí. Le dije que era un tipo duro y que acababa de regresar de la unidad psiquiátrica, pero que había tenido una experiencia con Dios mientras estaba allí. Le conté de las pesadillas y las voces. Él dijo: "Ronnie, cuando clamaste y le pediste a Jesús que entre en tu corazón, Él lo hizo. Has nacido de nuevo. Ahora eres una nueva persona en Cristo. ¿Qué puedo hacer por ti hoy?".

"No quiero perder esta paz —dije—. ¡Dígame cómo conservarla! Dígame cómo mantener esa paz dentro de mí. Dígame cómo conservar este gozo. Dígame cómo mantener el amor de Dios en mi vida." Jesús no solamente quiere ser el Señor y Salvador de su vida, también vino a ser el mejor amigo que haya tenido. Quiere una relación con usted. El ministro me aconsejó que comenzara a leer y estudiar la Palabra de Dios, que empezara a asistir a los servicios de la capilla y me sentara a escuchar predicación y enseñanza ungidas. Me dijo que me reuniera con un grupo de creyentes para tener comunión y orar juntos. Me dijo que pasara un momento de quietud con el Señor cada día. Y usted sabe, cuando comencé a hacer todas esas cosas, comencé a afirmarme, y hubo aún mayor sanidad en mi vida. Las cosas estaban cada vez mejor.

Nos reuníamos alrededor de los bancos o la mesa en la sala de estar comunal todos los días para estudiar, adorar y orar. Siempre había ruido, pero nos reuníamos como creyentes, y la presencia del Señor siempre nos esperaba en ese lugar.

Nunca recibía cartas, pero un día en los anuncios de correspondencia pronunciaron mi nombre. La gente había dejado de escribirme. Había quemado todos mis puentes. No había recibido una carta en siete años. Pasé adelante, y me dieron una carta. En realidad, era un pedazo de papel doblado cuatro veces y grapado. Cuando lo abrí, observé el sello estatal de Texas y las palabras Junta de Indultos y Libertad Condicional. Decía que me habían concedido la libertad condicional. Estaba atónito. ¡Qué milagro! No lo pedí, ¡y por cierto tampoco lo esperaba!

Parece que fue ayer, pero estoy fuera de la cárcel desde 1991. Dios restauró mi matrimonio y la relación con mis cuatro hijos. Tengo a mi esposa y a mi familia nuevamente. Tengo una vida que alguna vez creí que era imposible. Iba a la iglesia todos los domingos, y a menudo muchas veces durante la semana. A medida que continuaba aprendiendo quién era en Cristo, comencé a ver que aún tenía algunas áreas de esclavitud. Antes de ser salvo en prisión, era adicto a la heroína. Yo no lo sabía, pero en una visita al médico en el 2004 descubrí que tenía Hepatitis C. El médico me dio cinco años de vida y me dijo que los dos últimos años no serían muy buenos.

Me había convertido en un Gedeón y estaba tan bendecido de compartir mi testimonio en todo el estado y finalmente en la nación. Pero aún tenía algo dentro de mí que me perturbaba. Podía ver un comercial en la TV sobre no consumir drogas, ver una aguja, o sentir determinado olor, y era como si se me erizaran las venas de los brazos pidiendo heroína a gritos. Parecía haber una atracción a ciertas partes de la ciudad. Aunque no cedí, realmente me angustiaba que las luchas y pensamientos siguieran estando allí.

Un amigo me invito a oír hablar a Don Dickerman. Cuando mencionó su nombre, recordé que Don había ido a las cárceles todos esos años a predicar. Yo lo conocía, y lo amaba y confiaba en él. Mi esposa y yo asistimos a la reunión. Don celebraba, cada tres meses, en un centro comunitario local, reuniones cuyo foco estaba en la liberación y la sanidad. Él las llamaba Noches de Ministración.

Una de esas noches hizo una liberación colectiva para toda la congregación. En ese momento no sentí nada, pero después mi esposa y yo nos fuimos a un restaurante. Algo comenzó a suceder. Podía sentir "cosas" que salían de mí, como espíritus que salían a través de los poros de mi piel. Mi esposa me preguntó qué me estaba ocurriendo, y le dije: "No sé, pero es mejor que nos vayamos a casa". Ella me dijo: "Ronnie, estás siendo liberado. ¡Demonios están saliendo de ti!". Tenía razón. Eso duró como dos horas. No fue doloroso ni nada; las cosas simplemente salían, y yo me sentía más liviano. La pesadez sencillamente se fue. Comencé a notar que las ansias que me venían tan seguido habían desaparecido, desaparecido por completo. Era como la fase dos de un milagro en mi vida.

Varios meses después de esta experiencia, estuve cada vez más enfermo, pero realmente no sabía por qué. El médico me dijo que tenía Hepatitis C. No sabía qué tan malo era esto hasta que me dijo que me quedaban más o menos cinco años de vida. Me hicieron tratamientos con interferón. Yo no le había contado a Don sobre mi experiencia o mi condición física. Pero finalmente se lo mencioné en un correo electrónico, y me dijo que había visto gente sanada de Hepatitis C y que él había descubierto que los demonios pueden ser responsables de ella. Recuerdo haberle dicho que yo era el responsable; yo había consumido drogas. Él dijo: "Sí, Ronnie, tú le abriste la puerta. Tú los invitaste. Cerremos la puerta. Todo lo que tienes que perder es un par de demonios".

Hicimos la cita, y yo vine sabiendo que Jesús es el libertador y el sanador. Confesé toda mi participación en las drogas y recibí el perdón y la limpieza de Dios. Después Don comenzó a atar a los espíritus inmundos en el nombre de Jesús y específicamente trató con los demonios asociados con la enfermedad del hígado. Me venían a la mente nombres de demonios, y se los pasaba a Don. Había cinco demonios responsables de la afección al hígado. Los espíritus malignos se referían a sí mismos como a "escarabajos del hígado". Iban consumiendo mi vida de a poco. Don muy sencillamente les ordenó que repararan el daño y salieran de mí total y completamente. Les ordenó que fueran al abismo. Algo sucedió. Los espíritus salieron de mí, y yo lo sentí. Eso fue en 2004. Desde entonces he tenido dos análisis de sangre en los que no se ha detectado Hepatitis C.

¿Dios me sanó? Yo creo que sí. ¿Los demonios estaban allí con la misión de asesinar, robar, hurtar y matar? Absolutamente, pero ya no están. Supongo que el tiempo dirá todo lo que sucedió. En este preciso momento, ¡lo único que puedo hacer es alabarle por todo lo que Él ha hecho en mi vida! Ahora puedo ministrar con Don, tanto en las cárceles como también en las oficinas, haciendo liberación personal con otros.

CAPÍTULO 13

TODO LO QUE JESÚS HACE TIENE UN PROPÓSITO

QUÉ MARAVILLOSA ES la información que Marcos capítulo 5 nos da acerca de los demonios. Jesús había viajado especialmente para ver a un hombre atormentado por demonios. No sabemos qué fue lo que impulsó este viaje a través del Mar de Galilea. Como dice el pasaje, parece imprevisto y sin arreglos previos. Jesús había estado enseñando en parábolas en el lado oeste del mar cuando dijo: "Crucemos al otro lado". Había siete millas hasta el "otro lado".

Era por la tarde, y sin duda Él estaría cansado y agotado del día. Los discípulos "le llevaron con ellos en la barca, como estaba" (LBLA). Al parecer, se retiró de inmediato a la parte trasera de la barca a dormir. A menudo me he preguntado si Jesús estaba yendo al "otro lado" en respuesta a la oración de alguien. ¡Todo lo que Jesús hace tiene un propósito! Lamentablemente, no siempre estamos al tanto de eso.

Creo que Jesús estaba respondiendo a la oración de alguien en Gadara. En este país, se encontraría con un hombre desesperadamente necesitado de ayuda que vivía sin esperanza entre las tumbas. No tenemos antecedentes de este sujeto, excepto que tenía un espíritu inmundo, que vivía entre las tumbas, y que todos los intentos de ayudarlo habían fracasado.

La obra del espíritu demoníaco es revelada parcialmente en trozos sueltos de información que sí tenemos. El relato de Lucas 8 nos cuenta que el hombre estaba poseído desde hacía mucho tiempo. Nos dice que no llevaba ropa y que no tenía hogar. También encontramos que los demonios lo habían llevado al desierto. No había descanso para él.

Noche y día, estaba en las montañas y en las tumbas gritando y cortándose con piedras.

Observemos algunas de las características que se revelan en este relato acerca de la gente que tiene demonios:

1. La persona es "llevada". He descubierto que esta es una marca constante de demonios, especialmente en el área de la compulsión y la obsesión. Hay ciertas áreas de la vida de los oprimidos en las que no se puede hallar victoria.

2. No tenía paz ni descanso. Siempre, día y noche, estaba errando, controlado por la inquietud. Buscaba paz y no la encontraba. El dolor del atormentado es tan grande, sólo pueden comprenderlo aquellos que lo han experimentado.

3. Había odio a sí mismo y se automutilaba. A menudo, los que son tan atormentados me cuentan que en efecto el dolor de herirse a sí mismos aliviaba el dolor que sentían.

4. No había ayuda disponible de la humanidad. Nadie podía atarlo y nadie podía domarlo. El hombre no tenía la respuesta entonces y tampoco la tiene ahora. Los problemas espirituales deben tener soluciones espirituales.

5. Había confusión y angustia psicológica. "Atormentadores" es una descripción de los poderes demoníacos que Jesús dio en Mateo 18:34–35.

6. No usaba ropa. No podía actuar como un ser humano normal. Sus instintos bondadosos estaban reprimidos. Intimidaba a otros con sus burdas acciones.

7. Tenía fuerza física que excedía sus capacidades normales. Creo que esto a menudo indica rebelión.

8. Era rechazado por la sociedad. No encajaba. Muy probablemente había sido "echado de la ciudad".

9. La gente había perdido las esperanzas respecto a él, y fue desterrado para que sufriera solo. Tenía su propia cárcel, su propio asilo.

10. Él sabía que Jesús era el Hijo de Dios y que merecía ser adorado, pero los demonios no lo permitían. Sabía que había un mejor camino pero no sabía cómo alcanzarlo.

Siempre hay un reino

En la vida de este hombre había un reino demoníaco. En Marcos 5:2, las Escrituras declaran: "Y cuando salió él de la barca, en seguida vino a su encuentro, de los sepulcros, un hombre con un espíritu inmundo". "Un espíritu inmundo" parece indicar que sólo había un demonio presente. Pero nos damos cuenta de que era un reino demoníaco de muchos espíritus, y el príncipe de ese reino se identificó a sí mismo como Legión. Prácticamente, siempre hay un reino, y a veces más de uno, en quienes experimentan la opresión demoníaca.

Recapitulemos y tratemos de entender por qué Jesús hizo este viaje al otro lado. Y ¿por qué había tanta oposición a que llegara al otro lado? ¿Por qué este paria era tan prioritario para Jesús? Sólo podemos suponer. ¿Y por qué este hombre estaba en tan mal estado? Mi experiencia demuestra que la condición de este hombre podría haber sido causada por padres que no se preocupaban. Quizás nació bajo una maldición generacional. Tal vez fue concebido fuera del matrimonio. Posiblemente sus antepasados habían sido idolatras. Quizás su madre y su padre pelearon y discutieron mientras él estaba en el vientre. O tal vez su papa dejó a su mamá y tuvo aventuras con otras mujeres.

¿Podría haber sido que su madre lo entregara al nacer? ¿Sus padres murieron en alguna tragedia? Quizás fue abusado sexual y físicamente. Es posible que le hayan dicho que no era deseado, y se dio permiso a los demonios para que entraran en su vida sin que él tuviera culpa alguna. He hallado que todas estas cosas son consentimiento para que los demonios entren en alguien.

Supondría que este hombre a la larga fue expulsado de la escuela y que tuvo una carrera criminal. En el mundo actual, probablemente habría sido un niño cuyos padres trabajan y que está solo en casa al regresar de la escuela. Estuvo perturbado durante un "largo tiempo" y finalmente fue confinado a vivir entre las tumbas.

Ahora bien, quizá sus padres fueran buenas personas y lo amaran entrañablemente. Quizás hayan intentado controlarlo lo mejor posible pero no sabían cómo lidiar con los demonios. Lo más probable es que ni siquiera creyeran que pudieran ser demonios. Quizás estaban orando por él. Quiero creer que esta madre clamaba día y noche: "¡Dios, ayuda a mi hijo!". El padre también, debe haber clamado a Dios, pidiendo su misericordia: "Dios, ayuda a mi hijo".

PUEDO VERLO SENTADO CONTRA UNA TUMBA

Quizás Jesús oyó la oración de ellos. No lo sabemos, pero sucedió algo que hizo que Jesús decidiera ir al otro lado. Tal vez fue el joven mismo. Quizás en un momento de lucidez, miró sus heridas y la sangre seca sobre su cuerpo y clamó: "Dios mío, mírame. Mira mi vida. ¡Dios, ayúdame!". Puedo verlo sentado contra una tumba con lágrimas que corren por su rostro barbudo y sucio. Quizás jalaba su cabello largo y enmarañado y clamaba: "Dios, ayúdame". Creo que lo que Jesús oyó fue su clamor. El dolor de la pesadumbre y la depresión y los horribles sentimientos de rechazo y abandono lo oprimían a él y a todo lo que tocaba. Tal vez fue una combinación de las oraciones de todos ellos. ¡Quizás fue sólo la soberana misericordia de Dios!

El hombre necesitaba ayuda y no podía encontrarla en este mundo. No tenía medicinas para sus migrañas y para los pensamientos de falta de valor que lo atormentaban y pesaban sobre él continuamente. No podía tomar un antidepresivo. Sufría solo, y creo que el misericordioso Señor Jesús fue movido a compasión para ir hasta este hombre.

¿Qué creyente no ha oído esta historia? ¿Quién de nosotros no ha alimentado esperanzas cuando leemos acerca de Aquel que calma el viento y las olas? A mí me parece que fue un esfuerzo concertado de parte de los poderes demoníacos para evitar que Jesús llegara hasta este hombre. Sabemos por el capítulo 1 de Job que el reino de las tinieblas de Satanás puede causar tormentas de destrucción. Los poderes demoníacos usaron rayos para destruir a las ovejas y a los siervos de Job. Job 1:16 dice: "Fuego de Dios cayó del cielo, que quemó las ovejas y a los pastores, y los consumió". Para destruir a los hijos de Job usó un fuerte viento del desierto, quizás un tornado. Job 1:19 dice: "Y un gran viento vino del lado del desierto y azotó las cuatro esquinas de la casa, la cual cayó sobre los jóvenes, y murieron".

TORMENTAS DE OPOSICIÓN

Después que Jesús declaró que iban a cruzar al otro lado del mar, algo comenzó a suceder en los lugares celestiales. Se urdió un plan para destruir la barca o al menos para hacerla regresar. He descubierto que los demonios siempre están tramando algo, siempre tratando de entorpecer la obra del Señor Jesús. A menudo, la oposición viene en forma de "tormentas". Vienen para infundir temor y desesperanza, con el intento de desanimar y derrotar. Hacen que el camino se vea tan difícil que darse por vencido parece ser lo mejor. Esto parecía estar dando resultado con los discípulos. Pero Jesús había hablado. Se había declarado la Palabra. Si Jesús lo dice, entonces podemos pararnos firmes en lo que Él ha dicho. El había declarado: "Crucemos al otro lado". ¡Él tenía una misión! Evidentemente, los discípulos no sabían esto; no conocían el propósito del viaje. ¡No sabían que era urgente! No habían visto la aflicción u oído el clamor como Jesús lo había oído, y reaccionaron como cualquiera de nosotros lo hubiera hecho. Aún no entendían que el temor y la fe no pueden convivir en paz, y no sabían que el temor es un espíritu y que Dios no nos da ese espíritu a nosotros. Por las palabras de Jesús, Él parece estar diciéndoles: "Con fe ustedes también podrían haber reprendido la tormenta, sólo poniendo fe en lo que ya había sido declarado".

Tengo una imagen gráfica de la negrura de esa noche, los vientos huracanados y las olas que sacudían y azotaban la barca. Grandes olas empapaban a los discípulos. El viento era amenazador, y se sentían impotentes para cambiarlo. Es como las palabras del compositor que dijo: "Maestro, ruge la tempestad".* Sin lugar a dudas, ésta era una tormenta rugiente. Los discípulos temían morir, y probablemente hicieron lo que deberían haber hecho en medio de la tormenta: ¡llamar a Jesús!

Jesús, con ojos de dormido, miró a la tormenta a los ojos y ordenó: "¡Calla, enmudece!". Al instante veo cómo las olas bajaron y quedaron chatas sobre las aguas. Veo que el viento disipa lentamente las nubes negras, y luego una gran calma. Las estrellas y la luna ocultas en la oscuridad ahora brillan sobre el mar refulgente. Oh, ¡qué momento habrá sido! Los discípulos sólo pudieron decir: "¡Guau! ¿Quién es éste, que aun el viento y el mar le obedecen?". La barca antes azotada, ahora se desliza por las tranquilas aguas directamente hacia un hombre necesitado, lleno de desesperanza y desesperación. Parece que el Navegante sabía exactamente dónde atracar.

---

* Horatio Richmond Palmer and Mary Ann Baker, "Maestro, se encrespan las aguas". Dominio público.

JESÚS SE MOJA LOS PIES

La barca aminora la marcha hasta llegar a la orilla, y oigo a Jesús decir a Pedro o Juan que le consigan una muda extra de ropa. La arroja sobre su hombro y sale de la barca dando un salto en las aguas poco profundas. Probablemente les dijo que volvería enseguida. Personalmente, creo que Él estaba respondiendo la oración del endemoniado. ¿No es genial que Jesús haga tantos viajes especiales por todos los Evangelios? Aquí era por alguien al que la sociedad había desechado como nosotros desechamos un envase de gaseosa vacío. Gracias a Dios que Jesús haya estado ocupándose de la redención por un largo tiempo. ¡Él me rescató a mí!

Cuando salió de la barca, el hombre de las tumbas se encontró con Él de inmediato. Hay un interesante intercambio de palabras. "Cuando vio, pues, a Jesús de lejos, corrió, y se arrodilló ante él" (Marcos 5:6). Los demonios que estaban en el hombre fueron los que reconocieron a Jesús; ellos sabían quién era Él. Al parecer, los demonios le comunicaron eso al hombre, porque quiso adorar a Jesús. La sola presencia del Señor Jesús requiere adoración. Jesús ordenó que el reino demoníaco saliera de él. Y, asombrosamente, el demonio vocero respondió con: "¿Qué tienes conmigo, Jesús, Hijo del Dios Altísimo? Te conjuro por Dios que no me atormentes" (v. 7).

Esto es de no creerse. ¡El demonio le estaba dando una orden a Jesús! Los demonios tenían miedo. Siempre lo tienen. Sabían que casi se les había acabado el tiempo. En el relato de Lucas, los demonios le rogaron a Jesús que no los enviara a las profundidades (el abismo). (Vea Lucas 8:31.) Los atormentadores suplicaban no ser atormentados. Los que infundían temor ahora están dominados por él. Al parecer se entendía que si los demonios son echados fuera, sería al abismo.

Jesús ordenó que el demonio vocero, el príncipe del reino, se identificara: "Y respondió diciendo: Legión me llamo; porque somos muchos" (Marcos 5:9). "Y le rogaba mucho" (v. 10). Los poderes demoníacos son criaturas tan lastimosas y tan enemigas de la humanidad. Su odio hacia Jehová Dios y al Señor Jesucristo es canalizado contra la creación especial de Dios: el *hombre*. Aquí, las despiadadas criaturas imploran misericordia. Increíble.

Ahora bien, he intentado hacerme una representación mental del país de los gadarenos, porque después se da un extraño encuentro.

"Estaba allí cerca del monte un gran hato de cerdos paciendo" (v. 11). Los demonios querían entrar en el hato de cerdos de camino al abismo. Piense en estos espíritus mentirosos y horribles que dicen tener tanto poder. ¡Están implorando entrar en un hato de cerdos! En el ministerio de liberación hay quienes creen que la liberación sólo debería hacerse por discernimiento. Enseñan que está mal confrontar y exigir verdad de parte de los poderes demoníacos. Jesús le pidió a este demonio que se identificara. Yo diría que la realidad es que ningún ministro de liberación ungido va a mantener una conversación con poderes demoníacos. No es conversación, más bien es confrontación. ¿Por qué los demonios pidieron permiso para entrar en los cerdos? ¿Por qué lo permitió Jesús? ¿Qué podemos aprender de esto?

Ellos sabían que se les había acabado el tiempo. Estaba claro que los demonios preferirían el cuerpo de un cerdo a la nada. Parece haber algo de cierto aquí en cuanto a las capacidades que tiene un espíritu maligno de entrar en animales. Creo que éste fue un último intento de destrucción, para robar vida, incluso la vida de los cerdos. Recuerde, los demonios tienen las mismas funciones que Satanás. Él es un mentiroso y padre de mentiras. Fue asesino desde el principio. Ha venido a hurtar, matar y destruir. Todos los demonios son ladrones. Aún no he hallado uno que no entre en la categoría de hurtar, matar y destruir.

Cerca de la escena de esta milagrosa liberación, había un número inusual de cerdos. Un hato muy grande de más o menos dos mil cerdos. Estaban paciendo. Imagine esto. Recuerdo que mis abuelos hablaban de "dar de comer a los chanchos". Muchos de ustedes han oído el término. Bueno, eso es lo que estaba sucediendo. Me imagino que habría muchos gruñidos y bramidos mientras los cerdos empujaban y daban empellones para recibir su ración de alimento.

Todo lo que podemos saber es que los dueños de los cerdos no eran judíos. Pero probablemente eran ricos; eso es mucho tocino. Esta granja de cerdos estaba del lado de una montaña que seguramente daba hacia el mar de Galilea. No estoy seguro de que hubiera un olor agradable, pero parece bastante pintoresco.

Cuando la Legión de demonios salió del hombre, los cerdos comenzaron a chillar. Los cerdos estaban experimentando el mismo tormento que el hombre había conocido. El ruido del hato debe haber sido desconcertante, quizás espantoso para quienes los alimentaban. Quizás el alma que Dios puso en el hombre era lo suficientemente fuerte como para resistir a los demonios suicidas. De inmediato, los cerdos se precipitaron hacia la muerte a causa del tormento. Los hombres que los alimentaban no los podían controlar. Cuando los demonios entraron en los cerdos, éstos se lastimaban unos a otros. Se pisoteaban y se mordían unos a otros, e ignoraban las órdenes de sus cuidadores. No solamente estaban fuera de control, sino que el hato atormentado también se suicidó. Se precipitaron por el despeñadero hacia el mar. Estoy seguro de que algunos cerdos atropellaron a otros, y muchos de ellos rodaron por la rocosa montaña y por el despeñadero hacia las "profundidades".

SIN DUDA EL SUICIDIO ERA UN PLAN PARA EL MUCHACHO

Los demonios han venido a matar, hurtar y destruir. Únicamente puedo especular la razón por la cual Jesús permitió este suicidio en masa de los cerdos. Quizás porque los cerdos mismos habían sido declarados inmundos. Les daba igual, y los demonios no solamente destruyeron al hato, sino que ocasionaron dificultades a la comunidad que criaba los cerdos. Tuvo un impacto económico en mucha gente. Los cerdos fueron a las profundidades, suicidándose, y los demonios fueron al abismo. Sin duda, el suicidio era el plan que los demonios tenían para el muchacho que acababa de ser liberado.

Mire lo que sucedió cuando la auténtica liberación vino a este hombre. Éste era el hombre al que nadie podía dominar. Éste era el hombre que no tenía don de gentes y que no era enseñable. Este hombre se convirtió en misionero en ese mismo momento. Jesús lo ungió y lo ordenó. Le comisionó que fuera a su casa y contara a sus amigos las cosas grandes que el Señor había hecho con él. Recuerde, previamente, este hombre no estaba "en su sano juicio". Andaba desnudo y no tenía control sobre su vida. Ahora lo encuentran "sentado", no vagando, y vestido, quizás con la muda extra de ropa de Jesús. Quizás Jesús llevó consigo una túnica de más porque sabía lo que estaba a punto de hacer. Lo que es más, ahora estaba vestido con la justicia de Jesucristo. ¡Su mente había sido restaurada!

Tengo la seguridad de que los demonios entendían que cuando Jesús habló ellos debían poner las cosas de vuelta en su lugar. Habían robado la paz y el gozo de este hombre. Le robaron la imagen de sí mismo y su dignidad. Crearon desorden en su mente y planeaban matarlo. ¡Entonces llegó Jesús! Sabe, veo que las mismas cosas suceden con regularidad. Veo que los demonios devuelven a su lugar las cosas que han robado cuando se les ordena en el nombre de Jesucristo.

La iglesia necesita prepararse porque viene una nueva unción, un entendimiento nuevo y fresco de la guerra espiritual y la autoridad del creyente. Pastor, prepárese. Prepare a su equipo de liberación. Dios quiere a su pueblo libre, y nos ha comisionado para que actuemos en el nombre de Jesucristo. Los demonios se siguen inclinando y se repliegan ante su poderoso nombre.

¡Jesús sigue ordenando a las tormentas que se calmen!

PARTE II:

LO ESENCIAL DE
LA LIBERACIÓN

CAPÍTULO 14

ALBOROTO EN EL TEMPLO

Y (Jesús) les dijo: Escrito está: Mi casa, casa de oración será
llamada; mas vosotros la habéis hecho cueva de ladrones.
—MATEO 21:13

¿Qué ES LO primero que viene a su mente cuando piensa que hay "alboroto en el templo"? ¿Piensa en los muchos conflictos que surgen dentro de la religión organizada? ¿Vienen a su mente los cismas de la iglesia? ¿Y la congregación impaciente que nunca está satisfecha con su pastor?

Sin embargo, ése no es mi tema. Lo que deseo compartir bien podría eliminar algunos de esos problemas dentro de las congregaciones locales organizadas. Hablo de su templo y de mi templo. "Nuestra casa terrenal" como dice Pablo en 2 Corintios 5. También se refiere a nosotros como a un tabernáculo. "Los que estamos en este tabernáculo gemimos con angustia..." (v. 4).

En 1 Corintios 3:16, la Palabra declara: "¿No sabéis que sois templo de Dios, y que el Espíritu de Dios mora en vosotros?". Claramente, este pasaje indica que nosotros, como creyentes, somos morada del Espíritu de Dios. ¿Dónde vive Él? Quiero decir, ¿Él ocupa todo nuestro ser? ¿Dónde habita el Espíritu en nosotros? Nosotros somos una trinidad, un espíritu que tiene un alma y vive en un cuerpo.

¿El Espíritu Santo vive en nuestra carne o en nuestro cuerpo? ¿Vive en nuestra alma; es decir, en nuestra mente, nuestra voluntad y emociones? ¿Vive en nuestro espíritu? Evidentemente, Él vive en nuestro espíritu. Eso es lo que es nacido de nuevo. Nuestro espíritu es eterno.

Compare el espíritu del hombre con el lugar santísimo del templo o del tabernáculo. Solamente un sumo sacerdote con un sacrificio de sangre podía entrar al lugar santísimo. Entrar con pecado en su vida sería la muerte segura. Estaba entrando en la misma presencia de Jehová Dios. Nada impuro podía estar en la presencia de Dios. El Espíritu Santo de Dios vive en nuestro lugar santísimo: nuestro espíritu. El alma del hombre, que es nuestra mente, voluntad y emociones, puede albergar el pecado. Ciertamente la impureza puede, y a menudo lo hace, vivir en nuestra alma. Obviamente, nuestra carne puede permitirse el pecado. La impureza y lo pecaminoso deben morar en el alma y en la carne si está en el cuerpo humano. Nuestra alma y nuestra carne serían equivalentes al atrio exterior y al lugar santo. La carne debe morir a diario. Nuestra mente, voluntad y emociones deben rendirse a la dirección y a la convicción del Espíritu Santo para vivir una vida agradable delante del Señor. Debe aplicarse la sangre de Cristo a nuestro pecado, limpiándolo y cubriéndolo. El alboroto en el templo es el conflicto que ruge dentro de nosotros. El Espíritu Santo no puede participar de nuestro pecado y de nuestros hechos malvados.

Pablo describe este conflicto en Romanos capítulo 7. Describe una guerra que ruge dentro de él: el Espíritu Santo mostrándole lo que es recto, justo y santo, y el alma y la carne deseando lo que no lo es. Hay alboroto en el templo. Frank Hammond lo llamó "cerdos en la sala".

A menudo, la gente me pregunta cómo sería posible que un demonio pudiera estar en un cristiano si el Espíritu Santo está allí. Mi respuesta es con una pregunta: "¿Cómo pueden estar el pecado y los malos pensamientos donde está el Espíritu Santo?". El pecado está en la carne, la mente, la voluntad y las emociones. El resultado es el alboroto. Los demonios no pueden entrar al espíritu del hombre, así como el pecado no podía entrar al lugar santísimo. ¡Pero los demonios pueden—y lo hacen—tener acceso a la carne y al alma de los creyentes! Ésta es una batalla, y no está siendo revelada por muchos predicadores. Por tanto, muchos cristianos viven derrotados porque ni siquiera están conscientes de lo que es la batalla.

La opresión demoníaca o demonización es común entre creyentes. Obviamente, no es posesión demoníaca. La posesión es propiedad, y nosotros somos propiedad del Señor Jesús. Hemos sido comprados y adquiridos por un precio. ¡La cuestión no es la posesión! Los demonios obtienen acceso al cuerpo o al alma por muchas puertas diferentes. Mi experiencia es que ellos permanecen hasta que se les ordena que se vayan. Entran por el engaño, y se convierten en "ocupas" (ocupantes ilegales). Siguen y siguen hasta que alguien pone fin a eso en el nombre de Jesús.

Jesús lidió con el "alboroto en el templo". ¿Recuerda cuando entró a Jerusalén en el tiempo de la Pascua y encontró el templo alborotado? Este era el tiempo de celebración por la liberación de Egipto, la conmemoración del derramamiento de la sangre inocente para brindar protección al pueblo, y el tiempo más santo para los hebreos. Y el templo estaba en desorden.

¡Quiero que sepa que Jesús ejerció su autoridad! Llamó al templo "la casa de mi Padre". Eso la hacía su casa. A los que profanaban el templo no los invitó a irse. No sugirió que sería buena idea que se fueran. ¡Se los ordenó! Con fuerza y autoridad celestial ordenó a los ladrones que se fueran. Lo ofendió el lugar que habían asumido en el templo. ¡La Palabra de Dios dice que Él echó a todos fuera del templo! (vea Juan 2:13–17).

El registro de este evento por Lucas cita a Jesús diciendo: "Mi casa es casa de oración; mas vosotros la habéis hecho cueva de ladrones" (Lucas 19:46). Lucas también dijo ¡que Jesús echó fuera a los que compraban y vendían! "¿Una cueva de ladrones?" ¡Lo era!

He hallado muchas de esas cuevas de demonios. ¡Todos ellos han venido a hurtar, robar, matar y destruir! Los demonios en los creyentes son exactamente eso: una cueva de ladrones. Roban el gozo y la paz. Roban las relaciones y la salud. El fruto del Espíritu es aplastado. Debe tratarse a los espíritus demoníacos en los creyentes tal como Jesús trató a quienes causaban alboroto en el templo. Deben ser echados fuera. No se los puede sacar con medicamentos ni consejería. Él no dijo que se orara o leyera, ni tampoco sugirió que cantáramos o adoráramos para que se fueran. Él dijo ¡que los "echemos fuera"!

A Jesús le ofendía que el hombre profanara el templo mismo de Dios. Era el lugar de adoración. Una vez que los ofensores fueron echados, el ciego y el cojo vinieron y fueron sanados por Él. Encuentro que con frecuencia la sanidad tiene lugar en el templo una vez que ha sido limpiado. (Vea Mateo 21:12–15.)

Muchos están enfermos y experimentan alboroto y derrota debido a los espíritus impuros que han invadido su templo. El conflicto es real. Los horribles demonios derrotados están robando al pueblo de Dios. Han establecido un reino de destrucción en el templo mismo de Dios, el alma y la carne de los creyentes. ¡Un nido de iniquidad! ¡Una cueva de ladrones! Hay alboroto en el templo, y Jesús vino a echar fuera todo lo que profana su templo. ¡Sepan que somos el templo de Dios!

Los creyentes no tienen por qué soportarlo. Oro que hasta aquí este libro le haya abierto los ojos. Oro que la verdad haya sido revelada de modo que ya no tenga alboroto en el templo y que pueda traer a otros a la libertad de Cristo Jesús.

CAPÍTULO 15

¿ESTAMOS HACIENDO LO QUE JESÚS HACÍA?

...Dios ungió con el Espíritu Santo y con poder a Jesús de Nazaret, y cómo éste anduvo haciendo bienes y sanando a todos los oprimidos por el diablo, porque Dios estaba con él.
—Hechos 10:38

N o sé el número de iglesias que hay en el mundo; estoy seguro de que ese número sería asombroso. En cada congregación hay asignado un predicador. En los bancos de la mayoría de las iglesias hay numerosos ministros que han expresado el llamado de Dios en sus vidas. Me pregunto entre esta cantidad de siervos cuántos se han encontrado con espíritus malignos. Aún más, me pregunto cuántos los han resistido en el poderoso nombre de Jesucristo.

Sé bien que los pastores deben predicar un mensaje equilibrado y que hay diversos grados de madurez espiritual en cada congregación. Comprendo absolutamente que la liberación no es "el" ministerio, pero ciertamente ella es *parte* "del" ministerio.

Algunos se han referido a la sanidad, la liberación, y los dones del Espíritu como la "doctrina apostólica", queriendo decir que esos dones eran para los apóstoles, no para el creyente moderno. A eso simplemente diré que, entonces, el nacer de nuevo fue solamente para Nicodemo y el Sermón del Monte sólo para los que estaban presentes. El argumento de que la sanidad, la liberación y los dones del Espíritu son "doctrina apostólica" es débil y sólo refleja la incredulidad de quien hace esta afirmación.

Aseguraría a cada pastor que en su congregación alguien necesita liberación. Mi cálculo es que en cada congregación hay alguien que tiene necesidad de "sanidad de la opresión". El pasaje anterior es una maravillosa descripción de lo que Jesús vino a hacer. Él vino a traer liberación de los poderes opresores de Satanás. Eso incluye más que el perdón de pecados. Aunque los pastores han ignorado la mayor parte de este mensaje, no obstante es verdadero. La iglesia actual está débil, anémica, enferma y en esclavitud. Somos como el inconverso en cuanto a la enfermedad, el divorcio, y otras áreas de esclavitud. Creo que la razón de esto es muy sencilla: el mensaje de libertad de los poderes demoníacos no está siendo predicado.

Pastor, ¿qué hará cuando sus miembros comiencen a venir a usted para pedir ayuda en esta área? Si no ha sucedido ya, sucederá. El número aumentará, y le aseguro que no podrá escapar. Seguro, usted puede enviarlos a un consejero. Puede recomendar a un psicólogo cristiano. Pero Jesús no dijo: "Libérenlos con consejería" o "Libérenlos con medicamentos". Tampoco puede liberarlos con ser más religiosos. No puede liberarlos por sólo desearlo o por poner voluntad. Jesús dijo que los eche fuera, ¡y ése es el rol de la iglesia!

La batalla arrecia. Usted no puede guiar a su iglesia adonde usted no ha estado. Debe sacar a su gente de la esclavitud espiritual y enseñarles a caminar en libertad y valentía. Por esa razón he escrito este libro. Desearía que mi pastor me hubiera enseñado. Podría haberme evitado mucho dolor. Podría haber ayudado a mi madre que era atormentada por demonios. Podría haber ayudado a mi hermano que estaba en manos de la enfermedad y la esclavitud extenuante del enemigo. Podría haber hecho la diferencia en muchas vidas…pero nadie me dijo. Nadie me enseñó. Si Jesús vino a "sanar a los oprimidos por el diablo", ¿no deberíamos dejar que ese Jesús viva en nosotros? ¿No deberíamos estar avanzando contra el reino de las tinieblas con la autoridad que Jesús nos ha dado? ¿No hemos estado callados demasiado tiempo?

Desde el púlpito, un pastor dijo recientemente: "Mi hijo estaba despertando todas las noches aterrorizado: gritaba de miedo. Mi esposa y yo íbamos a su habitación para tratar de calmarlo y hablar con él para que volviera a dormir. A veces caminaba dormido en esos momentos de miedo. Una noche yo estaba abajo estudiando cuando escuché su grito. Mientras subía las escaleras me pareció oír al Espíritu Santo decirme: "¿Cuánto tiempo vas a soportar esto? Sabes lo que es. Resuélvelo." El pastor dice que subió saltando las escaleras y levantó a su hijo que gritaba. Lo acurrucó en sus brazos y se dirigió a los demonios: "Este es mi hijo. ¡Les ordeno en el poderoso nombre de Jesucristo que lo dejen en paz! Váyanse y nunca vuelvan, en el nombre de Jesucristo". Continuó diciendo con una sonrisa: "Desde esa noche no ha sido más que dormir. Un sueño apacible".

¿Por qué no enseñamos a las personas qué clase de autoridad tenemos en Cristo? Pastor, le urjo a que se meta primero en la corriente; haga algo más que mojarse los pies. Salte de cabeza. ¡Zambúllase en el río! Experimente de primera mano quién es Jesús y quién es usted en Cristo. No puede enseñarlo hasta que lo experimente. La guerra espiritual es más que saber sobre Efesios 6 y 2 Corintios 10:4–5.

El poder notarial es legal, es autoridad reconocida que uno ha recibido de otro. Previamente a la muerte de mi padre, él me dio poder legal, autoridad reconocida por la corte para actuar a su favor. Su autoridad se convirtió en mi autoridad. Podía firmar por él, tomar decisiones en su nombre, ¡y se cumplían! Jesús no ha dado un poder notarial.

Hasta ahora nada habéis pedido en mi nombre; pedid, y recibiréis, para que vuestro gozo sea cumplido.

—Juan 16:24

Envió a los setenta con poder notarial. Dijo a la iglesia reunida después de su resurrección: "Como me envió el Padre, así también yo os envío" (Juan 20:21). ¿Cómo lo envió el Padre? Con todo poder tanto en el cielo como en la tierra. Todo poder le fue dado por el Padre. ¡Él nos lo dio a nosotros también respecto al mundo espiritual en esta tierra! Poder para hablar con autoridad a los poderes demoníacos y hacerlos retroceder. Poder para vida o muerte en nuestras palabras. Autoridad sobre todo poder del enemigo. Le urjo a que salte a esta corriente de unción. Puede costarle algo, pero vale la pena, ¡cualquiera sea el costo!

El pueblo de Dios está enfermo. Están en esclavitud espiritual. Creo que Dios está buscando liberadores, ¡hombres que se levanten sin avergonzarse en el poder y la autoridad del Señor Jesús, y hablen para liberar a su pueblo!

CAPÍTULO 16

¿QUIÉN ES SATANÁS DESPUÉS DE TODO?

Sed sobrios, y velad; porque vuestro adversario el diablo, como
león rugiente, anda alrededor buscando a quien devorar; al cual
resistid firmes en la fe, sabiendo que los mismos padecimientos
se van cumpliendo en vuestros hermanos en todo el mundo.
—1 Pedro 5:8–9

¿ALGUNA VEZ REALMENTE ha considerado quién es Satanás? Probablemente él no es quien usted piensa que es. Tiene muchos nombres y títulos dados a lo largo de las Escrituras. No voy a presentarle todos aquí. Sólo deseo que sepa que él es un mentiroso y un engañador, y probablemente lo ha engañado acerca de quién es él. Ha tenido malos días en la historia, y le esperan malos días también.

Es absolutamente necesario que sepamos quiénes somos en Cristo si vamos a tener éxito en la guerra espiritual.

El pasaje anterior revela algo de información. Tenemos que estar en guardia en todo tiempo. Debemos permanecer alertas y conscientes ¡porque el reino de las tinieblas está buscando a quien devorar! Los demonios buscan a quién pueden devorar. Puesto que yo estoy en Cristo y me ha sido dada autoridad en el nombre de Jesucristo, no le daré permiso para devorarme. ¿Quién es él, después de todo, para buscar devorar a los hijos de Dios?

Mientras descubrimos quién es Satanás, primero veamos lo que no es. Satanás no es lo opuesto de Dios. Tenemos un adversario real, un enemigo muy real, en el diablo. Él es un mentiroso y un perdedor, y el poder que tiene sobre los creyentes es sólo en mentiras, amenazas y engaños. Voy a compartir con usted algo de ese mensaje como aliento.

Si usted pregunta al hombre promedio de la calle quién es Satanás, probablemente oirá que es lo opuesto de Dios. Él es malo, Dios es bueno, y en los cielos hay un conflicto que involucra a la humanidad. Somos influenciados por uno o por otro. Éste es un gran error. Ni siquiera está cerca de la verdad de las Escrituras.

Satanás no es lo opuesto de Dios; ni siquiera se acerca. Él no es omnipotente, omnisciente, inmutable u omnipresente. DIOS SÍ. Dios no tiene equivalente. Lucifer es lo opuesto de Miguel, no de Dios. Dios sólo está a la altura de sí mismo. Satanás es un ser creado, un ángel caído, y es muy limitado en poder. Fue creado como un arcángel y era una creación magnífica llamado Lucifer, y posiblemente uno de tres arcángeles incluyendo a Gabriel y a Miguel. Que era una creación increíble, es indudable.

¿Cuál es el origen de Satanás? Fue Dios el que era en el principio, no Satanás. Dios hizo todas las cosas. Satanás no creó nada, ¡excepto la rebelión! ¿No es más grande siempre el creador que la creación? Lea el relato sobre Lucifer en el siguiente pasaje.

Hijo de hombre, levanta endechas sobre el rey de Tiro, y dile: Así ha dicho Jehová el Señor: Tú eres e sello de la perfección, lleno de sabiduría, y acabado de hermosura. En Edén en el huerto de Dios estuviste; de toda piedra preciosa era tu vestidura; de cornerina, topacio, jaspe, crisólito, berilo y ónice; de zafiro, carbunclo, esmeralda y oro; los primores de tus tamboriles y flautas estuvieron preparados para ti en el día de tu creación. Tú, querubín grande, protector, yo te puse en el santo monte de Dios, allí estuviste; en medio de las piedras de fuego te paseabas. Perfecto eras en todos tus caminos desde el día que fuiste creado, hasta que se halló en ti maldad. A causa de la multitud de tus contrataciones fuiste lleno de iniquidad, y pecaste; por lo que yo te eché del monte de Dios, y te arrojé de entre las piedras del fuego, oh querubín protector. Se enalteció tu corazón a causa de tu hermosura, corrompiste tu sabiduría a causa de tu esplendor; yo te arrojaré por tierra; delante de los reyes te pondré para que miren en ti. Con la multitud de tus maldades y con la iniquidad de tus contrataciones profanaste tu santuario; yo, pues, saqué fuego de en medio de ti, el cual te consumió, y te puse en ceniza sobre la tierra a los ojos de todos los que te miran. Todos los que te conocieron de entre los pueblos se maravillarán sobre ti; espanto serás, y para siempre dejarás de ser.

—EZEQUIEL 28:12–19

Ezequiel habla en este pasaje del rey de Tiro. Sin embargo, el pasaje tiene un doble significado. Describe al rey de Tiro literal, pero también a Satanás. Dios, el Creador, hizo (literalmente "estableció") que Satanás fuera lleno de sabiduría y perfecto en belleza. Él era completo. Dios también lo colocó en el Jardín del Edén. Recuerde, él fue arrojado del cielo, se rebeló contra Dios, y peleó para ser como Dios, para dominar, y perdió su primer estado. Fue arrojado a la tierra y ya estaba presente cuando el hombre fue creado. Dios lo cubrió con toda piedra preciosa. Realmente esta lista es la misma que la de las piedras del atavío del sumo sacerdote con la excepción de tres piedras. El oro es específicamente representativo del atavío real. El trono de misericordia en el templo estaba hecho de oro puro. La idea de "primores" indica que Dios hizo a Satanás para un servicio específico. Satanás tenía tamboriles (panderetas) y tubos (flauta, cuerno u órgano) incorporados a su cuerpo. El concepto de "preparado" indica que estos fueron diseñados por Dios con un propósito específico. Satanás tenía que usarlos para dirigir a los ejércitos celestiales en adoración a Dios. Dios diseñó la música para la adoración. Satanás era el director de alabanza del cielo. Supongo que con el despido de Satanás hay una vacante en el cielo para un director de alabanza. ¿Qué le parece ese trabajo? Deberíamos practicarlo mientras estamos aquí. Adórelo a Él desde dónde usted esté.

Satanás era el 'querubín ungido a que cubría'. El concepto de "ungido" significa apartado para un servicio a Dios (vea Éxodo 30:26). El concepto de "cubría" puede compararse con Isaías 6:1–3 y Éxodo 25:20. Dios dijo: "Yo te puse". Por favor observe quién está al mando. Dios dijo que Satanás estuviera en el monte santo de Dios. Este lugar era apartado o exaltado para Dios. Satanás estaba en la presencia de Dios caminando entre las piedras de fuego. ¡Qué vista impresionante debe haber sido!

"…pecaste; por lo que yo te eché del monte de Dios", dice Dios (Ezequiel 28:16). Satanás era perfecto en sus caminos, pensamientos, y acciones desde que Dios lo creó. Luego se halló iniquidad en él. La palabra *iniquidad* significa "perversidad" o "maldad". Veremos que la iniquidad es diferente del pecado. Veremos también que la iniquidad es un espíritu maligno. Es el espíritu de iniquidad el que conduce al pecado. Ése es el mismo espíritu que pasa a otros con el permiso de una maldición generacional. Jehová Dios dice claramente que Satanás ha pecado porque se halló iniquidad en él. ¡Dios siempre tiene el control! "…pecaste; por lo que yo te eché del monte de Dios", dijo Dios. "Y te arrojé." ¿Por qué? Satanás comenzó a mirar su belleza y a concentrar la atención en sí mismo. Antes, había visto desde la perspectiva de Dios (verdadera sabiduría), pero ahora esa sabiduría se oscureció cuando él se miró a sí mismo. Nuevamente, Dios declara su soberanía. "Yo te arrojaré por tierra; delante de los reyes te pondré para que miren en ti" (v. 17). Debido al orgullo de Satanás, Dios dice que traerá un juicio sobre él. Debido a la iniquidad de Satanás (perversidad y maldad) y haber diseminado esa iniquidad, Dios lo juzgará con fuego. El reino de Satanás está compuesto por ángeles caídos: ¡espíritus de iniquidad! Es importante observar esto para tratar con los espíritus generacionales (Éxodo 20:5).

Las personas que han dado sus vidas a Satanás, incluso algunos que lo han adorado y que una vez admiraron la belleza, poder y obra de Satanás un día estarán atónitos ante él. Las personas que también le temían y los cristianos que rehusaron luchar contra él verán el horror de su vergüenza y humillación. Verán que él nunca será lo que una vez fue.

¡Cómo caíste del cielo, oh Lucero, hijo de la mañana! Cortado fuiste por tierra, tú que debilitabas a las naciones. Tú que decías en tu corazón: Subiré al cielo; en lo alto, junto a las estrellas de Dios, levantaré mi trono y en el monte del testimonio me sentaré, a los lados del norte: sobre las alturas de las nubes subiré, y seré semejante al Altísimo.

—Isaías 14:12–14

Lucifer es el nombre original dado al diablo. El nombre Lucifer significa "el que brilla". Esto es interesante porque podemos ver que Dios creó a Lucifer (Satanás) para reflejar la gloria de Dios. Sin embargo, ahora él solo "aparece" como un ángel de luz pero en realidad es el ángel de las tinieblas.

LOS CINCO NECIOS ALARDES DE SATANÁS
Satanás en su orgullo y rebelión hizo cinco necias fanfarronadas. La mayoría de los predicadores han hablado de este pasaje y a estos cinco alardes los llaman "Los cinco 'Yo haré' de Satanás".

1. *"Subiré al cielo."* Tal vez ésta sea la primera semilla de iniquidad. Él decide que será como Dios y supone que tomará la morada de Dios (Isaías 14:13).

2. *"Junto a las estrellas de Dios, levantaré mi trono."* Probablemente esto fue cuando intentó tomar el control de todos los ángeles (Isaías 14:13).

3. *"En el monte del testimonio me sentaré."* ¿Podría ser una referencia al templo de Dios? (Vea Daniel 11:37; 2 Tesalonicenses 2:4).

4. *"Sobre las alturas de las nubes subiré."* Esto probablemente es una referencia a la nube que era una cobertura de Dios (Éxodo 13:21).

4. *"Seré semejante al Altísimo."* Este es un alarde demasiado exagerado para un ser creado; suponía que iba a tomar el lugar de Dios.

Es interesante que en Ezequiel 28, Dios diga lo que Él hará[b] como resultado de la rebelión de Satanás. La Palabra dice:

Yo te ECHÉ del monte de Dios...

—EZEQUIEL 28:16

Te ARROJÉ de entre las piedras del fuego, oh querubín protector...

—EZEQUIEL 28:16

Yo te ARROJARÉ por tierra...

—EZEQUIEL 28:17

Delante de los reyes te PONDRÉ para que miren en ti...

—EZEQUIEL 28:17

Y te PUSE en ceniza sobre la tierra a los ojos de todos los que te miran...y para siempre dejarás de ser.

—EZEQUIEL 28:18–19

La sencilla respuesta de Dios a este necio alarde y rebelión está registrada en Isaías 14:15–17:

Mas tú derribado eres hasta el Seol, a los lados del abismo. Se inclinarán hacia ti los que te vean, te contemplarán, diciendo: ¿Es éste aquel varón que hacía temblar la tierra, que trastornaba los reinos; que puso el mundo como un desierto, que asoló sus ciudades, que a sus presos nunca abrió la cárcel?

Cuando sea revelado el juicio de Satanás, las personas se maravillarán no ante su poder sino ante el engaño de aparentar que tenía poder. ¡Era perfecto hasta que se halló iniquidad en él! Era una magnífica creación de Dios, pero eso es todo lo que él es: un ser creado. ¡Él es un ángel! ¡Sólo un ángel caído! Puesto que no es omnipresente, no puede estar donde estoy yo y donde está usted al mismo tiempo. No es un espíritu que cubre la tierra. Es un grave error creer lo contrario. Dios puede estar y está presente en todo lugar y en todo momento.

¿Usted cree que Satanás ha estado alguna vez en su casa? Lo dudo seriamente. Es importante que lea con mucho cuidado lo que voy a decir. Puesto que Satanás sólo puede estar en un lugar a la vez, dudo que haya estado personalmente en mi casa o en la suya. Aunque sé que mi nombre es conocido en el reino de las tinieblas, dudo que Satanás sepa mi nombre. Él no puede estar en más de un lugar a la vez. Yo calculo que la mayor parte de su tiempo lo pasa en Washington, D.C. y otras influyentes capitales del mundo. ¡Él *no* es omnipresente! Pero sus poderes demoníacos deambulan como un león rugiente. Cuando Satanás vino delante de Dios respecto de la vida de Job, él confesó que venía "de rodear la tierra y de andar por ella" (Job 1:7).

Él no es omnipotente o todopoderoso. En realidad, es muy limitado en poder y siempre está sujeto a Jehová Dios. Tuvo que pedirle permiso a Dios para tocar a Job porque había un cerco de protección que él no podía penetrar. No sólo tuvo que pedir permiso sino que Dios además estableció los límites en cuanto a lo que Satanás podía o no hacer. ¡Es importante saber que no es el opuesto igual a Dios! Ni siquiera está cerca de serlo.

Satanás *no* es omnisciente, o que todo lo sabe. Su conocimiento es limitado y no puede saber lo que Dios no le haya revelado. Sólo puede saber lo que está revelado en la Escritura o lo que Jehová Dios le permite saber. Seguramente los poderes demoníacos conocen nuestras tendencias y nuestros fracasos pasados, pero sólo pueden conocer nuestros pensamientos si tienen acceso a nuestra mente morando en nuestra alma. Realmente dudo que aún así puedan "leer nuestra mente". ¿Saben lo que usted va a hacer o está por hacer? Piense en los momentos en que usted iba a empezar a orar o a leer su Biblia y sucedió una actividad que lo distrajo.

Satanás *no* es inmutable; en cambio es lo opuesto. Él siempre está cambiando, mintiendo y engañando. Lo que se deduce lógica y espiritualmente de esto es que no tratamos con Satanás mismo; es con sus demonios. Obviamente existe una jerarquía demoníaca, y tratamos con algunos de los soldados de más bajo rango. Puede imaginarse una línea de informe que va a través de muchos poderes demoníacos antes de llegar a Satanás mismo. Los demonios con los que tratamos se reportan con los espíritus regionales o territoriales: espíritus que están sobre comunidades, ciudades, condados, estados, regiones, países, naciones, hemisferios y el sistema mundial. Probablemente son más complejos de lo que podemos comprender.

Sin duda está establecido un sistema de rango y poder. Los poderes con los que tratamos son comisionados por los espíritus malignos de mayor rango. Pero que sea suficiente decir que Satanás no es quién la mayoría de la gente piensa que es. Él es un enemigo derrotado, ahora mismo, en este momento. Él está derrotado. Es importante que recordemos que Satanás sólo tiene sobre nosotros el poder que nosotros le damos, que le concedemos. Fue desarmado en el Calvario, humillado públicamente.

> Y despojando a los principados y a las potestades, los exhibió, públicamente, triunfando sobre ellos en la cruz.
>
> —Colosenses 2:15

"Los exhibió públicamente." Esto es lo que hacían los romanos cuando regresaban victoriosos de una batalla. Exhibían al enemigo en situación de humillación. Se gloriaban en su victoria mostrando al enemigo absolutamente derrotado. Muchas veces los carros victoriosos regresaban con los líderes del ejército adversario atados a las ruedas cuando entraban a la ciudad. Exhibían al enemigo derrotado. Se gloriaban en su triunfo. ¡Así hizo Jesús con la sangre derramada y la gloriosa resurrección! Jesús, al derrotar a Satanás lo hizo como Barney Fife, el diputado batallador de *The Andy Griffith Show*. Se jactaba mucho de su poder, pero no tenía balas para su arma. Él es una amenaza y nada más. El temor, las mentiras, y el engaño se transformaron en su poder respecto a los creyentes. El poder que él tiene sobre los creyentes son las mentiras que le creemos y la ignorancia bíblica que toleramos.

SIETE DÍAS MALOS PARA EL DIABLO

Satanás ha tenido días malos en la historia, como dije al principio de este capítulo, y vendrán más. Repasemos siete de esos días malos. El primer día malo de Satanás se registra en Isaías 14:12–17. Fue arrojado del cielo a esta tierra. En toda la magnificencia de Lucifer, el orgullo tomó lugar en su vida. Parece claro que él era el líder de la alabanza y la adoración en el cielo. Un tercio de los ángeles constituían su coro celestial. Él se engañó a sí mismo. Olvidó que era el creado y no el Creador. Realmente tomó la decisión de ser como Dios, pero ¿tiene poder la arcilla sobre el alfarero? Su autoengaño es ridículo.

Los cinco necios alardes de Satanás a los que nos referimos anteriormente indican que a Satanás se le había dado una voluntad y tomó una decisión muy necia. Esto me hace creer que su propio engaño y orgullo lo cegaron. ¡A pesar de todo, fue echado del cielo! ¡Hablar de un mal día! Expulsado del cielo a esta tierra. Esto fue más que un "día de perros". ¡Esto sí que fue un mal día! En la historia no hay evidencia real de cuándo tuvo lugar este hecho. Probablemente, la llegada de Satanás al planeta tierra fue la causa de la oscuridad. Es claro que ya estaba aquí cuando el hombre fue creado.

Comprenda que aunque Satanás es sumamente engañoso y astuto, carece de verdadera sabiduría y entendimiento. En su necio alarde, en realidad dijo que sería como Dios. Ésa es parte de la mentira de hoy en día: buscar la adoración de los hombres y evitar que adoren a Dios. ¡Todavía quiere reinar! Un día cuando lo veamos realmente como es, proclamaremos: "¿Es éste aquel varón? ¿Éste es a quién temíamos? ¿Es éste quién causó todo este estrago? ¿Es éste el destructor?" (vea Isaías 14:16–17).

Observe también en la última frase del versículo 17 ¡que él no abre la cárcel a sus prisioneros! Si él, por medio de su reino demoníaco esclaviza a una persona, no hay libertad condicional, ni misericordia, y no abre la cárcel de sus prisioneros. Existe otra razón por la que Jesús vino y quitó las llaves a Satanás. Jesús tomó las llaves de la muerte y el infierno, pero también tomó las llaves de la prisión (esclavitud al reino de las tinieblas) y se las dio a la iglesia. Cualquier creyente que permanece en esclavitud lo hace por ignorancia o por una elección de seguir en la esclavitud.

Pero regresemos a la expulsión de Satanás de los cielos. Hablando de descenso, fue reducido al dios de este mundo. Su dominio fue sumamente disminuido, y se convirtió en el príncipe de la potestad del aire, el gobernador de las tinieblas. Su poder disminuyó grandemente cuando Dios lo expulsó de su presencia.

Mire esto y regocíjese. Jesús estaba presente cuando Satanás fue expulsado a esta tierra. Él dijo a los setenta, que representan a la iglesia, en Lucas 10:18: "Yo veía a Satanás caer del cielo como un rayo".

¿Se da cuenta de lo que Jesús está diciendo? "Yo sé quién es él; conozco su poder. Lo vi caer. Estaba allí cuando fue arrojado a tierra y se redujo su poder grandemente. ¡Sé todo de él y su caída!" Probablemente fue Jesús quien expulsó a Satanás del cielo a esta tierra. Ahora comprenda el impacto de sus siguientes palabras en Lucas 10:19: "He aquí os doy potestad de hollar serpientes y escorpiones, y sobre toda fuerza del enemigo, y nada os dañará".

Muy impresionante, ¿no? "Yo sé quién es él", dijo Jesús, "y les doy a ustedes autoridad sobre él." Este es un versículo de la Escritura absoluta e increíblemente pasado por alto; pero después veremos más de esto.

El segundo día malo de Satanás fue cuando comenzó a inmiscuirse en la creación de Dios. Al parecer, realmente le molestó que nosotros, y no él, fuéramos creados a la misma imagen de Dios. Me gusta que le moleste. Ya estaba buscando a quién podía devorar. Estaba tramando destruir los planes y los propósitos de Dios. Se lo llama "el destructor". ¿Comprende? Él ya estaba en la tierra cuando el hombre fue creado. Usó sus poderes engañadores y mintió a Eva con la misma mentira que está esparciendo hoy en día. Ustedes serán como Dios. Las semillas de la Nueva Era y el humanismo fueron plantadas en el jardín del Edén. El mensaje no es nuevo en absoluto. Es la más antigua de todas las mentiras.

Y Jehová Dios dijo a la serpiente: Por cuanto esto hiciste, maldita serás entre todas las bestias y entre todos los animales del campo; sobre tu pecho andarás, y polvo comerás todos los días de tu vida. Y pondré enemistad entre ti y la mujer, y entre tu simiente y la simiente suya; ésta te herirá en la cabeza, y tú le herirás en el calcañar.

—Génesis 3:14–15

Después de la caída del hombre, Dios se manifestó en el jardín y maldijo a la serpiente. Dio la promesa de un Salvador que le aplastaría la cabeza. ¡Génesis 3:15 nos habla del segundo mal día del diablo! El día malo fue una promesa para la humanidad de que un día un Salvador aplastaría a Satanás bajo sus pies, una promesa de que una mujer daría a luz al Hijo de Dios, Dios hecho carne. Estoy seguro de que Satanás sabía lo que iba a ocurrir, pero no sabía cuándo. No sabía cuán pronto, y no sabía cómo evitarlo. Este día malo duró cuatro mil años, preguntándose y esperando. Él probablemente no sabía hasta que fueron reveladas por los profetas las profecías sobre la venida del Mesías.

Tuvo cuatro mil años para esperar este día, el día en que mordería el calcañar del Salvador ¡pero éste le aplastaría la cabeza bajo sus pies! Él sabía que sucedería y no podía evitarlo. Oh, ese fue un día malo cuando engañó al hombre y recibió la promesa de que nacería un Salvador que le aplastaría la cabeza.

Estoy seguro de que cada vez que uno de los profetas de Dios hablaba de la venida del Mesías, Satanás se estremecía. Creo que ahora también, sabiendo que su fin se acerca más con cada día que pasa. Porque cuando Jesús vuelva a buscar a su novia, los días de Satanás están literalmente contados. Tendrá 1,007 años antes de ser arrojado al lago de fuego. ¡Se desespera un poco más con cada día que nos acerca al Rapto!

El tercer día malo para Satanás no fue el nacimiento sino el bautismo de Jesús. Muchos sucesos inusuales rodearon el nacimiento del Señor Jesús: un aumento en la actividad celestial con la visitación de ángeles santos, una atmósfera similar que probablemente experimentaremos antes de su segunda venida. Cuando Jesús nació, Satanás usó a Herodes para tratar de matar al Mesías tan esperado, pero no fue posible. ¡Y puedo decirle confiadamente que él no puede evitar lo que Dios está gestando en su vida! Si usted está ungido por la mano de Dios, lo que Dios le ha prometido sucederá. Satanás puede dificultar pero nunca frustrar los planes y propósitos de Dios.

El tercer día malo, cuando Jesús fue bautizado, fue el principio del fin para Satanás, y él lo sabía.

Y Jesús, después que fue bautizado, subió del agua; y he aquí los cielos le fueron abiertos, y vio al Espíritu de Dios que descendía como paloma, y venía sobre él. Y hubo una voz de los cielos, que decía: Este es mi Hijo amado, en quien tengo complacencia. Entonces Jesús fue llevado por el Espíritu al desierto, para ser tentado por el diablo. Y después de haber ayunado cuarenta días y cuarenta noches, tuvo hambre. Y vino el tentador…

—Mateo 3:16–4:1–3

Entiendo que ocurrió esto: el Espíritu Santo vino sobre Jesús con poder y lo dirigió al desierto para una confrontación cara a cara con Satanás. Era como si Satanás le presentara un desafío: "Bueno, que tú y yo empecemos de una vez. He esperado este día por cuatro mil años. Tengo mis mejores armas espirituales listas para ti". Imagino a Jesús respondiendo con algo como: "Sí, bien, primero déjame ayunar durante cuarenta días y cuarenta noches para debilitarme tanto como sea posible humanamente, para que sea un poco más evidente, ¡porque voy a darte una paliza de un lado y de otro! Ni siquiera será muy reñido. No iremos a tiempo suplementario. No habrá turnos adicionales. ¡Voy a derrotarte como el perro que eres!".

Jesús peleó con Satanás en terreno neutral en Mateo 4:1–10. Mire el resultado de esa escaramuza; eso es todo lo que fue para Jesús, una escaramuza. "Vete de aquí, Satanás", dijo Jesús. Después de que Satanás disparó sus mejores tiros tratando de derrotar a Jesús para que pecara, Jesús le habló como al perro que es: "¡Vete de mí!". Lo derrotó con la Palabra de Dios, y camino al mayor suceso del Calvario Él lo pisó fuerte una y otra vez, sanando a los enfermos, echando fuera demonios, resucitando muertos, dando a los creyentes autoridad sobre todos los poderes demoníacos (incluido Satanás mismo), predicando el evangelio a los pobres, y mucho más. Esto fue camino al evento principal. ¡El tercer día malo para el diablo! Creo que Satanás se fue de esa confrontación con las orejas para atrás, la cola entre las piernas, y arrastrando el trasero por el piso, Jesús le habló como si fuera un perro. ¡Vete de aquí!

Jesús derrotó a Satanás con la Palabra. Usted también puede saber que cuando Satanás le dispara sus mejores balazos y usted permanece firme en la Palabra, la victoria está asegurada. Cuando resistimos, los demonios se retiran. No sólo eso, sino que después de esa escaramuza, los ángeles de Dios vinieron y sirvieron a Jesús. Ellos también vendrán a usted. Manténgase firme en la Palabra. La Palabra lo derrota, la Palabra es verdad y los demonios son mentirosos.

Cada día, mientras se acercaba el tiempo de ir a la cruz, Jesús estuvo virtualmente derrotando a Satanás y al reino de las tinieblas día a día. ¡Tres veces abofeteó la muerte y declaró vida a los cadáveres! Resucitó a los muertos y proclamó que Él resucitaría de entre los muertos. Todo el camino hacia la cruz Jesús demostró que sólo Él es Señor. Venció a la enfermedad, a los demonios y a la muerte, y demostró su autoridad que pronto sería dada a los creyentes.

Reveló su autoridad sobre el viento y las olas, caminó sobre el agua y calmó los mares, maldijo un árbol y éste murió, y habló a Lázaro y él vivió. Él dijo:

> Tened fe en Dios. Porque de cierto os digo que cualquiera que dijere a este monte: Quítate y échate en el mar, y no dudare en su corazón, sino creyere que será hecho lo que dice, lo que diga le será hecho.
>
> —MARCOS 11:22–23

Qué palabras asombrosas pronunció. Tened fe en Dios. Si puede creer, usted puede recibir. Por favor, observe que el "cualquiera" en el versículo anterior es el mismo "cualquiera" (todo aquel) que llama a los hombres hacia Cristo. Eso incluye a cualquier creyente, no creyentes "especiales". Él golpeó a Satanás durante todo el camino hacia la cruz.

Cuando los setenta regresaron de la ungida misión que les asignó (Lucas 10:1–7), estaban maravillados. Ahora bien, usted debe saber que estos nos eran los doce discípulos ni tampoco sus familiares. Ciertamente no eran apóstoles. Obviamente representan a la iglesia de hoy en día. Eran "cualquiera", y Él les dio autoridad. Mire los vv. 17–22:

> Volvieron los setenta con gozo, diciendo: Señor, aun los demonios se nos sujetan en tu nombre. Y les dijo: Yo veía a Satanás caer del cielo como un rayo. He aquí os doy potestad de hollar serpientes y escorpiones, y sobre toda fuerza del enemigo, y nada os dañará. Pero no os regocijéis de que los espíritus se os sujetan, sino regocijaos de que vuestros nombres están escritos en los cielos. En aquella misma hora Jesús se regocijó en el Espíritu, y dijo: Yo te alabo, oh Padre, Señor del cielo y de la tierra, porque escondiste estas cosas de los sabios y los entendidos, y las has revelado a los niños. Sí, Padre, porque así te agradó. Todas las cosas me fueron

entregadas por mi Padre; y nadie conoce quién es el Hijo sino el Padre; y aquel a quién el Hijo lo quiera revelar.

No se pierda esto; no trate de mantenerse en las restricciones de la doctrina de una iglesia. Reciba esta maravillosa verdad y participe en liberar al pueblo de Dios de la esclavitud.

¿Alguna vez ha considerado la descripción del trabajo de Jesús? ¿Ha pensado mucho en lo que Él dijo que vino a hacer? Su unción fue declarada por Isaías y recibida y confirmada cuando Jesús se puso de pie en la pequeña sinagoga donde acostumbraba adorar allí en Nazaret. En realidad, este evento de la Escritura sigue a su bautismo en agua y al bautismo del Espíritu Santo con poder. Después de derrotar de manera aplastante a Satanás en el desierto, Él regresó a Nazaret, la ciudad donde creció.

Jesús describió su trabajo. Quizás durante veinticinco años, Jesús había asistido a la sinagoga, escuchando a muchos maestros. Escuchó y aprendió en silencio, adorando y aprendiendo de los rabinos. Este día iba a ser diferente. Hoy Jesús hablaría. Treinta años después de haber nacido proféticamente de una virgen, el Señor hablaría. Imagino al dulce y manso Señor Jesús levantarse de su asiento y tomar los rollos de Isaías. ¡Qué unción y poder debe de haber salido de sus labios mientras citaba la profecía de Isaías y anunciaba la descripción de su obra!

El Espíritu del Señor está sobre mí, por cuanto me ha ungido para dar buenas nuevas a los pobres; me ha enviado a sanar a los quebrantados de corazón; a pregonar libertad a los cautivos, y vista a los ciegos; a poner en libertad a los oprimidos; a predicar al año agradable del Señor.

—Lucas 4:18–19

¡Asombroso! La Biblia declara que Él cerró el cerró el libro y se sentó. ¿Qué se nos pasó aquí? No oigo que esto se proclame como la obra de la IGLESIA, aunque Jesús dijo en Juan 20:21: "Como me envió el Padre, así también yo os envío". ¿Por qué no es la descripción del trabajo de cada pastor?

Nuestro pueblo no sólo necesita el evangelio de la salvación, sino que también hay corazones quebrantados que necesitan ser restaurados. Jesús vino para vendar y sanar a los quebrantados de corazón. Las personas están enfermas y ciegas, y Él vino a restaurar lo que el enemigo había tomado. La gente está herida por la vida, algunos tienen cicatrices desde la niñez. "Él herido fue por nuestras rebeliones". Es por eso que Él puede sanar nuestras heridas que vienen a través de la iniquidad. Él vino para romper las ligaduras de la esclavitud. La salvación es eterna, pero no brinda sanidad ni rompe las ataduras de Satanás. Sinceramente nunca había entendido esto. ¡La salvación era el único mensaje que yo conocía!

Descubrí que había estado viviendo en una sola habitación de una casa realmente grande. Acampé en la sala de la salvación. Invité muchas personas a esa sala, y a lo largo de los años se han unido más de cien mil personas. ¡Realmente doy gloria a Dios por eso! Un día el Espíritu Santo me invitó a otras partes de la casa. Apenas pude asimilar todo lo que vi cuando me llevó a otras habitaciones. Una sala próxima a la de la salvación era la de sanidad. Él me ungió para entrar a esa sala.

Había creído que esa sala estaba cerrada, que ya no seguía estando abierta. Vi en el corredor que conducía a esa sala otras muchas, todas con nombres de dones espirituales. Pero siempre había oído que quedaron cerradas después de que la Biblia fue dada al hombre. Me dijeron que ni siquiera las mirara. ¿Por qué hicieron eso? Lo que los hombres me habían dicho estaba fuera de aquello a lo cual el Espíritu Santo ahora me invitaba. ¡Guau! Oía a algunos regocijándose y la alabanza surgía de otras salas y también de la sala de sanidad cuando el pueblo de Dios daba gloria a Dios por diversas sanidades.

Vi la sala donde los demonios eran echados fuera y quise entrar allí. Las personas tenían mucha paz y satisfacción cuando los ladrones y salteadores eran expulsados de sus vidas. Era una casa grande la que estaba descubriendo, y todavía no estuve en todas las habitaciones. Todo comienza con la sala de la salvación, pero conduce a otras áreas de la casa. Ésta es la manera en que me sentí cuando comencé a ver a la gente sanada y liberada. ¿Por qué había estado tanto tiempo en la sala de la salvación? Porque no sabía que las otras habitaciones estaban abiertas. ¡Había creído una mentira!

Uno de mis mentores en el ministerio de liberación fue el Rvdo. Frank Hammond, quien escribió, entre otros libros, *Cerdos en la sala*. Hay un relato en Mateo 15 acerca de una mujer cananea, una gentil, que vino a Jesús buscando ayuda para su hijita que "era gravemente atormentada por un demonio" (v. 22). Jesús le dijo que Él había venido para las ovejas perdidas de Israel. Ella era una gentil; por lo tanto, no cumplía los requisitos. Ella rogó y Jesús dijo: "No está bien tomar el pan de los hijos, y darlo a los perrillos" (v. 26). Ella no era una hija de Israel. Estaba fuera de los límites. Estaba tan desesperada que se postró a su pies y lo adoró: "Sí, Señor; pero aun los perrillos comen de las migajas que caen de la mesa de sus amos" (v. 27). ¡Ah! ¡Oh! Ahora ella había hecho una declaración de fe, y Jesús le dijo: "Oh mujer, grande es tu fe; hágase contigo como quieres" (v. 28). Su fe la hizo entrar. Ahora reunía los requisitos como uno de los hijos, y obtuvo lo que vino a buscar.

Lo que buscaba era sanidad y liberación. ¡Jesús lo llamó el pan de los hijos! Este fue otro ejemplo en que Jesús abofeteó a Satanás en su camino hacia la cruz: una gentil recibió salvación, sanidad y liberación.

El cuarto día malo fue en la cruz. Cada gota de sangre pagó algo. En la cruz no sólo finalizó la obra de salvación, sino que además Satanás fue derrotado. La sangre inocente y pura de Jesús corrió desde los azotes de su espalda en la sala del juicio. ¡En ese instante, estaba siendo pagada nuestra sanidad! La primera gota de sangre que salió de la herida tenía suficiente poder para sanar a toda la humanidad sufriente. La profecía se estaba cumpliendo. Aunque Satanás pensaba que tenía la victoria, su destino estaba siendo sellado para siempre.

> Mas él herido fue por nuestras rebeliones, molido por nuestros pecados; el castigo de nuestra paz fue sobre él, y por sus llagas fuimos nosotros curados. Todos nosotros nos descarriamos como ovejas, cada cual se apartó por su camino; mas Jehová cargó en él el pecado de todos nosotros.
>
> —ISAÍAS 53:5–6

1. Herido: ¡por nuestras rebeliones!
2. Molido: ¡por nuestros pecados!
3. Castigado: ¡por nuestra paz!
4. Llagas: ¡golpeado por nuestra sanidad!

Se pagó por cuatro cosas separadas en este versículo solo: el pecado, los espíritus malignos, la paz y la sanidad.

Satanás ni siquiera se dio cuenta de que ése era un día malo. Se engañó a sí mismo. ¡Pero la sangre derramada nunca perderá su poder! Nunca perderá su poder para cubrir el pecado, exponer la maldad y la oscuridad, traer paz, y proveer sanidad. Nunca perderá su poder.

¡El cuarto día malo continúa con la resurrección! Sin resurrección no hay victoria. "Y si Cristo no ha resucitado —dice Pablo—, seríamos los más desdichados de todos los mortales" (1 Corintios 15:17–19, NVI). Oh, ¡pero Él en verdad resucitó! Mateo 28:6 declara: "No está aquí, pues ha resucitado". En Apocalipsis 1:17–18, Jesús dice: "...yo soy...el que vivo, y estuve muerto; mas he aquí que vivo por los siglos de los siglos, amén. Y tengo las llaves de la muerte y el Hades". Cada gota de sangre que Él derramó en el Calvario aplastaba la cabeza de la serpiente. Cada gota de sangre pagó algo y nos dio autoridad sobre el diablo. ¡Un mal día para el diablo!

Cuando Jesús descendió al infierno, fue a la casa de Satanás y le volvió a dar una paliza. También puedo visualizar cómo fue esto. Tal vez los demonios estaban de fiesta, celebrando la muerte de Jesús. Tal vez había una mesa de cartas donde Satanás, Beelzebú, Abadón y Belial jugaban póker. Suena el timbre y Satanás dice: "Abadón, ve a atender la puerta". Puedo ver a ese demonio ir hacia la puerta un poco gallito. Observa por la mirilla e inmediatamente se desmaya. ¡Golpea el piso con un ruido sordo! Beelzebú se levanta de su silla y dice: "Yo iré". Va a la puerta, mira por la mirilla, se toca el corazón, y comienza a tropezar y tartamudear. No puede hablar. Satanás se levanta de un salto enfadado y abre la puerta. ¡Allí está Jesús de pie! "¡Oh, no, no, no!", grita Satanás.

Jesús dice: "¡Vine por las llaves! Dame las llaves". Lo golpea una vez más. Le quita las llaves a Satanás, y ahora Él tiene las llaves del infierno y de la muerte. Le quitó el aguijón, quitando eternamente el aguijón de la muerte para todo aquel que cree. Dio saltos en la tumba, quitándole su victoria, y Él vive eternamente y para siempre. ¡Ése fue un día malo para el diablo!

El quinto día malo ocurrió quince días después. Jesús caminaba en la tierra y se manifestó vivo durante cuarenta días. Se le dijo a la iglesia que fuera por todo el mundo y predicara el evangelio, echara fuera demonios en el nombre de Jesús y pusiera las manos sobre los enfermos y serían sanados. Pero no tenía que ir hasta...hasta que viniera el poder.

Esperaron diez días en oración. ¿Ha orado alguna vez y nada sucedió? ¡Siga orando hasta que llegue la respuesta! Ellos oraron un día, luego dos, luego tres, cuatro, cinco, seis, siete, ocho, nueve días y nada ocurrió. Nada. ¿Le parece que algunos hablarían de no continuar? ¿Cree que algunos sugirieron que ya habían orado y esperado bastante? Estoy seguro que sí.

Pero el décimo día, Hechos 2:2 dice: "Y de repente vino del cielo un estruendo…". ¡El poder llegó! Cuando llegó el poder, fueron fortalecidos para cumplir la comisión de su vida. Ahora, vayan, ahora prediquen, ahora testifiquen. Las multitudes comenzaron a aceptar a Cristo. El evangelio se difundía y era recibido en todo el mundo. Jesús ya había hablado: "Y yo, si fuere levantado de la tierra, a todos atraeré a mí mismo" (Juan 12:32). Puedo ver temblar a Satanás ante otro de sus errores y debe de haber dicho: "¡Oh caramba! ¡Oh, no! Tenía que lidiar con un Jesús. ¡Ahora tengo pequeños Jesús por todas partes!". Los cristianos estaban comenzando a comprender el principio de atar y desatar. Las palabras que Jesús habló se hacían vivas para ellos: "He aquí os doy potestad…sobre toda fuerza del enemigo" (Lucas 10:19). Es un mal día para el diablo cuando esa verdad se vuelve viva para los creyentes de hoy en día. Hábleles a esos demonios en el nombre de Jesús. Dígales a los demonios a quienes enfrenta: "Están derrotados. Yo tengo victoria en Cristo Jesús. Yo estoy en Él, y Él está en mí. Y mayor es el que está en mí que el que está en el mundo. Tú retrocede; tú eres el que se va a ir al infierno, no yo. Tú eres quien tiene un problema, no yo. Tengo vida eterna en mí. Tú tienes un mal futuro delante de ti, y tú y tus principados y potestades están bajo los pies de Jesús. ¡Tú retrocede! Vete en el nombre de Jesucristo. Te venzo por su sangre y el poder de su nombre. Te resisto, te reprendo, ¡y debes obedecer!". Se nos ha dado un poder delegado; úselo. Hágalo. Que él tenga un mal día.

El sexto día malo está en el horizonte. Apocalipsis 20:1–3 nos dice ¡que también tiene un par de malos días por venir! Algún día un ángel lo atará por mil años, y mientras Satanás esté atado, ¡gobernaremos y reinaremos con Jesús en esta tierra por mil años completos! Piense en esto: un ángel lo atará. "¿Es éste el varón…?" Mentiras, engaños, amenazas. A él le esperan algunos días malos. Recuérdeselo cada tanto.

El séptimo y último día malo se registra en Apocalipsis 20:7–10. El diablo, la bestia, y el falso profeta—la trinidad impía— erán echados al lago de fuego y azufre ¡y serán atormentados día y noche por los siglos de los siglos! Le espera un mal día. Cada vez que él le recuerde sus fracasos, su culpa, su pasado, ¡recuérdele su futuro! "¿Es éste el varón...?" Manténgase firme en la Palabra. Tenemos victoria, y él está derrotado. ¡Jesús nos ha dado poder sobre toda fuerza del enemigo! ¡Gloria a Dios! Durante el tiempo en que Satanás estará atado por mil años nosotros regiremos y reinaremos con Jesús en esta tierra. Es decir, nosotros los salvos. Si usted no es salvo, entonces también le espera un mal día. Su destino será el mismo que el de Satanás. Pero como él está derrotado, usted puede tener vida eterna por medio de Jesucristo. A los creyentes les esperan unos días magníficos. Vendrá un día en que Dios mismo enjugará toda lágrima, y no habrá más pena, angustia, ni dolor porque las primeras cosas pasaron.

Es de las primeras cosas de lo que trataremos ahora.

Notas a la traducción:

a. Reina Valera y similarmente las otras versionas en español— traducen Ez. 28:14: "Tú, querubín grande, protector...". La versión inglesa KJV, usada por el autor, expresa: "Thou *art* the anointed cherub that covereth", donde "anointed" corresponde a H4473 de Strong: mimshákj; de 4886, en sentido de *expansión*; *esparcido* (i.e. con alas extendidas): grande. (Fuentes: *King James Version of the Holy Bible*, incluida en e-Sword - La espada electrónica, © 2000–2009 Rick Meyers, versión 8.0.6., www.e-sword.net. Usada con permiso. Strong, James: *Nueva concordancia Strong exhaustiva*, Ed. Caribe, EE. UU., 2003, A.T., v. 'ungido'.)

b. En la Biblia KJV, los verbos de estos cinco versículos están expresados en tiempo futuro; en tanto que las versiones en español vierten algunos casos en tiempo pasado y otros en futuro.

CAPÍTULO 17

¿QUÉ ES EXACTAMENTE LA LIBERACIÓN ESCRITURAL?

L A LIBERACIÓN PROBABLEMENTE no sea lo que usted ha oído. No es como en las películas. No es como Hollywood; ¡es como la *Holy Word*! (la Santa Palabra) ¡Es para los creyentes! No es para tener miedo, y no es en absoluto amenazante para el individuo. Es simplemente sanidad interior que extirpa la causa del problema. ¿Recuerda lo que dice Hechos 10:38? "…cómo Dios ungió con el Espíritu Santo y con poder a Jesús de Nazaret, y cómo éste anduvo haciendo bienes y sanando a todos los oprimidos por el diablo". Eso es la liberación, ¡romper el poder opresor del enemigo!

¿Por qué pudo Jesús hacer todo lo que hizo? La sencilla respuesta es que Él era el Hijo de Dios enviado a este mundo para hacer todo lo que hizo. Dios lo envió con poder y autoridad, ¿de acuerdo? Dios le dio autoridad, y Jesús nos dio autoridad a nosotros. ¡La liberación escritural es liberar de la opresión espiritual!

Los demonios pueden poseer *áreas* de la vida de un cristiano; es decir, una vez que están en el alma y la carne, pueden controlar las áreas no sometidas al Espíritu Santo. La completa posesión de un creyente no es posible porque el Espíritu Santo vive en nuestro espíritu, esa parte de nosotros que es eterna.

¿Es correcto decir que los ministros de liberación son exorcistas? En la adecuada definición de la palabra, sí. La meta del ministro de liberación es expulsar el demonio del alma y de la carne del individuo; sin embargo, no ocurre de la manera en que las películas y los medios de comunicación han descrito los exorcismos. A menudo es sin ninguna manifestación significativa y no resulta en absoluto amenazante para el que recibe la ministración de liberación. No es mucho más que orar por el individuo en función de lo que ocurre. Los "dramas de liberación" son raros, aunque sí ocurren. El error más común que encuentro es que *solamente la gente mala tiene demonios*. En algún momento de la historia de la iglesia se constituyó la noción de que los cristianos no podían tener demonios. ¡Nada podría estar más lejos de la verdad! Si usted está vivo es un candidato. El creyente promedio ha sido instruido o ha llegado a la conclusión "lógica" de que los demonios y el Espíritu Santo no pueden coexistir en el mismo cuerpo. Con eso lucha la mayoría de la gente. Los demonios pueden hacer su residencia en el cuerpo y en el alma pero no en el espíritu. El Espíritu Santo mora en el espíritu de un creyente. Si usted ha creído esto debido a una conclusión "lógica", entonces debe explicar cómo el pecado mora en una persona en quien habita el Espíritu Santo. ¿Cómo se manifiesta el mal en los creyentes si usamos esa lógica? ¿Dónde viven el enojo, el odio y la amargura? ¿Dónde se manifiesta la lujuria sino es en el cuerpo? Es una conclusión necia. Los demonios pueden vivir—y lo hacen—en los creyentes si ellos le han concedido un permiso legal.

Un segundo error que veo cuando se menciona la palabra *liberación* es que la gente quiere pensar en "posesión demoníaca". *No es posesión*. La posesión implica propiedad. ¡Pertenecemos al Señor Jesús! Somos redimidos y comprados por precio (de sangre). Somos poseídos por el Espíritu Santo de Dios que vive en nuestro espíritu. La opresión tiene lugar en el alma y en la carne. El alma—mente, voluntad, emociones— es el área de tormento, y es allí donde los demonios hacen sus fechorías. Ésta es la guerra espiritual de la que Pablo habla a menudo. En el Salmo 116, David describe perfectamente la opresión y la liberación. Dice: "Me encontraron las angustias del Seol; angustia y dolor había yo hallado... tú has roto mis prisiones" (vv. 3, 16).

Los demonios deben tener derechos legales en la vida de uno. No pueden inmiscuirse a voluntad. Siempre implica un consentimiento legal del individuo o de Dios. Una maldición generacional, por supuesto, no implica nuestra voluntad, pero concede permiso a los espíritus malignos por medio de los pecados de los padres y madres por tres o cuatro generaciones, lo que significa que *cualquiera* que nace podría nacer con un espíritu que tiene derecho legal según Éxodo 20:5. Ésta es la entrada más común para los espíritus demoníacos, y el hecho de pensar que no podría sucederle a usted es evidencia de su poder para engañar.

Las entradas, muchas veces, no se deben a un pecado cometido sino a cosas que ocurrieron. El trauma es una entrada muy común. El creer que el tormento es enviado por Dios linda con la blasfemia. Dios envía el bien y los dones perfectos. Los demonios son los que atormentan. Llegar a un conocimiento escritural de esto es el primer paso hacia la liberación.

Los demonios, los espíritus malignos, los espíritus inmundos, espíritus de enfermedad, principados, potestades y otros semejantes, *deben tener permiso* para estar en la vida de alguien. Jesús tuvo que tener permiso para estar en su vida. Dios requiere nuestro permiso. Jesús dice en Apocalipsis 3:20: "He aquí, yo estoy a la puerta y llamo". ¿Por qué golpea nuestra puerta? ¡Porque debe tener nuestro permiso para entrar a nuestra vida!

Los demonios o espíritus malignos también deben tener nuestro consentimiento, y se les concede permiso de muchas maneras en la vida de cada persona. El Espíritu Santo honra nuestra voluntad; los demonios también deben hacerlo. No pueden entrometerse sin alguna clase de consentimiento. (El consentimiento puede ser tan sencillo como estar en presencia de una tabla Ouija, un abuso o trauma de la niñez, periodos de enojo o falta de perdón, etc.)

Cuando las personas vienen a mí para ser liberadas, les pido que completen un cuestionario. Las preguntas surgen después de años de experiencia de liberación y de observar las puertas comunes para los espíritus. Pido a las personas que oren después de completar el formulario que les doy y que pidan al Espíritu Santo que les traiga a memoria cualquier cosa que pueda haber dado acceso a los poderes demoníacos.

Una vez que se ha concedido el consentimiento, el demonio hace su residencia en el alma o en la carne y comienza a edificar un "reino" inclinado a la destrucción. Jesús dijo que Satanás obra para matar, hurtar y destruir (Juan 10:10). Tengo que localizar, sin embargo, a un poder demoníaco con cualquier otra función. Ahora, la opresión comienza porque se le ha concedido al demonio permiso para estar allí.

Parte del proceso de liberación es determinar qué puertas o entradas fueron concedidas a los espíritus malignos. Es decir, qué permiso o consentimiento tienen los demonios para estar allí. El hecho de que estén allí significa que tienen consentimiento. La pregunta ahora es, ¿tienen permiso para quedarse?

Usted quizás se pregunte qué es lo que le daría a un demonio consentimiento legal para quedarse en la vida de un creyente. El consentimiento para quedarse podría ser, por ejemplo, la falta de perdón en la vida de uno. La falta de perdón es un permiso dado por Dios para que los demonios atormenten. (Vea Mateo 18:23–35.) Si hay falta de perdón en la vida de un creyente, ¡los demonios no tienen que irse! Tienen permiso de Dios para quedarse y permiso para atormentar.

Otro ejemplo de permiso para quedarse sería que en la vida de un individuo hubiera un pecado que él o ella no estén dispuestos a rendir al Señor. Eso estorbaría la liberación porque el demonio tiene derechos legales para quedarse.

Si se cancela todo consentimiento para que estén allí y se queden, entonces los demonios deben obedecer a la orden dada en el nombre de Jesucristo.

La liberación no puede tener lugar contra la voluntad de alguien y puede implicar más que su disposición para ser libre. A menudo requiere de un *deseo* de ser libre.

Los espíritus demoníacos están muy organizados y orientados en jerarquías. Están muy estructurados. Podría ver su reino como teniendo un presidente (CEO), con vicepresidentes, gerentes, supervisores y obreros. O quizás una mejor descripción sería una jerarquía militar. Habrá un "jefe" que se hace cargo de todo. Les gusta ser llamados "príncipes". El príncipe puede tener a su cargo varios príncipes que tienen diversas funciones orientadas a la destrucción y desaparición del creyente. Pero cada uno de ellos se inclinará ante el nombre de Jesucristo, así que usted no debe tener temor.

Que Satanás tiene una jerarquía demoníaca está bien documentado en la Escritura. Efesios 6:12 nos dice que "no tenemos lucha contra sangre y carne, sino contra principados, contra potestades, contra los gobernadores de las tinieblas de este siglo, contra huestes espirituales de maldad en las regiones celestes".

Desde el trono de Satanás o su lugar de gobierno, existe un vasto reino de oscuridad. No conozco los niveles de autoridad de este reino. Sólo puedo especular cuántos poderes demoníacos separó Satanás sobre la base de los ataques a mi vida. Imagino que son varios en la cadena de mando. Recuerdo un interno que vino hacia mí después de un reciente servicio en la prisión de Texas. Él dijo: "Señor, el Espíritu Santo me dijo que le diga que Satanás le ha asignado un espíritu de alto rango. ¿Sabe lo que significa?" Sí, sabía. Antes de que pudiera siquiera sentir temor en mi corazón, el Espíritu Santo me habló: "La misma autoridad. Tú tienes la misma autoridad en el nombre de Jesús. ¡Sigue caminando!". ¿Espíritu de alto rango? Hay muchos en los cielos. No creo que se nos haya dado autoridad para desafiar a estos poderes demoníacos. Nuestra autoridad está en esta tierra, ya que tiene que ver con la humanidad. Mi autoridad, creo yo, está restringida a lo que es mío y a dónde estoy, y a quienquiera que venga voluntariamente bajo mi autoridad. Derribar lugares celestiales de oscuridad, creo yo, puede ser muy peligroso y necio. He visto a muchos caer bajo ataques de enfermedad y traumas familiares debido a necias aventuras en la guerra espiritual.

Salir de nuestro ámbito de autoridad es un error. Desafiar a los demonios es un error. Conocer nuestras fronteras y limitaciones es un deber en la guerra espiritual. En lo que a mí se refiere, y a mi familia, y mis "cosas", Jesucristo me ha dado plena autoridad sobre todo poder del enemigo. En cuanto a lo que tiene que ver con "potestades en los lugares celestiales", creo que la batalla se gana en intercesión. Allí es donde los ángeles luchan a nuestro favor. El arrepentimiento por y la confesión de males ancestrales dan fuerza en esa batalla.

Imagino que una jerarquía espiritual podría ser similar a la siguiente:

- Satanás, la bestia, el falso profeta (Lucifer)
- Beelzebú: "el mundo es mío", príncipe de los demonios
- Abadón: Apolión, rey de los demonios del abismo sin fin
- Xanthan: exige la totalidad, incluyendo el universo
- Baphomet
- Samhain
- Ma Ha Bone: príncipe de todos los espíritus de la francmasonería
- Moletha: hechicería, vudú, etc.
- Hechicería: enfermedad o dolencia, calamidad, angustia, pobreza, lujuria, etc.
- Espíritus territoriales (continentes y naciones): por ejemplo, "Adirondack" sobre Norteamérica o "Nemtalia" sobre Egipto.

- Espíritus distritales: por ejemplo, "Elamond" sobre Colorado, Oklahoma, Kansas, Missouri, Nuevo México, y partes de Texas
- Espíritus regionales: por ejemplo, "Singfa" sobre el sur de Oklahoma
- Condados: por ejemplo, "Ahmigihad" sobre el Condado Carter, Oklahoma y "Oncar" sobre el Condado Estes, Colorado
- Ciudades: por ejemplo, "Cameron" sobre Forth Worth, Texas
- Comunidades: por ejemplo, religiones falsas, acoso, obstaculización, bloqueo, tentación, ceguera (espiritual), vagabundos o espíritus errantes
- Príncipes de reino individual: por ejemplo, espíritus de temor y de oscuridad

Esto es solo una opinión sobre cómo podría estar formado un reino. Probablemente es mucho más sofisticado. Imagino que debe de haber muchos niveles más de autoridad. Mi opinión es que no tratamos directamente con Satanás, sino con sus súbditos. Los demonios que confrontamos son probablemente los que tienen menos poder demoníaco. El reino demoníaco establecido en un individuo generalmente es una misión de un espíritu externo de rango más alto. Un ejemplo de esto sería una persona que tiene demonios por el permiso de una maldición generacional de antepasados masónicos. El príncipe de ese reino probablemente se reportará a Ma Ha Bone. He encontrado que este es el espíritu de mayor rango en la masonería.

Las misiones asignadas pueden ser cualquier cosa desde robar el gozo hasta asesinar o causar muerte prematura. Recuerde, la meta de ellos es la de Satanás: matar, hurtar y destruir. He encontrado que los reinos establecidos dentro de las personas son sumamente concordantes. Hay poca variación en la estructura del reino. Los demonios parecen no ser muy creativos o ingeniosos. El modelo es virtualmente el mismo siempre.

A algunos de los demonios del reino interno se les asigna la tarea de guardián. Su función es traer adentro más demonios en cada oportunidad. En el proceso de liberación, me dirijo a esos espíritus y les ordeno que cuando se vayan ¡toda puerta se cierre y se le ponga cerrojo!

Una típica sesión de liberación, si existe tal cosa, puede variar en tiempo desde una hora hasta muchas horas, pero generalmente puede llevarse a cabo en un par de horas. Mientras más preparado esté el individuo, más tranquilo será el proceso, con algunas excepciones. Siempre le recuerdo al candidato que el proceso no es un ritual, y se permite hacer preguntas, hacer una pausa para un descanso o tomar un vaso de agua. El marco de la liberación es informal; pero, es santo. Siempre dependemos de la santa presencia del Espíritu de Dios para dirigirnos y guiarnos. La liberación es un encuentro con la verdad; ¡no es un encuentro de poder!

Los demonios son todos mentirosos, y se someterán a la verdad de la Palabra de Dios y al poderoso nombre de Jesucristo. Los demonios comprenden totalmente la batalla. Saben que están derrotados y que deben obedecer las órdenes del Señor Jesús. ¡Doblarán la rodilla, y se irán cuando se les ordene que se vayan!

No es raro que la persona que busca liberación experimente manifestaciones de los espíritus malignos previo a la sesión así como también durante la misma. Ellos (o los demonios que están en ellos) pueden ponerse sumamente nerviosos, porque saben que su tiempo es corto. Los demonios intentarán asustar a la persona o plantar mentiras sobre la destrucción que (los demonios) pueden ocasionar. También es común tener pesadillas o sentirse descompuesto. Los demonios también confunden o desorientan al individuo.

Un pastor metodista vino para ministración. Había sido misionero en Haití por unos años. Estaba seguro de que había adquirido espíritus malignos mientras estuvo allí. ¡Tenía razón! Me dijo que sintió náuseas desde el momento en que me contactó. Me llamó desde su teléfono celular mientras conducía hacia mi oficina. El pastor dijo: "Estoy en el Aeropuerto Freeway y sé exactamente dónde está su oficina, pero me he desorientado tanto que voy a necesitar que me guíe hacia allí".

Cuando el pastor llegó, hasta se veía enfermo. Dijo: "¿Es normal que yo vea demonios en este momento?".

Le aseguré que nada era normal, pero que había encontrado estas cosas antes. "¿Qué está viendo?", le pregunté.

"Veo un demonio grande parado entre usted y yo y veo dos en mi espalda." Sintió como si se estuviera enfermando mucho.

Inmediatamente, até los espíritus y comencé la liberación. Fue liberado de muchos espíritus. Algunos de ellos habían venido a él cuando ministró en Haití. También tenía muchos espíritus por permiso de la francmasonería de sus antepasados. Se había establecido un sólido reino de ocultismo. Sin embargo, fue quebrado en el nombre de Jesucristo, y el pastor ahora es libre.

Los demonios pueden atacar la mente del individuo para hacerlo pensar que debe estar loco si realmente cree que los demonios son el problema. Pueden decirle al individuo que el ministro de liberación es un tonto y que no sabe lo que hace o que la liberación no resultará. Todas estas cosas son comunes, y es un intento de mantener a la persona en esclavitud. La verdad es que los demonios saben cómo funciona todo esto. Lo saben mejor que nosotros. Se ponen muy nerviosos cuando saben que van a ser confrontados en el nombre de Jesús.

¿DÓNDE VIVEN LOS DEMONIOS EN UN CREYENTE?

Jesús dijo: "De su interior correrán ríos de agua viva...esto dijo del Espíritu" (Juan 7:38–39). Él hablaba del Espíritu Santo de Dios. Sin embargo, parece que el vientre, la sección central, es también el asiento de los espíritus malignos. Es muy común que se manifiesten en esta área con un movimiento o molestia estomacal. Los dolores de cabeza también son sucesos comunes previos a y durante la liberación. Los espíritus demoníacos viven en el sistema nervioso central. Éste es su centro de control. Aturdimiento, hormigueo y mareos también son muy comunes cuando los demonios reaccionan. Siempre digo a los candidatos para liberación que no se alarmen ¡y que los demonios no los dañarán! Les hago saber que estos son síntomas muy comunes. He visto literalmente miles, y rara vez no están presentes estas condiciones.

Cuando un demonio habita en un creyente, mora en el cuerpo y en el alma. Una vez encontré un espíritu y le ordené que revelara dónde estaba (en la persona). Respondió: "En la mente". Dije: "¿Entonces estás en el cerebro?". Con cierta frustración en la respuesta, el espíritu, hablando por medio del individuo, dijo: "¡No! Estoy en la mente". La mente es parte del alma. El cerebro es parte del cuerpo. La mente, la voluntad y las emociones conforman el alma. La única forma de que un demonio pudiera entrar al espíritu de un hombre sería que la persona estuviera perdida. Eso sería claramente posesión demoníaca.

Cuando los demonios son expulsados o se les ordena que se vayan, a menudo, salen con el aliento del individuo; a veces, con un profundo suspiro, tos, bostezo o eructo. Ocasionalmente ocurren arcadas, pero salen y deben obedecer. He presenciado muchos tipos de liberación. Algunos han dicho que los demonios salieron por los poros de la piel. Otros sienten que salen de la coronilla. "Mis dedos se pusieron muy calientes, y luego sentí que salían por la punta de los dedos", han dicho algunos. O: "Los vi irse como una bandada de pájaros". El candidato siempre sabe cuando los demonios se van. Los demonios no pueden desobedecer la orden del Señor Jesús.

Cuando los demonios se van, siempre les ordeno que se vayan al abismo, y que no regresen nunca. Veremos esto más adelante. También les ordeno que no dañen al individuo, y que al salir no vayan a otra persona. A menudo el individuo puede oír en su mente que los demonios dicen: "Me iré, pero iré a tus hijos". A todos les recuerdo que no se alarmen por sus amenazas. ¡Ellos harán lo que se les ordena, punto!

Generalmente, el candidato oye la respuesta del demonio en su mente y me informa lo que ha oído. A veces, pueden ver algo cuando se les ordena a los demonios que obedezcan al Espíritu Santo y cuando los ángeles los fuerzan a obedecer.

Por ejemplo: Jesús habló al endemoniado de Gadara (Marcos 5) y le dijo: "¿Cómo te llamas?". Los demonios del hombre respondieron: "Legión me llamo; porque somos muchos". Los demonios siempre responden. Le ordeno, siempre en el nombre de Jesucristo, al demonio príncipe que revele su identidad por nombre o función. El que solicita liberación inmediatamente obtiene una respuesta en su mente. Le pido que informe lo que oye o ve.

Los nombres son muy inusuales, a veces nombres que sorprenden al individuo. Lo que sucede generalmente es que el demonio revela su función: temor, duda y odio. Realmente no es complicado. Una vez que el demonio es identificado, sólo hay una pregunta: "¿Tienes consentimiento de Jehová Dios para quedarte?". Se termina en ese. Si el espíritu no tiene consentimiento, se le ordenará que vaya al abismo, ¡y lo hará!

Para esta instancia de la liberación, habremos cancelado todos los permisos de los demonios para quedarse. Esto se realiza al comienzo y lo veremos más adelante.

Puede haber cualquier cantidad de demonios presentes; el número no es significativo. ¡Todo poder demoníaco se inclinará ante el nombre de Jesucristo!

Bien, no sé cuántos ministros de liberación hay. Pero ése es el número de las diversas opiniones que existen acerca da la manera correcta de ministrar liberación. Algunos dicen que no se hable con los demonios, ni se les permita a los demonios hablar, y tienen ministerios muy exitosos. Muchos dicen que debe hacerse todo por discernimiento, llamando a los espíritus según el Espíritu Santo se lo revele. No discrepo con este método, pero he encontrado que es ineficaz y, por lo tanto, incompleto en mi ministerio.

Otros dicen poner los demonios bajo juramento ante Jehová Dios y ordenarles que obedezcan, que revelen cuántos están presentes, cuál es su función o misión, y después anular eso en el nombre de Jesucristo y ordenar a los espíritus que se vayan al abismo y no regresen nunca, en el nombre de Jesús. He encontrado que esto es más satisfactorio en mi ministerio.

Algunos se mofan y dicen: "No entrevistes a los demonios; sólo ordénales que se vayan". Mi experiencia personal, ante todo, es que eso no es una entrevista; es quebrar el permiso de estar en la vida de uno. No es conversación; es ¡confrontación! Si un demonio tiene consentimiento de Jehová Dios (por maldición o por desobediencia del individuo) o del individuo (pecado sin confesar o falta de disposición para arrepentirse), entonces no tienen que irse sin importar quién dé la orden o cuántas veces se la dé. Debe anularse el permiso para estar allí, o los demonios no se irán. Tal vez se vayan cuando se les ordena, pero si las puertas no se cierran, entonces, otros demonios pueden entrar.

No existe una manera "correcta" explicada en las Escrituras acerca de cómo ordenar a los demonios que se vayan. Jesús ciertamente hablaba a los demonios y requería su nombre. Eso está claro. También se registra una conversación en el encuentro de Marcos 5. Mi primera referencia cuando afronté la liberación fue: ¿qué hacía Jesús? Seguramente hay otros ejemplos en que Jesús ordenó a los demonios que no hablaran; sin embargo, esto fue en el templo y el demonio trataba de exponer a Jesús. (Vea Marcos 1:23–26.)

A continuación hay una lista de cómo Dios me ha mostrado que dirija una sesión de liberación, y con la ayuda del Espíritu Santo ha sido muy satisfactorio ver a las personas liberadas y sanadas.

Preparación para la liberación

Candidato a la liberación

1. Asegúrese de ser sincero. Sea abierto y franco, y no oculte nada.
2. Desee ser libre para poder servir al Señor.
3. Pida al Espíritu Santo que revele áreas de esclavitud demoníaca o tormento.
4. Examine su vida (y su ascendencia) para descubrir posibles entradas.
5. Decida ser libre sin importar el dominio que los demonios puedan tener (adicciones y cosas semejantes).
6. No se intimide por "lo que piensen los demás".
7. Asocie la liberación con Jesús y la libertad en vez de con los demonios y la esclavitud.
8. Ejercite su fe tanto como sea posible.
9. Vea esto como parte de los dones de Dios para nosotros en Jesucristo.
10. Sepa que esto puede ser el comienzo de la libertad para su familia y su descendencia.

Ministro de liberación

1. Asegúrese de que su vida esté limpia y que el Espíritu Santo reina en su vida.
2. Reúna toda la información posible del individuo respecto de las posibles entradas en su vida. Esto, por supuesto, incluye información generacional y posibles maldiciones.
3. Haga que el individuo se sienta cómodo, y asegúrese de que comprenda que esto es un acto de amor.
4. Guíelos en oraciones de renuncia, de romper ligaduras de alma, de arrepentimiento, confesando que son nacidos de nuevo, y que Jesús es Salvador, Señor, libertador, sanador, y que Él rompe el poder de la maldición. Haga que confiesen que realmente desean ser libres.
5. Ate los poderes demoníacos conforme las Escrituras en el nombre de Jesucristo.

6. Ordene al príncipe, el jefe del reino, que se identifique por nombre o función.

7. Determine si algún espíritu presente tiene consentimiento para quedarse. Si es así. Ordene que sea revelado el consentimiento, y luego guía al individuo a orar o confesar para anular ese consentimiento.

8. Ordene a los espíritus que se vuelvan un espíritu, sin pasar las tareas, y que como un espíritu salgan del individuo, se vayan al abismo y no regresen nunca.

9. Vuelva y verifique, quizás dos o tres veces, asegurándose de que no quede nada.

10. Ore por unción y protección para el individuo, y ponga en sus manos alguna literatura para ayudarle a caminar en continua libertad.

Para el ministro de liberación, creo que lo más importante que debería recordar es Juan 15:15: "Separados de mí nada podéis hacer".

Digo a cada candidato: "¡Espere ser libre!".

CAPÍTULO 18

LA SALA DE LIBERACIÓN

CADA VEZ QUE me preparo para una sesión de liberación, visualizo el proceso. "Veo" la aplicación escritural de lo que ocurre. La liberación es una intervención que se sujeta a ciertos derechos del creyente como así también a ciertos derechos legales que los espíritus demoníacos tienen según la Escritura.

Prediqué recientemente en una cárcel de Florida, y mi mensaje se tituló "Te llevo a la corte". Cuando les dije el título a los internos, una voz desde la capilla repleta dijo: "¡Oh, no, no otra vez!". Tuve que reírme, porque su respuesta me tomó por sorpresa. Quiero compartir algo de ese mensaje con usted.

Trate de imaginar este cuadro espiritual: una corte donde Jehová Dios está sentado en el lugar del juez. Él es el juez de toda verdad y justicia. Es su sistema legal. ¡La ley es lo que Él ha dicho! Lo que Dios dice se convierte en ley. Usted no puede ver su rostro, sólo su gloria. Los ángeles santos rodean su asiento y proclaman su santidad. Él es el juez justo.

> Por lo demás, me está guardada la corona de justicia, la cual me dará el Señor, *juez justo*, en aquel día; y no sólo a mí, sino también a todos los que aman su venida.
>
> —2 TIMOTEO 4:8, ÉNFASIS AGREGADO

ÉSTA NO ES UNA CORTE COMÚN

Ya vemos que ésta no es una corte común, solamente la verdad será reconocida aquí. ¿Comprende? En la liberación no se trata de poder, y no se trata de autoridad, aunque ciertamente la tenemos en el nombre de Jesucristo. La opresión demoníaca hace que los creyentes creamos una mentira. Los derechos que los demonios tienen en nuestra vida los obtienen a través de nuestro pecado y desobediencia. Todos los demonios son mentirosos. Sus derechos sobre la vida de un creyente se basan en el engaño y en nuestros antepasados.

¿Cuál es un derecho típico que tienen los demonios? La falta de perdón y creer que está bien mantener el enojo, el resentimiento y la amargura. Éste es un ejemplo de lo que da a los demonios acceso a los creyentes. Estos problemas deben ser confesados como pecado ante el juez justo, y debemos recibir perdón por medio de la sangre de Jesucristo. Una vez hecho esto, los demonios ya no tienen derecho a nuestra vida. Confesar el pecado anula los derechos de los demonios a nuestra vida, pero no significa necesariamente que el demonio se vaya. Se les debe ordenar en el nombre de Jesucristo que se vayan. Deben ser echados fuera.

PROCESAR A LOS DEMONIOS

Bien, en esta corte, soy parte de la firma: Padre, Hijo y Espíritu Santo. Yo soy un representante legal de Jesucristo. Visualizo que soy el abogado defensor para la liberación del candidato. Defiendo al candidato que cree y protejo sus derechos en el nombre de Jesucristo. Como embajador de Jesucristo y por la autoridad que me ha sido dada en su nombre, seré el abogado del candidato a la liberación.

Procesaré a los poderes demoníacos basándome en la verdad de la Santa Palabra de Dios. Todos los demonios son mentirosos, así que lo que digan debe ser cuestionado con la pregunta: ¿Eso puede sostenerse como verdad delante de Jehová Dios? ¡He descubierto que los demonios no le mentirán a Jehová Dios!

La forma de interrogación es simple. Pida al demonio que declare su nombre y ocupación. Jesús ordenó al endemoniado de Gadara: "¿Cómo te llamas? ¿Quién eres tú?". Los demonios tienen nombres dados por su creador, Jehová Dios. Tienen personalidades, rango y funciones específicas.

LOS DEMONIOS TIENEN ASIGNADAS TAREAS

Su tarea siempre se halla en tres categorías: hurtar, matar y destruir. Algunos son principados y potestades, algunos gobernadores de las tinieblas, y otros demonios de maldad espiritual. Algunos son serpientes, y algunos, escorpiones. Sus tareas son contra los propósitos de Dios y contra los creyentes.

Una vez que se establecen su nombre y tarea asignada, siempre como "verdad delante de Jehová Dios", queda una pregunta importante: ¿Tienes derecho legal para permanecer en la vida de esta persona? Los permisos o derechos deben ser de Jehová Dios o del propio individuo. Si su respuesta es no, entonces tenemos autoridad absoluta en el nombre de Jesucristo para echar estos demonios fuera del individuo y enviarlos adentro del abismo.

Los ángeles santos son los alguaciles en esta corte. Están para hacer cumplir las órdenes y ministrar al creyente. Siempre hay victoria en esta corte cuando la justicia del justo es la meta del creyente. ¿Qué es la justicia del justo? En este caso, es el deseo de ser libre de las mentiras de los demonios, no tener tratos secretos con el enemigo y no participar con la oposición.

PRINCIPIOS DE LIBERACIÓN

Obviamente, hay algunas reglas básicas o estándares que se aplican a la liberación. A riesgo de simplificar excesivamente estos principios, los enumero brevemente:

1. Un creyente tiene demonios o no los tiene.
2. Si los tiene, entonces debe ser que los demonios están allí por alguna clase de consentimiento legal.
3. El creyente debe tener un sincero deseo de ser libre de los poderes demoníacos. La voluntad humana es reconocida totalmente en este proceso: confesión, denuncia, renuncia, y arrepentimiento.
4. El ponerse de acuerdo con la Palabra de Dios puede anular cualquier consentimiento legal que tengan los demonios.
5. Una vez que el consentimiento, o derecho legal, ha sido quitado, los demonios pueden ser echados fuera en el nombre de Jesucristo.

SOLAMENTE POR EL NOMBRE DE JESUCRISTO

La remoción de los derechos legales tiene lugar en la corte del sistema legal reconocido por Dios. Los derechos sólo pueden ser quitados por medio del nombre de Jesucristo. Es su obra redentora en la cruz y su milagrosa resurrección lo que hace posible esto. Porque somos creyentes, herederos de Dios y coherederos con Jesucristo, podemos ser representados "legalmente" en el nombre de Cristo. Me encanta representarlo a Él. ¡Siempre ganamos!

Apártate del mal, y haz el bien, y vivirás para siempre. Porque Jehová *ama la rectitud*, y no desampara a sus santos; para siempre serán guardados; mas la descendencia de los impíos será destruida.

—SALMO 37:27–28, ÉNFASIS AGREGADO

CAPÍTULO 19

¿CUÁL ES LA TERMINOLOGÍA CORRECTA?

L A BIBLIA KING James Version (KJV), así como la mayoría de las otras traducciones al inglés, usan la palabra *poseído* cuando se habla de los demonios en la personas. Sin embargo, ése no es el significado de la palabra griega que se traduce como *poseído* en la Biblia. La palabra griega *daimonizomai*, que se traduciría mejor como "demonizado", significa estar bajo la influencia de los demonios, ser afectado por los demonios o tener demonios. Hay muy pocas personas que estén totalmente tomadas o poseídas por los demonios. Obviamente, un cristiano no puede ser "poseído" por un demonio, porque los cristianos pertenecemos Dios y hemos sido adquiridos y comprados por precio, por la sangre derramada de Jesús. La pregunta es, ¿puede un cristiano tener demonios? ¡La respuesta es sí! ¿Qué dice la Biblia?

Efesios 2:2 dice que los demonios obran en los hijos de desobediencia. La desobediencia ciertamente concede permiso a los espíritus malignos. La verdad es que las personas que son desobedientes a Dios le están dando derecho a los espíritus malignos para que obren no sólo alrededor de ellos sino también en ellos. Pedro declaró que Satanás había llenado el corazón de Ananías. "Llenar el corazón" implica acceso al cuerpo y al alma por medio de la desobediencia. ¿No indica eso que el corazón de cualquiera que miente (uno de los pecados que clasificamos como pequeños) podría ser llenado por Satanás, o más correctamente, por uno de sus espíritus demoníacos?

Pablo dijo a los creyentes de Éfeso: "Ni deis lugar al diablo" (Efesios 4:27). Esto implica que es posible que un cristiano dé lugar al diablo o a sus demonios. El lugar que se les da en este versículo es por no confesar el pecado y permitirle que perdure. Si una persona ha dado espacio o lugar a los demonios por sus propias elecciones, entonces necesita liberación.

La terminología correcta para un creyente con demonios probablemente sea "demonizado". Sin embargo, "opresión" también es escrituralmente correcto. Hechos 10:38–43 es una gran sección de la Escritura que describe la liberación escritural. En el sermón de Pedro en Cesarea, él habló del Hijo de Dios que había sido rechazado pero que resucitó de los muertos. Pedro predicó acerca de un Jesús que salvaba, liberaba, y sanaba. Él describe el ministerio del Ungido enviado por Dios y de Aquel a quien él servía.

...Dios ungió con el Espíritu Santo y con poder a Jesús de Nazaret, y cómo éste anduvo haciendo bienes y sanando a todos los oprimidos por el diablo, porque Dios estaba con él...y nos mandó que predicásemos al pueblo, y testificásemos que él es el que Dios ha puesto por Juez de vivos y muertos. De éste dan testimonio todos los profetas, que todos los que en él creyeren, recibirán perdón de pecados por su nombre.

—Hechos 10:38–43

Jesús "anduvo haciendo bienes y *sanando a todos los oprimidos por el diablo*". La liberación en su sentido más estricto es una sanidad de la opresión. Es quitar la fuente de opresión y ser liberado de las consecuencias de la presencia demoníaca.

La palabra *exorcismo* en verdad resulta atemorizante para las personas hoy en día debido al mal uso y abuso de dicha palabra. Obviamente la película *El exorcista* ha dejado una impresión negativa en el público. Sin embargo, la palabra es una terminología correcta ya que habla de expulsar los poderes demoníacos. *Liberación* es probablemente el segundo término más atemorizante para usar a fin de describir el proceso, pero es la palabra que Jesús usó en Lucas 4:18: "Me ha enviado...a pregonar libertad a los cautivos". La palabra profética de Isaías 61:1 es "publicar libertad...". ¡Eso es la liberación! Es libertad de la presencia de los poderes demoníacos que moran en el alma o en la carne, o que están adheridos a la vida de un creyente.

¿Y QUÉ ACERCA DE QUE REGRESEN EN MAYOR NÚMERO Y CON MAYOR FUERZA?

Cuando el espíritu inmundo sale del hombre, anda por lugares secos, buscando reposo, y no lo halla. Entonces dice: Volveré a *mi casa* de dónde salí; y cuando llega, la halla *desocupada*, barrida y adornada. Entonces va, y toma consigo otros siete espíritus peores que él, y entrados, moran allí; y el postrer estado de aquel hombre viene a ser peor que el primero.

—MATEO 12:43–45

Este pasaje de la Escritura ha causado gran preocupación a los que consideran la liberación. Siempre se ha interpretado que los espíritus malignos que han sido *echados* fuera de alguien, tienen la opción de regresar algún día. Yo no creo que eso sea lo que indica este versículo. Mi experiencia personal es que nunca he visto que esto suceda, y no creo que sea una opción. La invasión demoníaca por otros espíritus es posible, por cierto, si el individuo abre las puertas por medio de la desobediencia. Eso es posible, se hayan echado fuera demonios o no.

Este pasaje dice "cuando el espíritu inmundo *sale*", pero no dice por qué sale. Me parece que el espíritu aquí se ha ido por voluntad propia. ¿Quizás salió porque "su casa" estaba espiritualmente limpia y la encontró muy incómoda? En toda traducción la palabra *salió* significa irse por la propia decisión de uno. Debe haber tenido permiso para estar allí, si no, no podría estar. Eso es un dato conocido escrituralmente. No hay indicación de que este permiso haya sido anulado. La entrada por la cual este espíritu demoníaco salió todavía estaba abierta si él eligió regresar.

Tal vez pensó que encontraría una casa mejor. Cualquiera sea la razón por la que salió, él decide regresar y verificar la situación. Ahora mire cómo encontró la casa: "desocupada, barrida, y adornada". Esto no me indica que el espíritu tuviera permiso a causa de que las puertas hayan sido abiertas otra vez. La casa estaba limpia y en orden. Lo que me parece obvio es que el demonio tenía permiso por una puerta previa que nunca se había cerrado. Una casa desocupada no es un permiso para que los demonios entren en un creyente. Una casa impura sí es un permiso. Esta casa estaba limpia y barrida y decorada.

Debe de haber volúmenes escritos acerca de llenar la casa con el Espíritu Santo y con la Santa Palabra para evitar que regresen los espíritus que han sido expulsados. Eso no se sugiere aquí. Obviamente, el Espíritu Santo debería ser bienvenido. Se lo debería invitar a llenar todo vacío que una vez fue ocupado por espíritus demoníacos. Pero el Espíritu Santo no prohíbe que entren los demonios. Nosotros lo hacemos, por medio de la obediencia y la confesión del pecado, y no creyendo la mentira. La Palabra de Dios no impedirá que los demonios entren si hay una puerta abierta.

Por ejemplo, usted puede leer la Palabra, memorizarla, enseñarla, citarla, amarla, compartirla, y aún así, por tener pecado sin confesar en su vida, abrir una puerta a los demonios. Usted puede ser bañado en el Espíritu Santo y acarrear falta de perdón en su vida y Dios lo pondrá con los verdugos que atormentan. Así que el punto de la historia que Jesús compartió en Mateo 12 parece ser que si hay una entrada (portal, puerta o derecho legal), el demonio puede salir por su propia decisión. Si la puerta por la cual se fue no es cerrada, puede regresar y traer a otros con él. Así se establecen los reinos, haciendo entrar a otros.

Creo que la Escritura enseña que cuando los demonios han sido expulsados por la autoridad del nombre de Jesucristo, el regresar a esa persona no es una opción. En un caso, Jesús dejó eso en claro cuando dijo: "No entres más en él" (Marcos 9:25). Personalmente creo que se van al abismo y son sacados de circulación hasta que sean liberados durante la Tribulación. He descubierto que los demonios traen a la mente del candidato a la liberación la posibilidad de que regresen. A menudo, la mentira es que volverán con mayor fuerza. Algunos se asustan al punto de que no están seguros de querer terminar la liberación. Ha habido un excesivo mal uso del anterior pasaje de las Escrituras.

CAPÍTULO 20

¿A DÓNDE VAN LOS DEMONIOS?

P ERMÍTAME REPETIR ALGO que dije anteriormente. No tengo todas las respuestas, y seguramente no puedo garantizar que los demonios vayan al abismo. Sin embargo, puesto que me ha sido dada autoridad en el nombre de Jesús para echarlos fuera, también les doy instrucciones específicas de lo que pueden o no hacer. Les ordeno que salgan y no vayan a otra persona, ni deleguen sus misiones a otros demonios. Si sólo liberamos una persona para que los demonios vayan y encuentren a otra persona, parece contradecir todo lo que Jesús vino a hacer.

Algunos ministros están muy seguros de que su manera de llevar a cabo el proceso de la liberación es la única. Algunos son muy dogmáticos sobre adónde se le ordena a los demonios que vayan. Uno dirá: "Deben ir a los pies de Jesús para ser juzgados por Él y luego ser enviados donde Él determine". Yo digo, ya han estado a los pies de Jesús. ¡Ahora están bajo sus pies! Creo que la autoridad que Él nos dio para echarlos fuera incluye decirles adónde ir. ¿Ha querido decirle alguna vez a un demonio adónde ir?

Otros dirán que deberían ser enviados a los "lugares secos". Nunca he entendido esto. La Escritura dice claramente que esos de los lugares secos tienen la opción de regresar. El abismo parecería ser el lugar al que se entiende iban los demonios cuando Jesús los echaba fuera. Les ordeno a los demonios que se vayan no sólo al abismo sino adentro del abismo. Son tan legalistas que trato de no darles ninguna escapatoria.

Generalmente, los demonios no permanecen en nadie que se somete continuamente a Dios y resiste al diablo (Santiago 4:7). El diablo y todos los demonios deben huir de tal persona cuando se les resiste en el nombre de Jesucristo. Someterse a Dios de esta manera es no contristar al Espíritu Santo (Efesios 4:30). Ciertamente es claro que como creyentes podemos "contristar al Espíritu Santo" y "apagar" al Espíritu Santo. Pero cuando estamos sometidos a Dios, es cuando agradamos al Espíritu Santo. Recuerde, los demonios *deben* tener consentimiento para atormentar a los creyentes. Cuando se ha cancelado todo consentimiento y se ha ordenado a los poderes demoníacos que se vayan en el nombre de Jesucristo, los demonios no tienen otra opción que obedecer. ¿Puedo decirle con toda certeza adónde van los demonios? No, pero puedo decirlo con cierto grado de certeza. Después de que cada demonio es expulsado en el nombre de Jesucristo, siempre le ordeno a un espíritu que queda que revele dónde está ese espíritu. La orden es que los demonios vayan inmediata y directamente adentro del abismo. Cuando el espíritu que queda es puesto bajo juramento delante de Jehová Dios, confesará que el espíritu expulsado está en el abismo.

Había un tiempo en que mi orden era simplemente: "Sal de inmediato y vete al abismo". Nuevamente aprendí que los demonios son tan legalistas y expertos en el engaño que iban al abismo pero no *dentro* de él. Era como decirles que vayan a la casa en vez de decirles que entren a ella. Encontré que cuando hacían esto, solían regresar. A veces regresaban antes de que terminara la sesión de liberación.

Mi experiencia ha sido que una vez que están en el abismo con la orden de no volver nunca, son sacados de circulación. No comprendo demasiado esto, porque no hay una manera genuina de saberlo. Jesús ciertamente les ordenaba a los espíritus "no entrar más". (Vea Marcos 9:25.)

Sé de un ministro de liberación que ordenó a los espíritus que vayan a los lugares secos y yermos. Esto, por supuesto, se debe a la referencia de Mateo 12:43, pero no es una interpretación acertada de la Escritura. Y, aunque lo fuera, es claro que cuando los demonios están en "lugar secos" pueden regresar.

Otros ministros creen que no tenemos autoridad para ordenarles a los demonios ir al abismo. Su razonamiento es que esto significa dictaminar un juicio sobre los espíritus demoníacos, y eso pertenece sólo a Jesucristo. Las personas de este ámbito a menudo ordenan que los espíritus vayan a los pies de Jesús para que Jesús los juzgue y los envíe adónde Él determine. Respeto este punto de vista, pero creo que también es incorrecto. Los demonios ya han estado a los pies de Jesús, y ya han sido juzgados por Él. Él los arrolló en el Calvario ¡y ya ha puesto todas las cosas bajo sus pies! (Vea Efesios 1:22.)

Ha habido ocasiones en que he tenido atado un poder demoníaco y listo para ser echado fuera y le he dado al demonio la posibilidad de elegir dónde quiere ir: a los pies de Jesús o adentro del abismo. Diría que nueve de diez veces eligen los pies de Jesús. Esto no es concluyente en sí mismo.

Soy consciente de que todos los demonios son mentirosos, pero conseguimos una medida de verdad cuando al poder demoníaco se le ordena decir la verdad delante de Jehová Dios. A los demonios no les gusta ser llevados delante del trono de Dios y que se les ordene decir la verdad. Se enojan mucho. La verdad molesta sumamente a los poderes demoníacos.

Supongo que hay suficientes demonios y que enviar a unos cientos dentro del abismo no impactará mayormente su efecto en la humanidad. De una cosa podemos estar seguros, y es que Satanás sólo pudo reclutar un tercio de los ejércitos celestiales. Siempre habrá dos veces más ángeles santos que poderes demoníacos. La Biblia llama a los poderes demoníacos los ángeles de Satanás: "Entonces dirá también a los de la izquierda: Apartaos de mí, malditos, al fuego eterno preparado para el diablo y sus ángeles" (Mateo 25:41).

Sabemos que la morada final de los espíritus demoníacos será el fuego eterno. Serán arrojados junto con Satanás, la bestia y el falso profeta en el lago de fuego. (Vea Apocalipsis 20:10.)

También sabemos que ya hay demonios en el abismo según Apocalipsis capítulo 9. Estos demonios no serán liberados sino hasta la Tribulación. Creo que allí es donde deberían ser enviados los espíritus demoníacos hoy en día. También creo que Jesús nos dio autoridad para hacerlo. Para mí, simplemente no tiene sentido ordenarle a un espíritu que se vaya. ¿Cuál es el propósito si luego ese espíritu puede ir a otra persona o quizás regresar?

¡Trato con estas criaturas del mal de manera terminante! Creo que es lo que Jesús hacía, y creo que los demonios comprenden que es al abismo adonde ellos tienen que ir. No les doy ningún descanso y trato de no dejarles escapatoria.

CAPÍTULO 21

¿AUDIENCIA O EJÉRCITO?

EXISTE UNA GRAN ignorancia acerca de los demonios, en cuanto a los cristianos se refiere. ¿Por qué hay tanta ignorancia en el Cuerpo de Cristo acerca de la guerra espiritual? Un pastor y su esposa estuvieron en mi oficina recientemente. Habían traído un miembro de su congregación para verme. No podían liberar al hombre por medio del consejo sabio y el apoyo escritural. Después de que terminó la sesión de liberación y el hombre fue libre de muchos espíritus demoníacos, el pastor y su esposa pidieron quedarse y visitarme un rato.

Tenían muchas preguntas. La esposa del pastor estaba casi enojada de que no se le hubiera enseñado acerca de esto. "¿Por qué no se enseña esto?", preguntó. "¿Por qué se nos impidió esto?" El pastor que acababa de finalizar el entrenamiento en su seminario planteó interrogaciones muy similares. "No he oído una palabra acerca de la liberación en mis tres años de adiestramiento. Sabía que era real. Sabía por la experiencia que los demonios estaban activos en la vida de los creyentes, pero ignoro este proceso que acabo de presenciar. Quiero saber cómo hacer esto." Habían visto de primera mano a un miembro de su congregación ser liberado. El hombre tenía una profunda depresión y era suicida. Tenía espíritus de *rechazo* y de *duda*, lo atormentaba el *temor*. Pero ya nunca más; él está libre. El pastor pidió si podía venir y sentarse en algunas de las sesiones de liberación para poder enseñar a su gente cómo ser libre y para poder "proclamar libertad a los cautivos".

Debido a que este mensaje, para la mayor parte, se ha omitido desde el púlpito, hay una iglesia anémica esclavizada por el enemigo, y que vive bajo el opresivo poder del enemigo. Habrá una gran responsabilidad para los pastores que se rehúsen a predicar esta verdad. La culpa por una iglesia anémica, sin poder, y enfermiza no puede estar sino a los pies de los pastores. Guste o no, ¡esa es la verdad!

EDIFICAR AUDIENCIAS EN VEZ DE EJÉRCITOS

Creo que el problema es el enfoque; el temor, la consideración; y la fe, el ingrediente que falta. ¿Qué quiero decir con esto? El enfoque de muchas iglesias parece ser el formar una audiencia en vez de un ejército. Una gran audiencia parece hacer feliz a todos: pastores, diáconos y al comité financiero. Todos vamos a casa y decimos: "¡Guau!". Pero deberíamos observar más de cerca. Tal vez lo que deberíamos decir es "¡Basta!". ¿No se supone que debemos formar soldados, equiparlos para la batalla? ¿Cómo podemos formar un ejército cuando la iglesia no está consciente de la realidad del enemigo?

El enfoque es erróneo. El principal objetivo está fuera de foco. En alguna parte del camino se nos cayó una parte importante del mensaje del evangelio. Le diré, sin inmutarme ni considerar dar marcha atrás, que la iglesia local promedio ha limitado tanto la obra del Espíritu Santo ¡que es virtualmente imposible que Dios bendiga lo que hacemos! ¡Esto es triste! Debe corregirse.

¿NO LO DIJO DIOS?

Si lo que Jesús dijo de sí mismo es cierto, si la descripción de su trabajo que Él mismo dio es verdadera, entonces estamos fallando en ser como Él y en presentarlo desde el púlpito. ¿Él vino a buscar y a salvar lo que se había perdido? ¡Absolutamente! Hacemos un trabajo bastante bueno al presentar a este Jesús. ¿Dijo Él: "Id, y haced discípulos a todas las naciones, bautizándolos en el nombre del Padre, y del Hijo, y del Espíritu Santo" (Mateo 28:19)? Por supuesto que sí, y hacemos un buen trabajo en eso. Pero ¿y qué de las otras cosas que Él dijo y que prácticamente hemos ignorado?

¿No dijo Él: "El Espíritu del Señor está sobre mí, por cuanto me ha ungido para dar buenas nuevas a los pobres; me ha enviado a sanar a los quebrantados de corazón; a pregonar libertad a los cautivos, y vista a los ciegos; a poner en libertad a los oprimidos; a predicar el año agradable del Señor" (Lucas 4:18–19)? ¿No son esas las palabras de nuestro Señor Jesús cuando anunció el propósito de su ministerio? ¡Lo son, absolutamente! ¿No dijo también: "Como me envió el Padre, así yo os envío" (Juan 20:21)?

Observemos y veamos si estamos ministrando como Jesús dijo que vino a ministrar. ¿Estamos predicando el evangelio a los pobres? ¿El evangelio de la prosperidad funciona en el gueto? Tal vez estamos haciendo un trabajo regular en presentar las buenas nuevas de Jesucristo a los pobres. Dejaré que usted saque su propia conclusión aquí. Pero parece que en nuestras iglesias orientadas hacia la audiencia los pobres no son el foco de nuestra deseada audiencia. Generalmente, queremos gente que sea más como nosotros.

¿Estamos sanando a los quebrantados de corazón?

Le diré que esto no puede realizarse con una audiencia. Requiere de un ejército. Los corazones quebrantados se refieren a nosotros. El dulce Señor Jesús proclamó esto como parte de su misión. ¿El corazón quebrantado está siendo ministrado en su iglesia? ¿Los mensajes desde el púlpito hacen algo para restaurar y sanar los corazones quebrantados? ¿Esto no requiere un brazo alrededor de su hermano? ¿Eso no requiere compasión de los individuos? ¿No incluye acción de nuestra parte?

Requiere eso y más. Implica un ejército que venga contra las fuerzas demoníacas con la autoridad del nombre de Jesucristo y el poder de su sangre derramada. Los pastores deben enseñar a cada creyente y deben ser un ejemplo de autoridad y poder. No retrocedamos; no nos echemos atrás. Vamos contra las puertas mismas del infierno en el poderoso nombre de Jesucristo. No tenemos temor del enemigo porque sabemos quiénes somos y lo que Cristo nos ha dado. Miramos cara a cara a los poderes demoníacos ¡y les ordenamos que ellos retrocedan!

¿Estamos predicando libertad a los cautivos?

Creo que esto le va a poner el dedo en la llaga en el corazón de muchos pastores. ¿Está mencionando siquiera la palabra *liberación*? ¿Eso le asusta? ¿Tiene temor de las reacciones de los miembros? ¿Tiene un poco de temor de que algunos se vayan o se sientan incómodos? ¿Y las conexiones con su seminario? ¿Hay algunos temores aquí también? El prestigio denominacional, ¿es un problema? ¿Son un problema los recursos para la jubilación? ¿Renunciar a amistades de su círculo de amigos denominacionales? ¿Qué le impide predicar libertad a los cautivos? Pastores, si tienen curiosidad sobre quién en su iglesia tiene demonios, sólo predique sobre los demonios, y lo averiguará. Estarán golpeando a su puerta y exigirán que no predique más sobre tales tonterías.

¿Podría ser que usted realmente acepte la mentira de que los demonios ya no existen? ¿Adónde fueron? Oí decir a un necio pastor que los "demonios" realmente eran problemas mentales que la gente tenía, pero que debido a que la gente de los tiempos de Jesús en la tierra creía que en verdad eran espíritus malignos, Él les habló en su nivel de comprensión. Creo que esta ignorancia está cercana a la blasfemia.

¿Podría usted creer que los espíritus demoníacos no existen? Si lo hace, usted es el más engañado de todos, y ha elegido no creer la Palabra de Dios. Claro y sencillo, ¡usted ha negado la Escritura! Quiero que trate con el problema por su bien y por el bien de su gente. ¡La esclavitud demoníaca de los creyentes es una realidad! Creo que viene el día—y creo que será muy pronto—en que cada pastor en cada iglesia será confrontado por personas de su congregación que clamen desesperadamente por ser libres. Creo que cada pastor debería pasar por liberación y prepararse para la guerra espiritual que se va a intensificar. Pastores, su gente ya está en esclavitud.

Permítame agregar que soy miembro de una iglesia bautista muy grande. No estoy en el staff. Dirijo el Ministerio Don Dickerman para las cárceles y las necesidades de sanidad y liberación. He ministrado liberación a más de cien miembros de esta congregación, incluyendo diáconos, maestros de escuela dominical, músicos, cantores, mamás, papás e hijos. Esto no es la excepción; ¡es la regla! Buena gente, el pueblo de Dios, está cautiva en el reino de las tinieblas de Satanás, ¡y esto es muy real! Pastores, ustedes deben obedecer al Espíritu Santo a pesar de las presiones de la denominación. Deben hacerlo.

No puedo ayudar, pero pregunto: ¿Por qué se omite esto del evangelio que es enseñado en los seminarios y en los púlpitos? Mi única conclusión es que el enfoque está mal. No necesitamos una audiencia; necesitamos un ejército. El temor ya no puede controlar la predicación de los pastores. Y debe ponerse la fe en la santa Palabra de Dios. Dios honrará la predicación y la enseñanza puras de la Palabra.

Hay una gran necesidad Espíritu de equilibrio en la iglesia de hoy, equilibrio en la Palabra y en el . En un cuerpo hay gran énfasis en la Palabra, pero poca dependencia del Espíritu. En otro se concentran en los dones y funciones del Espíritu Santo, pero hay poco énfasis en la Palabra. Dios bendecirá al pastor que vea que haya un equilibrio apropiado, y las personas de esa iglesia se convertirán en un ejército.

¿Estamos predicando el dar vista a los ciegos?

¿Cuándo fue la última vez que su predicador habló sobre la gracia sanadora del Señor Jesús? Pastor, ¿por qué no está poniendo las manos sobre los enfermos y esperando que sean sanados? ¿Por qué no enseña a su gente que está enferma que llame a los ancianos de la iglesia para que oren por ellos, ungiéndolos con aceite en el nombre del Señor? ¿Usted no cree que la oración de fe traerá sanidad al enfermo? ¿Tiene temor de que pudiera no suceder? ¿Temor de ser avergonzado? Si no lo está haciendo, usted no está predicando el evangelio, y no está siendo obediente al llamado para su vida.

Le pido que considere esto: ¿Qué pastor no abrió su Biblia en Juan 14 en un funeral y leyó las poderosas palabras de Jesús para consuelo y esperanza? Este mismo Jesús que prometió que iba a preparar lugar para nosotros habló en el mismo pasaje estas palabras: "De cierto, de cierto os digo, el que en mí cree, las obras que yo hago, él las hará también; y aun mayores hará, porque yo voy al Padre. Y todo lo que pidiereis al Padre en mi nombre, lo haré, para que el Padre sea glorificado en el Hijo. Si algo pidiereis en mi nombre, yo lo haré" (Juan 14:12–14). No oigo a muchos pastores hablar acerca de esta porción de Juan 14.

¿Estamos predicando que Jesús vino a dar libertad a los heridos?

Bueno, si no está predicando libertad a los cautivos tampoco predica esto porque están muy relacionados. ¡Qué palabras poderosas del evangelio se hallan en esta declaración de Jesús: "dar libertad"! ¿No es ésta la esencia del evangelio? ¡Liberación por el Señor Jesús! Liberación, libertad, ¿para quién? ¡Para los heridos! Predicar liberación a los cautivos me permitió aprender que estos están en esclavitud ¡mayormente debido a sus heridas! Heridas. Heridas de la niñez. Palabras y hechos crueles de los cuales fueron víctimas. ¡Heridas profundas que los mantienen atados!

Jesús puede dar libertad a quienes están heridos ¡porque Él fue herido por nuestras rebeliones! ¡Una magulladura está sangrando debajo de la superficie! El daño se muestra afuera, pero la hemorragia está dentro; la herida y el dolor debajo de la superficie. Oh, ¡es grande la necesidad de que la iglesia ministre en esta área! Jesús fue herido por nuestras iniquidades. ¿Nuestros pecados? No, nuestras iniquidades! Iniquidad es mal y maldad. A menudo es un espíritu o el resultado del pecado de otra persona. (El misterio de iniquidad ya opera.) Él fue herido por nuestras transgresiones (pecado). Fue herido por nuestras iniquidades. Los pecados generacionales permiten el acceso a espíritus de iniquidad a los hijos de la tercer y cuarta generación. Los actos pecaminosos abusivos de otra persona dan permiso a espíritus de iniquidad en la víctima. Él fue herido por nuestras iniquidades. El castigo de nuestra paz fue sobre Él, y por sus llagas fuimos nosotros curados. Un versículo de Isaías 53 nos dice que Jesús pagó por nuestros pecados, iniquidades, paz, ¡y sanidad! ¡La sangre pagó por más de lo que estamos reclamando!

No puedo contarle a cuántos he visto "dar libertad" de las heridas del pasado: espíritus malignos que obtuvieron acceso a través de algún trauma, que mantuvieron con dolor las heridas, que atormentan porque ése es su trabajo, robar, hurtar, destruir y finalmente matar. ¡La iglesia debe tratar esto! Nosotros debemos hacerlo.

¿Estamos predicando el año agradable del Señor?

Muchos responden al llamado al altar para recibir a Jesús como Salvador. Sé que esto es lo primero que debe ocurrir. Pero ¡Él no es solamente el Salvador! Primero, Él es Salvador, pero también es Señor, libertador, sanador, y Aquel que rompe el poder de la maldición. No podemos ser veraces en la proclamación del evangelio si hacemos menos de lo que Jesús dijo que vino a hacer.

¿Podría tomar un momento y renovarse leyendo Lucas 3:21–23? Jesús fue bautizado, y Dios proclamó, mientras la paloma del Espíritu Santo descendía sobre Jesús: "Tú eres mi Hijo amado; en ti tengo complacencia" (v. 22). El comienzo de su ministerio terrenal fue cuando el Espíritu lo condujo al desierto para un encuentro cara a cara con Satanás. No fue gran cosa. Jesús derrotó a Satanás con la misma Palabra que tengo hoy.

Sin embargo, después de este encuentro y después de que los ángeles lo ministraron, Él regresó a su ciudad y fue a la sinagoga donde acostumbraba adorar. Habiendo escuchado por muchos años a los eruditos y a los escribas, fariseos, y maestros de la ley, Jesús se puso de pie y eligió un pasaje de Isaías para leer. Proclamó que Él era el cumplimiento de esa profecía de Isaías 61. Entonces ocurrió algo interesante: la gente de Nazaret lo rechazó. Realmente intentaron matar a Jesús, pero Él se deslizó entre la multitud y se abrió camino a Capernaum a cerca de quince millas de distancia.

La gente allí lo recibió gentilmente, y estaban "atónitos" ante su doctrina ¡pues su palabra era con poder! En la sinagoga de allí adorando con los demás, ¡había un hombre con un espíritu inmundo! El espíritu le habló a Jesús diciendo: "Déjanos; ¿qué tienes con nosotros, Jesús nazareno? ¿Has venido para destruirnos?" (Lucas 4:34). "Para esto apareció el Hijo de Dios, para deshacer las obras del diablo" (1 Juan 3:8). Sí, ¡Él vino para destruir la obra del diablo! ¿Puedo poner en términos de Texas lo que Jesús dijo a ese espíritu? "¡Cállate la boca y sal de él!" ¡Y el demonio lo hizo!

Las personas en la sinagoga de Capernaum estaban maravilladas y dijeron: "¿Qué palabra es ésta, que con autoridad y poder manda a los espíritus inmundos, y salen?" (Lucas 4:36).

¡Él fue a casa de Simón y reprendió la fiebre de la suegra de Pedro! La palabra debe de haberse hecho pública acerca de Jesús. Les digo, pastores, se difundirá la palabra acerca del Jesús que sana y libera. Todos los que en la ciudad conocían a alguien que estaba enfermo lo traían a Jesús, y Él ponía sus manos sobre cada uno de ellos y los sanaba. Los demonios también salían de muchos, y la gente no quería que Jesús se fuera de la ciudad. Querían que se quedara. ¡Él los sanaba y echaba fuera a los demonios!

¿Cuál era la diferencia entre Nazaret y Capernaum? ¿Por qué dice la Escritura que Jesús no pudo hacer muchos milagros en Nazaret? ¡Debido a su incredulidad (Mateo 13:58)! En Capernaum hubo un gran avivamiento, grandes cambios, libertad, liberación, y sanidad. En Nazaret había enojo, tradiciones fariseicas, dudas, e incredulidad. En esencia, la gente de Nazaret decía: "Este no es el mensaje que queremos oír de ti". Recibieron lo que querían. Las iglesias de hoy dicen: "Este no es el mensaje que queremos". Reciben lo que quieren.

¡La diferencia entre Nazaret y Capernaum es la actitud! Capernaum tenía una actitud de fe. Recibieron a Jesús sin condiciones. Fueron impactados por su Palabra, su poder, y su autoridad. Vieron grandes resultados. Pero Nazaret rehusó creer y decidió tercamente permanecer en la esclavitud de los ancianos y la tradición religiosa.

Cada pastor tiene una elección. ¿Se da cuenta de que si no espera los dones del Espíritu no los recibirá? Se nos dice que "deseemos" los dones espirituales. ¿Por qué un pastor no desearía algo del Espíritu Santo de Dios? Esa es una pregunta que no puedo responder. Hay un gigante dormido que debe ser liberado. El Cuerpo de Cristo está enfermizo y sin poder. Los púlpitos están intentando más y más ardides para atraer gente, para construir una gran audiencia. ¿Y el ejército? El pueblo de Dios está enfermo y necesita sanidad. Muchos están oprimidos por los demonios. Están heridos, y muchas vidas y familias, rotas. Una iglesia sin poder no puede ministrar a estas necesidades. Vistos desde afuera, no somos diferentes del mundo. ¡Eso no debería ser así! Tenemos una fuente inagotable en el Espíritu Santo, pero se ha puesto una gran restricción en su rol en la Iglesia.

Considere el llamado en la vida de Moisés

¿Usted cree que el llamado para su vida es menos real que el llamado para la vida de Moisés? ¿Cree que Moisés habrá estado un poquito intimidado cuando se le instruyó que fuera a la fortaleza física y espiritual de Egipto, mirara a los ojos a Faraón, y le dijera: "Deja ir a mi pueblo"? ¿Supone que él se preguntó por las consecuencias de ser hijo de Dios y enfrentar al imperio de Egipto? ¿Importaba algo de eso?

Lo único que parece importante acerca del llamado de Moisés fue quién llamó y quién prometió ir con él.

Creo que el llamado para la vida de cada predicador es virtualmente el mismo: mirar al diablo a los ojos y ordenarle: "¡Deja ir a mi pueblo!". Eso es la liberación. Es venir contra los poderes demoníacos, por la autoridad del nombre de Jesús, que mantienen al pueblo de Dios en esclavitud y ordenar su liberación. El pueblo de Dios está herido. La iglesia está llena de gente enferma. El registro de los hospitales tiene tantos pacientes cristianos como no cristianos, quizás más. ¡La iglesia debería estar libre! Jesús pagó por nuestra libertad. Los demonios han intimidado a nuestros predicadores y líderes cristianos. Tenemos que recuperar lo que es nuestro. La sangre de Jesucristo no ha perdido poder, ni lo hará. El nombre de Jesucristo todavía hace temblar a los demonios y los hace retroceder. Las puertas del infierno nunca prevalecerán contra la iglesia del Señor Jesús.

Observo las iglesias donde ministro y donde asisto. Siempre hay una larga lista de pedidos de oración por los enfermos. Sin embargo, parece que lo más que hacen la mayoría de las iglesias es una oración de cortesía en una noche de entre semana.

¡Tomamos demasiado del reino de las tinieblas! Tenemos autoridad para *atar* los espíritus malignos como lo hizo Jesús y ordenarles que salgan de las personas. Los espíritus de enfermedad y dolencias retrocederán en el nombre de Jesucristo. Se nos ha dado autoridad para desatar bendiciones del cielo, los espíritus ministradores (Hebreos 1:14), y los santos ángeles para ministrarnos. ¡Hagámoslo!

Me he sentado en la iglesia muchas veces a lo largo de los años y sentido en mi espíritu: "¿Por qué sólo hablamos de lo que Jesús vino a hacer? Hagámoslo. ¿Hay alguien enfermo? ¿Quisiera que los ancianos de la iglesia lo unjan con aceite y pongan sus manos sobre usted para sanidad? ¡Vamos!". Siento esto en mi espíritu: ¿por qué no vamos a la ofensiva? ¿Por qué no peleamos contra los poderes demoníacos en el nombre de Jesucristo con el propósito de ganar?

Estoy hablando de convertirnos en un *ejército*, no en una audiencia. ¡Dios nos ayude!

CAPÍTULO 22

MANTENER CERRADAS LAS PUERTAS

L AS LLAVES SON para cerrar o abrir. Jesús nos dio las llaves del reino de los cielos en Mateo 16:19 y en Mateo 18:18.

Mi paráfrasis de estos versículos sería algo así: "Lo que ustedes declaren atado en la tierra, Yo lo ataré desde el cielo. Y lo que declaren desatado en la tierra, yo lo desataré desde el cielo".

Atamos, cerramos o dominamos en la tierra por fe, y esa fe es honrada en el cielo. Por ejemplo, cuando atamos los demonios en el nombre de Jesucristo, nosotros lo decimos y Dios lo honra. Los demonios son dominados, atados y encerrados por la autoridad que Él nos ha dado en el nombre de Jesús.

Además, cuando desatamos ángeles para que nos ministren, lo hablamos por fe, y Dios lo honra en los cielos. Las llaves también son principios espirituales y conceptos que nos han sido dados para vivir una vida liberada en Cristo Jesús.

Esta sección está dirigida primeramente a quienes han sido liberados de la opresión demoníaca. Sin embargo, también es una buena información para cualquiera que desee vivir en la libertad que es nuestra por medio del Señor Jesús. El objetivo es mantener al enemigo fuera de nuestras vidas y atesorar la Palabra de Dios en nosotros. Los espíritus malignos deben tener alguna clase de permiso legal para entrar a la vida de un creyente. Como mencioné en un capítulo anterior, el pecado sin confesar es una puerta para que entren los demonios. Tal vez el mejor ejemplo de puertas o entradas es el que Jesús usó en Apocalipsis 3:20: "He aquí, yo estoy a la puerta y llamo; si alguno oye mi voz y abre al puerta, entraré a él, y cenaré con él, y él conmigo". Obviamente, Jesús está diciendo que debemos abrir la puerta para que Él entre. Golpea paciente y cariñosamente pero entrará cuando sea invitado. Los espíritus demoníacos también deben tener una puerta o entrada que nosotros abrimos para permitirles entrar a nuestra vida. Los espíritus malignos deben honrar nuestra voluntad y atenerse a las pautas explicitadas en las Escritura. No pueden entrar a nuestra vida por la fuerza. Debe haber un permiso legal cuando vivimos en desobediencia, creemos su mentira, o cuando el permiso es concedido por una maldición. Las puertas sirven a dos propósitos: mantienen algo dentro y mantienen algo afuera. Lo que una persona deje dentro después de una liberación depende totalmente del individuo. ¡Si las puertas se mantienen cerradas, el enemigo no puede tener acceso! Tal vez el aspecto más importante de la guerra espiritual en la cual estamos inmersos es el ser conscientes de ella. He puesto esto en forma simple para que sea fácil recordarlo. Lo llamo las tres «eres».ᵃ Como la lectura, la escritura y la aritmética, éstas son algunas estrategias básicas para caminar en la libertad que nos ha sido dada por el Señor Jesucristo.

1. Reconocer

Reconocer al enemigo y su plan de ataque es imperativo en esta lucha. Usted puede haber esperado que yo dijera *su* plan de ataque en vez del plan de *ellos*. Como tratamos con el reino de Satanás, nos encontramos con espíritus demoníacos.

Para mantener la victoria es necesario estar consciente de las estrategias y conocer cómo tiene lugar la guerra espiritual. Es bueno saber antes de la liberación cómo fueron abiertas las puertas a los espíritus demoníacos y qué puertas fueron abiertas para permitirles el acceso.

Tome algunas notas acerca de su liberación, si puede. ¿Cuáles eran las fortalezas? ¿Recuerda las entradas que les dieron acceso a su carne y a su alma (no al espíritu; somos poseídos por el Espíritu de Dios)? ¡Tener conciencia de cómo los espíritus malignos obtuvieron acceso legal a su vida antes, puede ayudarle a mantener cerrada esa puerta!

Por ejemplo, si la duda y la incredulidad les dieron consentimiento antes, pueden querer despertar eso en usted enviándole desde afuera pensamientos e insinuaciones. Usted debe reconocer sus sutiles intentos por hacerle creer sus mentiras. Es decir, ¡cuando usted les dio permiso! Sea consciente, esté alerta y no baje la guardia. La secuencia de liberación sigue un patrón sencillo: CAUSA-MALDICIÓN-CONSECUENCIAS-CONFESIÓN-ECHAR FUERA-CURA.

Y al que vosotros perdonáis, yo también; porque también yo lo que he perdonado, si algo he perdonado, por vosotros lo he hecho en presencia de Cristo, *para que Satanás no gane ventaja alguna sobre nosotros*; pues no ignoramos sus maquinaciones.

—2 Corintios 2:10–11, énfasis agregado

Como el gorrión en *su* vagar y la golondrina en *su* vuelo así la maldición no viene sin causa.

—Proverbios 26:2 (lbla)

Como el gorrión que revolotea, como la golondrina en su vuelo, así una *maldición sin causa* no se posará. ¿Qué es la maldición? No. ¿Cuál es la causa? A continuación tiene una lista de causas o puertas que dan derecho legal a los demonios para morar en los creyentes.

1. Antepasados: "Yo soy Jehová tu Dios, fuerte, celoso, que visito la maldad de los padres sobre los hijos hasta la tercer y cuarta generación de los que me aborrecen" (Deuteronomio 5:9).

2. Mentira: Si dice una mentira, puede obtener un demonio. Viva una mentira y tendrá un demonio. Usted lo cubre, y Dios lo expone. Usted lo confiesa y Dios lo cubre. Creer una mentira es el poder del demonio. La victoria para el creyente depende de la verdad.

3. Falta de perdón: "…lo entregó a los verdugos, hasta que pague todo lo que debía. Así también mi Padre celestial hará con vosotros si no perdonáis de todo corazón cada uno a su hermano sus ofensas" (Mateo 18:34–35).

4. Enojo, amargura, odio y pecados relacionados: "Airaos, pero no pequéis; no se ponga el sol sobre vuestro enojo, ni deis lugar al diablo…y no contristéis al Espíritu Santo de Dios, con el cual fuisteis sellados para el día de la redención. Quítense de vosotros toda amargura, enojo, ira, gritería y maledicencia, y toda malicia" (Efesios 4:26, 30–31).

5. Rechazo, percepción y abatimiento: "Despreciado y desechado entre los hombres, varón de dolores, experimentado en quebranto; y como que escondimos de él el rostro, fue menospreciado, y

no lo estimamos" (Isaías 53:3). El rechazo, la angustia y no tener estima son las más viles de las emociones dolorosas.

6. Trauma: desilusiones, temor, traición y heridas emocionales; cirugías; accidentes; abuso sexual, verbal y físico; el temor inusual de las películas o acontecimientos de terror.

7. Abuso en la niñez: sexual, mental, verbal, físico, emocional.

8. Impureza sexual: promiscuidad, homosexualidad y pornografía; también la violación, el incesto y abusos deshonestos.

9. Deshonrar su cuerpo: alcohol, drogas, nicotina, piercings, tatuajes, vanidades, realces cosméticos quirúrgicos, etc. (vea Romanos 1:24).

10. Organizaciones ocultas/secretas: promesas, juramentos, votos, ceremonias. Curiosidad o participación, aunque sea inocente, en horóscopos; astrología; adivinación de la suerte; psíquicos; lecturas de las manos; tablas Ouija; Bola Mágica 8; hechicería; juegos de levitación; lectura de las hojas de té; música heavy metal; Dungeons and Dragons y juegos de video similares; cartas de Pokemon; libros para niños de Harry Potter; y libros sobre ocultismo, deidades paganas, mitología griega, etc. La lista es larga, y he visto entradas de cada uno de éstos. Esto también incluye el involucrarse con organizaciones o fraternidades secretas tales como los francmasones, Estrella Oriental, Niñas Arco Iris, Oddfellows, Rebecca Lodge, fraternidades universitarias o hermandades femeninas de estudiantes, etc.

11. Duda, incredulidad y orgullo.

12. Blasfemia: el lenguaje vulgar, lleno de odio es en última instancia deshonrar a un Dios santo.

13. Ciertos objetos que están en el hogar o en posesión de uno.

El permiso es concedido por medio de la desobediencia al Señor. Se da consentimiento al hacer elecciones equivocadas y creer la mentira del demonio. Cuando aceptamos la mentira antes que creer en la verdad de la Palabra de Dios, hemos concedido permiso a los demonios. Lo mismo se aplica cuando elegimos la maldición en vez de las bendiciones prometidas. No acepte las sutiles mentiras del enemigo.

El tomar conciencia de qué fue lo que antes permitió el acceso de los espíritus malignos a su vida le ayudará a mantener cerrada esa puerta.

Los espíritus malignos que estaban allí por una maldición generacional o un permiso ancestral no pueden regresar por ese permiso. Sin embargo, espíritus similares pueden adherirse a su vida por otras puertas. La meta es caminar en libertad y vivir liberados. No se trata de *luchar* sino más bien de *permanecer*. Permanecer en Cristo lo mantiene a usted consciente porque se concentra en Aquel que derrotó al enemigo. Sin embargo, manténgase en posición para reconocer al enemigo. Sepa que los demonios son engañosos, y que no ceden territorio fácilmente. Sea espiritualmente perceptivo. Sepa que harán la guerra espiritual estratégica, y esté preparado. Mantenga las puertas cerradas manteniendo limpia su casa espiritual.

2. Resista

Satanás es un ladrón, ¡y un ladrón debe ser resistido! La promesa es que si resiste al diablo, ¡él huirá de usted! (Vea Santiago 4:7.) Sin embargo, la promesa es doble: (1) Sométase a Dios. Es decir, permanezca, concéntrese en Él y obedezca lo que sabe que tiene que hacer. (2) Resista al diablo y él huirá de usted.

Es su obediencia al Señor Jesús en sumisión lo que fortalece su autoridad para resistir. La humildad y la fe abren la puerta de su alma al poder de Dios y la cierran al enemigo. El orgullo y la incredulidad abren la al enemigo y la cierran para Dios.

No es escrituralmente correcto pedirle a Dios que resista a Satanás por usted, porque ya está hecho. La Palabra dice que usted lo haga, y ya que Satanás está derrotado, sus demonios huirán de usted en el nombre de Jesucristo. Jesús dijo estas palabras a la Iglesia: "Sí, les he dado autoridad a *ustedes* para pisotear serpientes y escorpiones y vencer todo el poder del enemigo; nada les podrá hacer daño" (Lucas 10:19, NVI, énfasis agregado). A usted le ha sido dado poder sobre el enemigo, y debe actuar en él. El reino de las tinieblas comprende esto mucho mejor que nosotros, y ellos saben que tienen que huir en el nombre de Jesucristo.

Algunas de las primeras palabras de Jesús a la Iglesia fueron que nosotros tomemos autoridad. Él dijo: "y todo lo que *atares* en la tierra será atado en los cielos; y todo lo que *desatares* en la tierra, será desatado en los cielos" (Vea Mateo 16:19; 18:18, énfasis añadido.) *Usted* tome autoridad, y Dios lo honrará.

Usted debe resistir al enemigo cada vez. Él es un cobarde. Los cobardes huyen cuando son resistidos, y eso es exactamente lo que la Palabra dice que hará el enemigo si los creyentes lo resisten. Pedro dice que resistamos, firmes en la fe (vea 1 Pedro 5:9). ¡Creo que esto incluye una actitud de saber quién es usted en Cristo! La responsabilidad yace sobre sus hombros. Si usted resiste, entonces puede caminar en libertad.

La tercera de las eres es la mejor de todas.

3. PERMANECER

Como dijo un pastor amigo, descanse en el Señor. (Vea Hebreos 4.) Permanezca en Él, y relájese en las promesas de Dios. Se atribuye a Martín Lutero la autoría del siguiente poema:

Los sentimientos vienen y van,
Y los sentimientos son engañosos;
Mi garantía es la Palabra de Dios,
Ninguna otra cosa es digna de crédito.

Jesús insistió en que permaneciéramos en Él, porque dijo: "Separados de mí, nada podéis hacer" (Juan 15:5–6). David Berkowitz (quien también fue conocido como el Hijo de Sam), el interno de Nueva York que también compartió su historia en este libro, estuvo muy involucrado en la adoración satánica. Estuvo implicado en algunos crímenes horrendos. Hoy en día es creyente y predicador del evangelio en su cárcel de Nueva York. Una vez le pregunté si había experimentado una liberación personal. Encontré interesantes y alentadoras sus palabras: "Don, descubrí que mientras más llenaba mi vida de la Palabra de Dios, me volvía más libre". Ésa es la razón por la cual él *permanece* libre de la esclavitud que una vez conoció.

Es al descansar en Cristo que viene la plenitud y tiene lugar la sanidad interior de todo el daño que el enemigo ha hecho. Suelo decir que si usted estuviera en mi auto sin que yo lo supiera, podría pensar que me volví loco. Con frecuencia le hablo en voz alta al enemigo, cuando *reconozco* sus ataques. Lo *resisto* inmediatamente con palabras como: "Ni siquiera lo intentes. Sé lo que es. Te reprendo, y te resisto en el nombre del Señor Jesucristo. Y si vuelves mañana, estaré parado sobre la misma Palabra. Soy libre, y *permaneceré* libre en el nombre de Jesucristo".

Otra forma de *permanecer* en la libertad es diciendo lo que la Escritura dice, confesando la Palabra, poniéndose de acuerdo con la Palabra de Dios, y disintiendo con el adversario. Esto es poner de acuerdo su alma (mente, voluntad y emociones) con lo que el Espíritu de Dios dice. (Vea Gálatas 2:20.)

Hay poder en la confesión. Su salvación vino mediante la confesión y la restauración a la comunión viene mediante la confesión. Cuando usted cae, no se quede. Afirme inmediatamente la verdad, confiese al instante el pecado, y reciba el perdón y la limpieza por la gracia de Dios. ¡La meta es *permanecer* libre!

Aquí tenemos un breve sumario de las tres eres que acabamos de ver y cómo caminar en la vida libre que el Señor Jesús nos proveyó por medio de la liberación.

Reconocer

1. *Abra los ojos* a las intenciones y los propósitos que Satanás tiene para su vida.
2. *Esté alerta*: alerta ante sus tácticas y maquinaciones que funcionaron antes. Lo que previamente dio acceso a los demonios es probablemente el método que intentarán usar otra vez. No minimice al enemigo, porque la guerra espiritual es real.
3. *Reconozca* diariamente que el Espíritu Santo es su ayudador, y que Él le dará discernimiento espiritual.

Resistir

1. *Ármese*: póngase toda la armadura de Dios (Efesios 6:11).
2. *Actúe* inmediatamente. Recuerde que resistir es *su* responsabilidad. Jesús ya hizo su parte a su favor. Él le Ha dado *a usted* autoridad en su nombre.
3. *Atienda* los detalles: Sea específico con *sus* órdenes en el nombre de Jesucristo. Átelos con autoridad.
4. *Agresividad*: Sea el agresor; habiendo hecho todo para mantenerse firme, permanezca firme en el poder del Señor. No desista. ¡No retroceda!

Permanecer

1. *Permanezca* en Cristo, pues ésta es la clave para encontrar completa paz y sanidad. Él es la vida, y Él es la plenitud. Permanezca en Él y descanse en su Palabra y en sus promesas.

2. *Póngase* de acuerdo con Él, y con su Palabra, y declare fe. No dé lugar a la duda en su vida. El poder para la vida y la muerte está en la lengua (Proverbios 18:21). Diga lo que dice la Palabra.

3. *Aplique* la Palabra a su vida. Busque hacer las cosas que a Él le agradan (alabanza, oración, y práctica). Evite las cosas que no honran a Dios.

4. *Asóciese* con creyentes llenos del Espíritu. Tenga comunión con creyentes maduros que aman al Señor y su Palabra.

5. *Adórelo* con alabanza y adoración. Haga un esfuerzo concertado para dar honor, alabanza y gloria al Señor Jesús. Los demonios odian la alabanza. Para ellos es un constante recordatorio de su derrota. Una vez fue privilegio de ellos el alabar a Dios. Ellos perdieron su posición en el cielo. Dios desea nuestra alabanza, y hay promesas que acompañan a la alabanza y adoración sinceras. El Espíritu Santo de Dios habita en nuestras alabanzas. La alabanza y la música de adoración harán que los demonios se sientan incómodos y a menudo harán que se vayan. Llene su vida de alabanza. Ponga música de alabanza en su hogar, su vehículo y su oficina. La alabanza es poder en la guerra espiritual.

Se sugieren los siguientes pasos para uso diario a fin de ayudarle a crecer en Cristo y a continuar en su autoridad espiritual para caminar en libertad y ejercitar el poder sobre el enemigo.

Principios de libertad

1. Confiese el pecado inmediatamente. Memorice 1 Juan 1:9 y mantenga vivo este versículo en su espíritu.

"Si confesamos nuestros pecados, él es fiel y justo para perdonar nuestros pecados, y limpiarnos de toda maldad." Aplique esto a su vida. No deje que el pecado perdure. Usted debe ser perdonado, y debe ser limpiado inmediatamente. ¡La liberación sólo es tan buena como nuestra obediencia!

2. Cuando vengan los pensamientos negativos, usted debe reprenderlos y remplazarlos por pensamientos positivos.

Aquí tiene un versículo para aplicar: "Por lo demás, hermanos, todo lo que es verdadero, todo lo honesto, todo lo justo, todo lo puro, todo lo amable, todo lo que es de buen nombre; si hay virtud alguna, si algo digno de alabanza, en esto pensad" (Filipenses 4:8). Asegúrese de que los pensamientos que entran en su mente sean de esta categoría.

3. El pecado premeditado invitará a los demonios. Mantenga sus planes santos y agradables a Dios.

"Pues este es el amor a Dios, que guardemos sus mandamientos; y sus mandamientos no son gravosos" (1 Juan 5:3). Hay una asombrosa promesa para quienes guardan sus mandamientos y hacen las cosas que le agradan a Él. "Y cualquiera cosa que pidiéremos la recibiremos de él, porque guardamos sus mandamientos, y hacemos las cosas que son agradables delante de él" (1 Juan 3:22). Concéntrese en agradarle a Él.

4. Espere mayor libertad mientras camina en obediencia.

Usted debe aprender a desechar inmediatamente los recuerdos dolorosos de su pasado y a vivir una vida de expectativa sin esclavitud. "Hermanos, yo mismo no pretendo haberlo ya alcanzado; pero una cosa hago: olvidando ciertamente lo que queda atrás, y extendiéndome a lo que está delante, prosigo a la meta, al premio del supremo llamamiento de Dios en Cristo Jesús" (Filipenses 3:13–14).

5. Nunca olvide que Satanás y todos sus demonios son mentirosos. Aprenda a reconocer la mentira.

"Cuando habla mentira, de suyo habla; porque es mentiroso, y padre de mentira" (Juan 8:44). Uno de los ardides de los demonios es tratar de convencerlo de que lo que ocurrió fue sólo emocional y que usted sigue estando en las garras del enemigo. "Someteos, pues, a Dios; resistid al diablo, y huirá de vosotros. Acercaos a Dios, y él se acercará a vosotros. Pecadores, limpiad las manos; y vosotros los de doble ánimo, purificad vuestros corazones" (Santiago 4:7–8).

6. Confíe que Dios cada día lo ayudará a hacer elecciones correctas, ¡y Él lo hará!

¿Habiendo comenzado por el Espíritu, ahora vais a acabar por la carne? (Gálatas 3:3).

7. Use el nombre de Jesús, la sangre del Cordero, y la confesión de fe contra toda condenación y tentación de Satanás.

Toda condenación viene de Satanás. Nunca le crea. Usted ha sido limpiado por la sangre y mediante el nombre de Jesucristo; ¡usted está protegido por la sangre! "Y ellos le han vencido por medio de la sangre del Cordero y de la palabra del testimonio de ellos, y menospreciaron sus vidas hasta la muerte" (Apocalipsis 12:11). "Ahora, pues, ninguna condenación hay para los que están en Cristo Jesús, los que no andan conforme a la carne, sino conforme al Espíritu" (Romanos 8:1).

8. Permita que el Espíritu Santo controle su vida: a todo usted, todo el tiempo.

Tome la decisión consciente de hacer a Jesús Señor de su vida cada día y en cada situación. "Así que, hermanos, os ruego por las misericordias de Dios, que presentéis vuestros cuerpos en sacrificio vivo, santo, agradable a Dios, que es vuestro culto racional. No os conforméis a este siglo, sino transformaos por medio de la renovación de vuestro entendimiento, para que comprobéis cuál sea la buena voluntad de Dios, agradable y perfecta" (Romanos 12:1–2). "Y no os embriaguéis con vino, en lo cual hay disolución; antes bien sed llenos del Espíritu" (Efesios 5:18). "Aquel, pues, que os suministra el Espíritu, y hace maravillas entre vosotros, ¿lo hace por las obras de la ley, o por el oír con fe?" (Gálatas 3:5).

9. La Santa Palabra de Dios debe tener un lugar predominante en su vida.

Esto puede significar no hacer algo que lo alejaría de ella. Tome tiempo, o hágase tiempo para leer, aprender y meditar en la Palabra de Dios todos los días. Si el tiempo es limitado, lleve tarjetas con versículos para sus momentos libres. Consiga grabaciones de la Biblia en audio y póngalas en su auto o en su oficina. "Nunca se apartará de tu boca este libro de la ley, sino que de día y de noche meditarás en él, para que guardes y hagas conforme a todo lo que en él está escrito; porque entonces harás prosperar tu camino, y todo te saldrá bien" (Josué 1:8). "La palabra de Cristo more en abundancia en vosotros, enseñándoos y exhortándoos unos a otros en toda sabiduría, cantando con gracia en vuestros corazones al Señor con salmos e himnos y cánticos espirituales" (Colosenses 3:16).

10. Aprenda sobre su equipo de batalla. Tiene la promesa de protección y victoria de la Palabra de Dios.

Por lo demás, hermanos míos, fortaleceos en el Señor, y en el poder de su fuerza. Vestíos de toda la armadura de Dios, para que podáis estar firmes contra las acechanzas del diablo. Porque no tenemos lucha contra sangre y carne, sino contra principados, contra potestades, contra los gobernadores de las tinieblas de este siglo, contra huestes espirituales de maldad en las regiones celestes, Por tanto, tomad toda la armadura de Dios, para que podáis resistir en el día malo, y habiendo acabado todo, estar firmes. Estad, pues, firmes, ceñidos vuestros lomos con la verdad, y vestidos con la coraza de justicia, y calzados los pies con el apresto del evangelio de la paz. Sobre todo, tomad el escudo de la fe, con que podáis apagar todos los dardos de fuego del maligno. Y tomad el yelmo de la salvación, y la espada del Espíritu, que es la palabra de Dios; orando en todo tiempo con toda oración y súplica en el Espíritu, y velando en ello con toda perseverancia y súplica por todos los santos.

—Efesios 6:10–18

Hágalo así y pronto le resultará natural y parte de su estilo de vida.

11. Debe cortar rigurosamente las ataduras con antiguas amistades no sanas. ¡Esto es una obligación!

"¿No sabéis que la amistad del mundo es enemistad contra Dios? Cualquiera, pues, que quiera ser amigo del mundo, se constituye enemigo de Dios" (Santiago 4:4). Puede estar seguro de que el enemigo tratará de usar cualquier cosa que haya funcionado antes para volver a obtener acceso a su vida. También debe evitar los viejos patrones de conducta y quebrar los antiguos hábitos que conducen al pecado.

12. Sea serio en sus esfuerzos para glorificar al Señor Jesús.

"Si, pues, habéis resucitado con Cristo, buscad las cosas de arriba, donde está Cristo, sentado a la diestra de Dios. Poned la mira en las cosas de arriba, no en las de la tierra. Porque habéis muerto, y vuestra vida está escondida con Cristo en Dios" (Colosenses 3:1–3).

13. Ésta batalla es de dependencia. Tenga cuidado de no confiar en la carne.

Admitir que no puede hacer todo por sí mismo no es debilidad; es fortaleza. Haga las cosas con la ayuda de Dios. La mentira de Satanás es decirle que puede hacerlo usted sin Dios. "Yo soy la vid, vosotros los pámpanos; el que permanece en mí, y yo en él, éste lleva mucho fruto; porque separados de mí, nada podéis hacer" (Juan 15:5). "Sean vuestra costumbres sin avaricia, contentos con lo que tenéis ahora; porque él dijo: No te desampararé, ni te dejaré" (Hebreos 13:5).

14. Recuerde las artimañas y las trampas astutas del diablo.

Actúe en la autoridad que Dios le dio. Siempre será honrada por el Padre, quien la dio a Jesús para que se la diera a usted. "Someteos, pues, a Dios; resistid al diablo, y huirá de vosotros. Acercaos a Dios, y él se acercará a vosotros. Pecadores, limpiad las manos; y vosotros los de doble ánimo, purificad vuestros corazones" (Santiago 4:7).

15. La alabanza invita a la presencia de Dios y hace que el enemigo huya.

Alábele porque Él lo merece. Dé gracias a Dios por su continua bondad. El Salmo 103:6 dice: "Jehová es el que hace justicia y derecho a todos los que padecen violencia".

16. Prepárese para recibir su herencia que es dada abundantemente por el Espíritu de Dios.

Su herencia fue dada por medio de la gloria de Jesucristo, que está sentado a la diestra de su Padre, quien también es el Padre de *usted*. Recuérdeles a los demonios que usted es un heredero de Dios y coheredero con Jesucristo. ¡Lo es! "Mas el fruto del Espíritu es amor, gozo, paz, paciencia, benignidad, bondad, fe, mansedumbre, templanza; contra tales cosas no hay ley" (Gálatas 5:22–23). "Entonces Jesús les dijo otra vez: 'Paz a vosotros. Como me envió el Padre, así también yo os envío'" (Juan 20:21).

17. Recuerde que hay ciertas cosas que requieren una guerra espiritual diligente.

La crítica, el negativismo, el lamentar el pasado, la susceptibilidad, la duda, el egoísmo, el poner los sentimientos antes que la fe y la falta de auténtica oración, todas están en la lista. Sea una persona sociable y ayude a los demás. Ayudar a los demás traerá bendiciones. Usted no puede dar lugar en su vida a la autocompasión.

> "Y manifiestas son las obras de la carne, que son: adulterio, fornicación, inmundicia, lascivia, idolatría, hechicería, enemistades, pleitos, celos, iras, contiendas, disensiones, herejías, envidias, homicidios, borracheras, orgías, y cosas semejantes a éstas; acerca de las cuales os amonesto, ya os lo he dicho antes, que los que practican tales cosas no heredarán el reino de Dios…No nos hagamos vanagloriosos, irritándonos unos a otros, envidiándonos unos a otros".
>
> —Gálatas 5:19–21, 26

La guerra espiritual es real

Como Cuerpo de Cristo, estamos involucrados en una guerra espiritual con los poderes de las tinieblas. "Porque no tenemos lucha contra sangre y carne, sino contra principados, contra potestades, contra los gobernadores de las tinieblas de este siglo, contra huestes espirituales de maldad en las regiones celestes" (Efesios 6:12). Una gran porción del propio ministerio terrenal de Jesús estuvo dedicado a echar fuera poderes demoníacos, y su autoridad fue delegada a los creyentes en Jesucristo. (Vea Marcos 16:17.) Andar en el Espíritu después de la liberación es esencial para mantener libre a una persona. El hecho es que Satanás está decidido a robarnos nuestra libertad y toda otra cosa buena que tenemos de Dios. Debemos a aprender a estar firme en nuestro lugar por medio de las armas que están a nuestra disposición. (Vea Efesios 6:13–18.)

Él siempre completa su obra

Puede ocurrir que los poderes demoníacos de los cuales usted ahora es libre hayan estado asociados con usted por mucho tiempo. Los demonios han sido a tal punto parte de su personalidad y hábitos de pensamientos, que la carne debe ser puesta bajo sujeción cada día antes de que se concrete la plenitud de su libertad. El Señor sanará gradualmente su mente y sus emociones en algunos casos. El Espíritu Santo siempre es caballero y no nos da más que lo que podemos manejar en un momento dado. Pero, no importa cuánto tiempo dure, Él siempre completa la obra que ha comenzado en nosotros.

A pesar de lo que ocurra, recuerde que Jesucristo ganó la victoria para usted hace cerca de dos mil años. Satanás sólo puede tratar de hacerlo dudar de esta verdad o convencerlo para que renuncie a su libertad voluntariamente. No sea vencido por pensamientos, emociones o circunstancias negativos. "En todas estas cosas, somos más que vencedores por medio de aquel que nos amó" (Romanos 8:37).

CUATRO MÉTODOS DE ATAQUE TÍPICOS

Para evitar las trampas del enemigo, es de ayuda reconocer algunas de sus estrategias. Cuatro métodos de ataque típicos encontrados por las personas después de la liberación pueden bosquejarse de la siguiente manera.

1. *Mentiras.* Las Escrituras dicen que Satanás es padre de la mentira. Aunque ahora están fuera de usted, los poderes demoníacos todavía pueden hablarle. No acepte pensamientos, ideas, o guías como si vinieran del Señor a menos que se alineen con la Escritura y a menos que le den paz y sean parte de una conducta cristiana. El Espíritu Santo nunca contradice la Biblia, nunca crea caos interior, y nunca nos dice que hagamos cosas extrañas. Las mentiras típicas del enemigo suenan así: "No has sido liberado", "No fue real", "No fue completa", "No puedes mantener tu libertad", "Los demonios siguen estando dentro de ti". O: "Dios demanda que hagas tal o cual cosa". No lo crea. Manténgase firme en la Palabra de Dios. "Así que, si el Hijo os libertare, seréis verdaderamente libres" (Juan 8:36).

2. *Acusación.* Un significado del nombre *Satanás* es "acusador". Usted puede encontrar que se siente culpable por haber tenido poderes demoníacos de sus pecados pasados. Recuerde que todos los pecados y las fallas están bajo la limpieza de la sangre de Jesucristo, y

Dios los ha olvidado. Por otro lado, quizás se le diga que usted es demasiado débil para resistir al diablo, que está fallando a Dios, y que generalmente es una persona malísima. El truco detrás de estas mentiras, y las mencionadas anteriormente, es lograr que se concentre en usted mismo en vez de concentrarse en Jesucristo. No importa lo que somos o hemos sido, Jesucristo es perfecto, y nos ama. Recuerde que su fuerza no viene de su propia fidelidad sino de su fiel Señor. "Mas yo en tu misericordia he confiado; mi corazón se alegrará en tu salvación" (Salmo 13:5). Relájese en la plena salvación de Dios para usted. El nombre de Jesús significa "Dios salva", no "el hombre debe salvarse a sí mismo".

3. *Intimidación*. El enemigo puede tratar de intimidarlo con demostraciones de su poder. No se atemorice si las cosas parecen ir mal por un tiempo, o si algunos síntomas de antes de la liberación parecen reaparecer. Recuerde que si Satanás fuera tan poderoso como dice ser, nos habría eliminado a todos hace mucho tiempo. La razón por la que estamos aquí es que su poder, en realidad, es muy limitado. Solamente existe una Persona todopoderosa, y es el mismo Dios, el Padre de nuestro Señor Jesucristo, quien nos envía el Espíritu Santo para que more en nosotros y en el cual somos bautizados. Estamos del lado ganador.

4. *Tentación*. Usted puede encontrarse tentado por viejos hábitos o conductas que no concuerdan con la vida cristiana. El diablo tiene su manera de hacernos parecer que los tiempos pasados fueron tan buenos, así como engañó a los israelitas en el desierto para que extrañaran "los ajos y las cebollas" que habían dejado atrás en Egipto. Por supuesto, Satanás olvidó mencionar la miseria y la esclavitud que iban junto con las sabrosas cebollas. No se ponga nostálgico por el pasado, sino fije sus ojos en el futuro mientras se prepara para entrar a la tierra prometida por Dios. Jesucristo no vino a quitarnos las cosas buenas sino a traernos verdadera vida. "Yo he venido para que tengan vida, y para que la tengan en abundancia" (Juan 10:10). Ponga su confianza en Jesucristo, y tendrá el deseo de su corazón. (Vea Salmo 37:4.)

PRINCIPIOS POSITIVOS PARA CAPACITARLO

Reconocer la estrategia del enemigo es útil, pero no nos hace ganar la batalla. Es más importante que usted aprenda y practique algunos principios positivos que lo capacitarán para ganar terreno rápidamente y mantenerlo. Los cinco puntos siguientes son fáciles de recordar y le ayudarán tremendamente.

1. *Concentre su atención en Jesucristo.* Su sangre es la protección más poderosa del universo. Además, Jesucristo vino y derramó su propia sangre porque lo ama. Confiese el hecho de que Él lo ama, y repita la siguiente oración cada mañana, tanto en su corazón como en voz alta: "Señor: cubro mi mente, mis emociones, mi cuerpo, mi alma y mi espíritu con la preciosa sangre de Jesucristo". Hable con Jesucristo a lo largo del día, cada día, compartiendo las cosas buenas y las malas con Él. Puede estar seguro de que Él no lo dejará. "Ellos le han vencido por medio de la sangre del Cordero y de la palabra del testimonio de ellos" (Apocalipsis 12:11).

2. *Permita que el Espíritu Santo camine con usted.* Ore a lo largo del día. Permita que el Espíritu Santo le muestre las actitudes negativas, los hábitos, sentimientos y conducta que es necesario cambiar. El Espíritu Santo es poder de Dios dado para que usted sea transformado y llegue a ser como Jesucristo. Él le mostrará cosas por medio de la Biblia, otras personas y sus experiencias. (Vea Efesios 6:18; Juan 16:13.)

3. *Sumérjase en las Escrituras.* La Biblia es la Palabra de Dios escrita. La Palabra de Dios es viva y obra en nosotros aún cuando quizás no entendamos o comprendamos plenamente lo que estamos leyendo. Lea tanto como pueda, pero preferentemente, al menos cinco capítulos de los Evangelios del Nuevo Testamento cada día. Si su estado mental lo hace imposible, entonces hasta que el Señor sane su mente, concéntrese en memorizar un versículo de las Escrituras todos los días, repitiéndoselo constantemente. Selecciones versículos que parezcan aplicarse a usted. Puede comenzar con algunos versículos citados en este libro. (Vea Juan 8:31.)

4. *Ordene al diablo y a los poderes demoníacos, en el nombre de Jesucristo, que se vayan y lo dejen en paz.* Deje en claro que usted decide seguir a Jesucristo pase lo que pase. Sobre todo, no discuta con el enemigo, ni retenga los pensamientos que él le sugiere, porque usted no puede derrotarlo de esa manera. En cambio, despeje su mente alabando tranquilamente a Jesucristo. (Vea Santiago 4:7.)

5. *Entrelácese con otros cristianos.* El caminar cristiano no es la actuación de un solo. Usted necesitará otras personas de la comunión cristiana que lo apoyen y edifiquen su fe. Esto no es algo de qué avergonzarse, sino la manera en que Dios prefiere que Jesucristo ministre por medio de su Cuerpo. "Sobrellevad los unos las cargas de los otros, y cumplid así la ley de Cristo" (Gálatas 6:2).

Practique estos cinco principios, y su problemas postliberación serán mínimos y su progreso, firme. Recuerde que Dios no lo abandonará, y no se desaliente por ninguna falla. Dé gracias al Padre por enviar a Jesucristo y ungirlo con el Espíritu Santo para trasladarnos del reino de las tinieblas al reino de la luz.

El Espíritu del Señor está sobre mí, por cuanto me ha ungido para dar buenas nuevas a los pobres; me ha enviado a sanar a los quebrantados de corazón; a pregonar libertad a los cautivos, y vista a los ciegos; a poner en libertad a los oprimidos; a predicar el año agradable del Señor. Y enrollando el libro, lo dio al ministro, y se sentó; y los ojos de todos en la sinagoga estaban fijos en él. Y comenzó a decirles: Hoy se ha cumplido esta Escritura delante de vosotros.

—Lucas 4:18–21

Dios le bendiga mientras usted crece y conduce a otros a la libertad.

Nota a la traducción:

a. El original inglés utiliza un juego de palabras intraducible sobre las "tres eres": Like "reading, 'riting, and 'rithmatic", es decir: la lectura, la escritura y la aritmética. Estas tres eres son: Recognize (reconocer); Resist (resistir); Remain (permanecer).

CAPÍTULO 23

PROMESAS Y JURAMENTOS

Casi no incluyo esta información en el libro. Sin embargo, ya que estuve bajo mucho ataque cada vez que me enfocaba en esto y debido a que literalmente desapareció de mi computadora un par de veces, decidí que era una buena indicación para compartir el acceso que se da a los poderes demoníacos con el permiso de las promesas y los juramentos.

Supongo que el 40–50 por ciento de las personas que vienen a mí para liberación tienen demonios en su vida por el permiso de la francmasonería, las logias secretas, y las fraternidades universitarias y hermandades femeninas. Tal vez esto lo deje atónito, pero es cierto. Realmente no creo que la gente se involucre en estas organizaciones secretas con el propósito de invitar demonios a que entren a su vida. He visto a muchos, muchos sanados de diversas enfermedades y dolencias cuando fue rota la maldición que había en sus vidas.

Un hombre que está involucrado en la francmasonería me dijo: "Me uní para poder ayudar a los niños lisiados…". Otro dijo, un poco a la defensiva: "Los masones simplemente hacen que la gente buena sea mejor". Después hubo un Masón de Grado Trigésimo Segundo que me trajo su esposa para liberación (yo no sabía que él era masón). Él dijo: "No hice ningún voto como los que usted menciona". Su esposa le espetó: "Si ellos son tan buenos, y eso es tan útil, ¿por qué lo mantienes en secreto?".

¿Comprende? Es una trampa. Ningún creyente puede hacer votos tales como los que leerá más adelante y permanecer en íntima comunión con el Señor Jesús; es imposible. Ahora, el lazo se ajusta cuando al creyente se le pregunta si hizo tales promesas blasfemas, y él debe decidir admitirlo, lo cual requiere arrepentimiento, o mentir. Creo que usted sabe lo que elige hacer la mayoría, y la esclavitud aumenta.

No condeno a las personas que son masones. Tengo muchos amigos que eligieron unírseles. Creo que hacen una elección por ignorancia. La mayoría de ellos me dice: "Ah, nunca voy. Sólo me uní porque alguien me pidió y pensé que era un honor que me tuvieran en consideración". Otros dicen: "Pensé que podría ayudarme en mis emprendimientos de negocios y en mis asociaciones".

Quisiera ver libre a todo creyente. No creo que la gente que se involucra en estas organizaciones ocultas se dé cuenta de lo que están haciendo, ni que entiendan qué maldiciones han traído a su familia y a las generaciones futuras. Selwyn Stevens de Jubilee Ministries de Nueva Zelanda, ha reunido valiosa información para ayudar a liberar personas de la maldición de la francmasonería. Se lo comparto y lo animo a que lo lea con mucha oración. Permita que el Espíritu Santo le dé dirección.

Para mayor información acerca de la francmasonería, visite el sitio web de Jubilee Ministries: http://www.jubilee-resources.com. La información incluso puede descargarse. Puede escribir a: Jubilee Ministries, Box 36-044, Wellington 6330, Nueva Zelanda.

Si usted alguna vez fue miembro de una organización masónica o es descendiente de alguien que lo fue, le recomiendo que haga una oración similar a la siguiente. Sea sincero en la revocación y denuncia de los votos, las promesas y los juramentos. Por favor, léala toda primero para saber lo que implica. Incluso sería útil tener un testigo cristiano presente.

He visto mucha gente sanada de enfermedades tanto físicas como espirituales, así como de dolores de cabeza de mucho tiempo, asma, problemas del corazón y otras muchas dolencias como resultado de una decisión consciente de denunciar la participación en la masonería.

Oración

Padre Dios, Creador del cielo y de la tierra, vengo a ti en el nombre de Jesucristo, tu Hijo. Vengo como un pecador buscando perdón y limpieza de todo pecado cometido contra ti y contra otros hechos a tu imagen. Honro a mi padre terrenal y a mi madre y a todos mis antepasados de carne y sangre, a aquellos con quienes estoy relacionado por el espíritu de adopción, y a los padrinos, pero me vuelvo completamente de todos mis pecados y renuncio a ellos. Perdono a todos mis antepasados por el efecto de sus pecados en mí y en mis hijos. Confieso y renuncio a todos mis propios pecados. Renuncio y reprendo a Satanás y a todo su poder espiritual que nos afecta a mí y a mi familia.

Renuncio y abandono toda participación en francmasonería o cualquier otra logia u oficio de mis antepasados y de mí mismo. En el nombre de Jesucristo, renuncio y corto la hechicería, el espíritu principal que está detrás de la francmasonería. Renuncio y corto a Baphomet, el espíritu del anticristo, y los espíritus de muerte y engaño.

Renuncio a la inseguridad; al amor a la posición y al poder; al amor al dinero, a la avaricia, o codicia; y al orgullo que condujo a mis antepasados a la masonería. Renuncio a todos los temores que los mantuvieron en la masonería, especialmente el temor a la muerte, el temor al hombre, y temor de confiar en el nombre de Jesucristo.

Renuncio a toda posición mantenida en la logia por cualquiera de mis ancestros o por mí mismo, incluyendo "Maestro", "Maestro Honorable", o cualquier otra. Renuncio a llamar "Maestro" a cualquier hombre, porque Jesucristo es mi único maestro y Señor, y Él prohíbe que cualquier otro lleve ese título. Renuncio a atrapar a otros en la masonería y a observar la indefensión de otros durante los rituales. Renuncio a los efectos de la masonería que pasaron a mí por cualquier ancestro femenino que se sintió desconfiado y rechazado por su esposo cuando él entró y asistió a la logia y rehusó contarle a ella sus actividades secretas. También renuncio a toda obligación, juramento, y maldición representada por todos los miembros femeninos de mi familia por medio de cualquier membresía directa en todas las órdenes de mujeres de la francmasonería, la orden de Eastern Star (la Estrella de Oriente), o cualquier otra organización masónica u oculta. Hago esto Padre, en el nombre de tu Hijo, Jesucristo, Amén.

INFORMACIÓN ACERCA DE LOS DIVERSOS GRADOS Y JURAMENTOS TOMADOS

Grado Trigésimo Tercero y Supremo

El Grado Trigésimo Tercero y Supremo de la masonería tiene claves secretas, y estas mismas palabras se manifiestan como poderes demoníacos durante la sesión de liberación. Estos juramentos impíos incluyen el llamar a Lucifer el gran arquitecto del universo y referirse a él como la paternidad universal de Dios. Este grado incluye un "cable de remolque" (cable tow) alrededor del cuello, el deseo de muerte de que el vino tomado de un cráneo humano se vuelva veneno y el esqueleto cuyos fríos brazos son invitados si el juramento de este grado es violado. Este grado involucra también avaricia y hechicería en el intento de manipular y controlar al resto de la humanidad. También introducidos en este grado se encuentran tres infames asesinos de su gran maestro; la ley, la propiedad y la religión.

Blue Lodge (Logia Azul)

Cada voto de la masonería invita a demonios y suele traer maldición a las futuras generaciones. El juramento de la Blue Lodge implica el primer grado o grado de aprendiz inscripto y afecta especialmente la garganta y la lengua. Están involucrados el "engañoso vendarle los ojos a alguien" y sus efectos sobre el espíritu, las emociones, y los ojos, incluyendo toda confusión, temor a la oscuridad, temor a la luz, y temor a los ruidos repentinos. Los resultados a menudo son ceguera de la verdad espiritual, oscuridad del alma, ideas falsas, condescendencia, y el espíritu de pobreza que puede ser causado por el ritual de este grado. Existe el pacto de "usurpar el matrimonio" al quitarse el anillo de bodas; invocar la palabra secreta *Boaz*; el broche de serpiente en el delantal; el espíritu de pitón, que es traído para extraer la vida espiritual; la antigua enseñanza pagana de Babilonia y Egipto; y el simbolismo de la primera plancha de trazar. Existe una mezcla y confusión de verdad y error; mitología, invenciones y mentiras enseñadas como verdad; la deshonestidad de los líderes con respecto a la verdadera comprensión del ritual; y la blasfemia de este grado de la francmasonería. También incluida en el juramento de la Blue Lodge está la presentación de la brújula.

Recuerdo un encuentro en particular con un espíritu demoníaco que reclamaba tener consentimiento para quedarse en el individuo después que se le ordenó que se fuera. Le ordené al espíritu que revelara cuál era el consentimiento. El demonio respondió: "Se pusieron el delantal". Se refería al abuelo que estuvo involucrado en la francmasonería. El individuo confesó los pecados de su abuelo y rompió el poder del demonio y el permiso. Entonces éste se fue inmediatamente cuando se le ordenó.

También está el cable de remolque alrededor del cuello, lo que resulta a menudo en el temor de ahogarse y posiblemente causa asma, fiebre del heno, enfisema, y otras dificultades respiratorias. Existe la daga ritual, o las agujas de la brújula, la espada o arpón sostenido contra el pecho, ocasionando temor a la muerte por dolor de apuñalamiento, temor a los infartos de este grado, y el absoluto secreto demandado bajo un juramento de hechicería y sellado al besar el *Volumen de la Sagrada Ley*. Está incluido también el arrodillarse ante la falsa deidad conocida como el Gran Arquitecto del Universo revelado como Lucifer. Los resultados frecuentemente acarrean maldiciones de la garganta, las cuerdas vocales, los pasajes nasales, los senos paranasales, los bronquios, etc.

He tratado virtualmente con todos estos síntomas en las sesiones de liberación con personas que tienen masonería en sus antepasados.

Segundo Grado de masonería o Fellow Craft (Compañeros)

Esto incluye las maldiciones sobre el corazón y el pecho, la antigua enseñanza pagana y el simbolismo de la segunda plancha de trazar, y el signo de reverencia al principio generativo. Los problemas resultantes son con frecuencia dureza emocional, apatía, indiferencia, incredulidad y profunda ira. El pecho, los pulmones y las áreas del corazón muchas veces son sanados cuando se denuncia esto.

Tercer Grado o Grado de Maestro Masón

Las maldiciones aquí se manifiestan en el estómago y el área del vientre. La antigua enseñanza pagana y los símbolos de la tercera plancha de trazar se utilizan en este ritual. Los golpes en la cabeza representados como un ritual de asesinato se sabe que resultan en temor a la muerte; falso martirio; temor a los ataques violentos de las pandillas, asaltos, violación, e indefensión; la caída en el ataúd o en la camilla involucrada en el ritual de asesinato. Hiram Abiff se presenta como el salvador de la francmasonería. El estómago, la vesícula, el vientre, el hígado y otros órganos del cuerpo pueden ser afectados por la masonería.

Los espíritus demoníacos de Tubal Caín y Maha Bone se han manifestado en muchas sesiones de liberación que he dirigido. Existen espíritus territoriales de alto rango en la masonería. En una liberación reciente, los demonios que estaban presentes con permiso de la francmasonería de los antepasados comenzaron a gritar pidiendo ayuda. El candidato dijo: "Estoy oyendo 'Maha, Maha' una y otra vez. Oigo esto como un grito de auxilio".

Existe el ritual pagano del "Punto dentro del Círculo", con todos sus sometimientos y adoración al falo (órgano reproductor masculino), el símbolo "G" y sus secretos simbolismos paganos y sus ataduras, el misticismo oculto del piso a cuadros de mosaico blanco y negro con borde teselado y la estrella resplandeciente de cinco puntas. El símbolo "G" no representa a Dios (God), como pueden decirle algunos.

El Tercer ojo que todo lo ve de la francmasonería

Esto incluye a Horus en la frente y su simbolismo ocultista y pagano y el tercer ojo y su capacidad oculta de ver en el ámbito espiritual. Debido a la falsas comuniones tomadas y a la burla hacia la obra redentora de Jesucristo en la cruz del Calvario, se hallan como resultado incredulidad, confusión y depresión. Esto también ocasiona temor a la locura, angustia, deseos de morir, suicidio y muerte, enojo, odio, pensamientos asesinos, venganza, represalias, apatía espiritual, falsa religión, y toda incredulidad, especialmente incredulidad hacia la Santa Biblia como Palabra de Dios y al compromiso con la Palabra de Dios.

Rito de York

Esto incluye la Logia Mark y la marca en forma de cuadrados y ángulos, que marca a la persona de por vida. Existe la joya o talismán oculto que puede haber sido hecho de esta marca o signo y usada en las reuniones de la logia; el Grado de Maestro Mark, la pena de tener la oreja derecha golpeada, la maldición de la sordera permanente, y la mano derecha cortada por ser un impostor.

¿Por qué es tan secreta la masonería? Lea muy cuidadosamente la pena por revelar los secretos tal como se toma en los votos: pena para quien fue maestro: lengua partida desde la punta hasta la raíz; pena para el grado de maestro más sobresaliente: pecho abierto y los órganos vitales quitados y expuestos a la putrefacción en una montaña de estiércol.

Grado del Santo Arco Real

Esto incluye los juramentos realizados y las maldiciones involucradas en el Grado del Santo Arco Real, especialmente el juramento de quitar la cabeza del cuerpo y exponer el cerebro al sol calcinante. Sí, está leyendo bien. Esto también incluye el falso nombre secreto de Dios y la adoración a los falsos dioses paganos Bul, o Baal, y On u Osiris. Este grado incluye también la falsa comunión o Eucaristía, burla, escepticismo, e incredulidad acerca de la obra redentora de Jesucristo en la cruz del Calvario. Muchas veces ocurre la sanidad del cerebro y de la mente cuando se denuncia esto y se confiesa el pecado.

Mire las maldiciones involucradas en el Grado del Santo Arco Real del Rito York y el Grado de Maestro Selecto. La pena por contar los secretos es tener las manos cortadas hasta el muñón, los ojos arrancados de las órbitas, y el cuerpo descuartizado y arrojado entre la basura del templo.

Grado de Maestro Súper Excelente
Su maldición es cortar los pulgares, sacar los ojos, atar el cuerpo con cadenas y grillos, y ser conducido cautivo a una tierra extraña.

Orden de los Caballeros de la Cruz Roja
La maldición o pena es derribar su casa y colgarlo de las vigas expuestas.

Grado de los Caballeros Templarios y Caballeros de Malta
El Grado de los Caballeros Templarios y Caballeros de Malta incluye votos realizados sobre un cráneo, las espadas cruzadas, la maldición y deseo de muerte de Judas de cortar la cabeza y colocarla en la punta del capitel de una un iglesia, comunión impía, y especialmente beber de un cráneo humano en muchos ritos.

RITO ANTIGUO Y ACEPTADO O RITO ESCOCÉS
Solamente los grados Décimo Octavo, Trigésimo, Trigésimo Primero, Trigésimo Segundo y Trigésimo Tercero operan en los países de la Comunidad Británica.

Décimo octavo grado de masonería
El Décimo octavo grado de masonería incluye posiciones de liderazgo tales como El Más Sabio Caballero Soberano del Pelícano y el Águila y Soberano Príncipe Rosacruz de Heredom. Inicia al espíritu hechicero del pelícano, así como a la influencia oculta de los Rosacruces y la Kabala, este grado afirma que la muerte de Jesucristo fue una "funesta calamidad" y también se burla deliberadamente de y tergiversa la doctrina cristiana de la expiación. El decir las palabras secretas es una burla de la comunión tomada en este grado, incluyendo la consumición de galletita, sal, y vino blanco.

Trigésimo Grado de masonería

Los líderes de este grado son el Gran Caballero Kadosh y el Caballero del Águila Blanca y Negra. Los votos del Sublime Príncipe del Secreto Real se realizan junto con las maldiciones que involucra. Prácticamente todas las palabras secretas son nombres de poderes demoníacos. Pronunciar sus nombres es invocar su poder.

Trigésimo Primer Grado de masonería

El Gran Inspector Comandante Inquisidor es el líder en este rango. También incluye la presentación de los *dioses y diosas de Egipto* (que son honrados en este grado, incluyendo Anubis con la cabeza de carnero y Osiris el dios sol, Isis la hermana y esposa de Osiris y la diosa luna), el Alma de Ceres, que es el falso símbolo de la inmortalidad, la Cámara de los Muertos y la falsa enseñanza de la reencarnación.

Trigésimo Segundo Grado de masonería

El Sublime Príncipe del Secreto Real lidera este rango, e incluye la falsa deidad trinitaria de la masonería, Aum y sus partes, y Brahama el creador, Vishnú el preservador, y Shiva el destructor. La deidad Ahura-Mazda es el supuesto espíritu o fuente de toda luz. La adoración con fuego y también el beber en un cráneo humano se incluye en muchos ritos. La muerte y la enfermedad son maldiciones que se pasan virtualmente a todas las generaciones futuras.

Todos lo demás grados

Esta información puede ser útil para cuando busca libertad para usted y su familia. Si tiene conocimiento de cualquier asociación con algunos de los anteriores, le sugiero que renuncie a todo y tome una decisión consciente para ser libre de todas esas maldiciones en el nombre de Jesucristo. Esto incluye los Grados Aliados, la Cruz Roja de Constantino, la Orden del Monitor Secreto y la Orden Real Masónica de Escocia. Las Logias y sociedades secretas incluyendo francmasonería, Prince Hall, Logias del Gran Oriente, mormonismo, Orden de Amaranta, Real Orden de Jesters, Orden de la Unidad de Oddfellows de Manchester, Búfalos, Druidas, Foresters, Logias Naranja y Negro, Elks (Alces), Logias del Alce y del Águila, Ku Klux Klan, Grange, Leñadores del Mundo, Corredores de la Toga Roja, Caballeros de Pitias, Orden

Mística de los Profetas Ocultos del Reino Encantado, Estrella de Oriente, Damas del Santuario Oriental, Santuario Blanco de Jerusalén, Hijas
de la Estrella de Oriente, Hijas de Job, Arcoiris y Orden de DeMolay.

Juramento hipocrático

Encuentro que muchos médicos no hacen este juramento, y muchos
médicos cristianos hacen votos similares a Dios, pero no a Apolo ni a
ninguno de los llamados dioses o diosas.

Numerosas fraternidades y hermandades de la vida universitaria me
prohibieron mencionar todas sus promesas y juramentos. Pero puede
estar seguro de que virtualmente todos ellos pueden ser aperturas para
los espíritus demoníacos y debería renunciarse a ellos y confesarlo como
pecado. Con la confesión, el creyente debe ordenar a los espíritus que
vinieron por ese permiso que se vayan y no regresen nunca en el nombre de Jesucristo.

OTRA ORACIÓN POR LIBERTAD

*Señor Jesús, porque tú quieres que sea totalmente libre de toda es-
clavitud oculta, yo quemo todo objeto de mi posesión que me re-
lacione con todas las logias y organizaciones ocultas, incluyendo la
masonería, la hechicería, el mormonismo, toda vestidura, delantales,
libros de rituales, anillos y toda joya. Renuncio a los efectos que estos
u otros objetos de la masonería, incluyendo la brújula y la escuadra,
han tenido sobre mí y mi familia en el nombre de Jesucristo.*

*Renuncio a todo espíritu maligno asociado a la masonería y la he-
chicería y todos los demás pecados, y ordeno en el nombre de Jesucristo
que Satanás y todo espíritu maligno sean atados y se vayan ahora, sin
tocar ni dañar a nadie. Les ordeno en el nombre de Jesucristo que se
vayan al lugar señalado para ellos por el Señor Jesús, y nunca regresen
a mí ni a mi familia. Invoco el nombre del Señor Jesús para ser libre
de estos espíritus conforme las muchas promesas de la Biblia. Pido ser
liberado de todo espíritu de enfermedad, de dolencia, de maldición,
de aflicción, de adicción, de males o alergias relacionados con estos
pecados que he confesado y renunciado. Rindo al Espíritu Santo de
Dios, y a ningún otro espíritu, todos los lugares de mi vida en que
han estado estos pecados, en el nombre de Jesucristo. Amén.*

APÉNDICE

EL FRACASO O la negativa a obedecer las órdenes de Dios traen una maldición. Si esperamos mantenernos libres de maldiciones del pecado, debemos caminar en obediencia a Dios. Dicho sencillamente, la desobediencia es un abridor de puertas, y una de las mejores evidencias bíblicas de ello son los hijos de Israel. Ellos fueron total y completamente liberados de la esclavitud y entraron en otro tipo de esclavitud por desobedecer a Dios.

¿Cómo puede usted saber si está bajo una maldición de pecado? En primer lugar, ¿ha despreciado usted a Dios o se ha negado a escuchar su voz? Las bendiciones de Dios vienen a los que son hacedores de su Palabra. Las maldiciones caen sobre todos los que lo desoyen: "Pero debes saber que, si no obedeces al Señor tu Dios ni cumples fielmente todos sus mandamientos y preceptos que hoy te ordeno, vendrán sobre ti y te alcanzarán todas estas maldiciones" (Deuteronomio 28:15, NVI). La Biblia nombra específicamente muchos pecados que resultan en maldiciones.

TREINTA Y SIETE MALDICIONES BÍBLICAS

1. Idolatría (cualquier fabricación o veneración de un ídolo) (Éxodo 20:5; Deuteronomio 27:15)
2. Incesto con la propia hermana, suegra o esposa del padre (Deuteronomio 27:22–23)
3. Adulterio (Levítico 20:10; Números 5:27; Deuteronomio 22:22–27; Job 24:15–18)
4. Crueldad con una persona discapacitada (Deuteronomio 27:18)
5. Opresión del indefenso (Deuteronomio 27:19)
6. Fornicación (Deuteronomio 22:21–29)
7. Deshonrar a los padres (Deuteronomio 27:16)
8. Relación sexual con cualquier animal (Deuteronomio 27:21)

9. Defraudar a un vecino (Deuteronomio 27:17)
10. Relaciones homosexuales (Génesis 19:1–25; Levítico 20:13)
11. Relaciones sexuales durante la menstruación (Levítico 20:18)
12. Casarse con una mujer y su madre (Levítico 20:14)
13. Violar (Deuteronomio 22:25)
14. Hijos concebidos fuera del matrimonio (Deuteronomio 23:2)
15. Posesión de objetos detestables (Deuteronomio 7:25–26)
16. Cualquier práctica oculta: adivinación, brujería, agüero, hechicería, consultar a un médium, y consultar a los muertos (Levítico 20:6, 27; Deuteronomio 18:9–13)
17. Homicidio (Deuteronomio 11:28; 27:24)
18. Homicidio por pago, incluyendo los que reciben paga para realizar abortos (Deuteronomio 27:25)
19. Abandonar al Señor (Deuteronomio 28:20)
20. No servir al Señor con alegría y gozosamente en tiempos de prosperidad (Deuteronomio 28:47)
21. No reverenciar el nombre del Señor Dios (Deuteronomio 28:1–14; 5:8).
22. Presunción al despreciar la Palabra de Dios y dirigirse por su propio camino (Deuteronomio 29:19)
23. Maldecir o maltratar a la simiente de Abraham (Génesis 12:3; Números 24:9)
24. Negarse a ayudar en la guerra del Señor (Jueces 5:23; Jeremías 48:10)
25. No dar la gloria a Dios (Malaquías 2:2)
26. Robar a Dios de los diezmos y ofrendas (Hageo 1:6–9; Malaquías 3:9)
27. Negligencia en la obra del Señor (Jeremías 48:10)
28. Apartar a otros del Señor hacia una religión falsa (Deuteronomio 13:6–9).
29. Quitar o añadir a la Palabra de Dios (Apocalipsis 22:18–19)
30. Enseñar a rebelarse contra el Señor (Jeremías 28:16–17)
31. Negarse a advertir a los que pecan (Ezequiel 3:18–21)
32. Profanar el sabbath (Éxodo 31:14; Números 15:32–36)
33. Pervertir el evangelio de Cristo (Gálatas 1:8–9)
34. Maldecir a sus gobernantes (Éxodo 22:28; 1 Reyes 2:8–9)

35. Negarse a perdonar a otros después de pedir a Dios que lo perdone (Mateo 18:34–35)
36. Sacrificios de niños, como el aborto (Levítico 18:21; Deuteronomio 18:10)
37. La desobediencia contra cualquiera de los mandamientos del Señor (Deuteronomio 11:28; 27:26).

Algunas personas desestiman estas verdades porque son, en su mayor parte, del Antiguo Testamento. Algunos pastores enseñan que hoy no se aplican, pero estos son los principios bíblicos o leyes efectivamente fijadas por Jehová Dios. Jesús no vino a derogar a la ley sino a cumplirla. En realidad la amplió y la hizo tanto espiritual como física. Recuerde lo que dijo del adulterio, el homicidio, y la ira. (Vea Mateo 5:17–28.) "La ley dice…Pero yo digo." Mientras que la ley condenó el adulterio, Jesús incluyó: "Cualquiera que mira a una mujer y la codicia ya ha cometido adulterio con ella en el corazón". Jesús dijo: "No estés enfadado", mostrando que la cólera es la semilla del homicidio. No "derogó la ley"; la cumplió y ensanchó su alcance.

La manera más simple de determinar si uno está o no bajo una maldición es comparar la propia vida con las bendiciones que Dios ha prometido a los que lo aman. Si uno no está bendito, está maldito. ¿Cómo está la medida de su vida para las bendiciones enumeradas en Deuteronomio 28:1–14? ¿Usted es "exaltado" por Dios, es un prestamista y no un prestatario, la cabeza y no la cola? ¿Su vida se caracteriza por la fertilidad? ¿Usted prospera en todo lo que hace? ¿Está libre del acoso de enemigos tanto naturales como espirituales? ¿Su vida es un éxito? ¿Su relación con Dios es gratificante? ¿Usted está reconociendo y cumpliendo los propósitos divinos? Éstas son las características de una vida bendita. Si uno no está disfrutando la bendición, entonces está sufriendo la maldición. No hay término medio.

Aún otra manera de determinar si las maldiciones están operando es buscar los efectos de las maldiciones. Los efectos comunes de las maldiciones son la pobreza, la esterilidad, la pestilencia, la enfermedad crónica, el fracaso, la derrota, la humillación, la locura, el tormento, los traumas perpetuos, los obstáculos espirituales, la dominación por otros, y el abandono de Dios y de otros. (Vea Deuteronomio 28:20–68.)

AGRUPAMIENTO DE DIVERSOS ESPÍRITUS MALVADOS

Puedo decirle que aunque esta información podría ser valiosa para algunos, ¡en realidad no es nada más que la identificación de las funciones de los demonios! Usted hasta podría decir que cualquier demonio podría tener algunas de estas funciones. Más importante que la maldición es la causa. No trato con los demonios por su función sino más bien por sus nombres individuales, y luego por su asignación en esa vida individual. Todos ellos tienen identidades. No obstante, he aquí un listado de muchas funciones demoníacas.

Abandono
Aislamiento	Soledad
No sentirse querido	No formar parte
Víctima	

Adicciones
Alcohol	Cafeína
Dependencias	Tranquilizantes/estimulantes
Cocaína	Escape
Alimentos	Juego
Marihuana	Nicotina
Drogas no prescriptas	Drogas prescriptas
Pornografía	Deportes
Drogas de la calle	Televisión
Tranquilizantes	Videojuegos

Amargura
Culpar	Quejarse
Juzgar críticamente	Chismear
Murmurar	Ridiculizar
Falta de perdón	Condena irracional

Ansiedad
Cargas	Falsa responsabilidad
Fatiga	Pesadez
Nerviosismo	Intranquilidad
Cansancio	

Ciencias ocultas

Astrología
Magia negra
Lanzar hechizos o cantar ensalmos
Enviar demonios
Bola Mágica 8
Decir la suerte
Francmasonería
Horóscopos
Levitación
Hacer pacto de sangre
Necromancia
Poseer joyas del ocultismo
Exorcismo no cristiano
Leer las manos
Péndulo
Ver películas de terror
Fraternidades femeninas
Leer libros de ocultismo/brujería
Hechicería
Espiritismo
Hojas de té
Visitar templos paganos
Vudú
Magia blanca
Yoga

Escritura automática
Clarividencia
Bola de cristal
Adivinación
Percepción extrasensorial
Fraternidades universitarias masculinas
Grafología
Hipnosis
Telepatía
Hacer un juramento o voto de sangre
Poseer música "heavy-metal"
Nueva Era
Taba ouija
Lecturas de vidas pasadas
Sanadores psíquicos
Fantasía científica
Ver cualquier fantasía científica
Sesiones espiritistas
Espíritus guías
Cartas del tarot
Meditación trascendental
Visitar cementerios indios
Agua hechizada
Brujería

Codicia

Hacer trampa
Idolatrar
Tergiversar

Codiciar
Robar
Hacer fraude

Cirugías

Anestesias
Parto difícil

Cesáreas
Epidurales

Cólera

Frustración
Resentimiento
Berrinches

Odio furioso
Humor
Niño o niña mimados

Competencia
Conducir
Posesividad
Orgullo

Celos
Esfuerzo

Conflicto
Discusiones
Maldecir
Desacuerdos

Peleas
Disensiones
Burlas

Confusión
Indecisión
ADD
OCD
Lapsus de memoria
Problemas de percepción
Incapacidad para captar verdades simples

Falta de concentración
ADHD
Pensamientos inconexos
Incapacidad para concluir
Interrupción del pensamiento

Decepción
Confusión
Autoengaño

Mentira

Depresión
Desaliento
Desánimo
Insomnio
Autoconmiseración
Fantasías suicidas

Desesperación
Desesperanza
Excesivo sueño
Intentos de suicidio
Apartarse

Desvalorización
Inferioridad
Autocondenación

Odio a sí mismo
Automutilación

Enfermedades
Accidentes (caídas, autos, etc.)
Asma
Cáncer
Historia familiar de enfermedades
Enfermedad del corazón
Fibromialgia

Artritis
Esterilidad
Diabetes
Fatiga
Anormalidades físicas
Aborto

Hipertensión
Enfermedad mental
Enfermedades de la piel/erupciones

Migrañas
Muerte prematura

Enfermedad mental

Locura
Confusión
Histeria
Senilidad
Tratamientos de shock
Enfermedad obsesivo compulsiva

Compulsiones
Alucinaciones
Insania
Esquizoparanoia
Institucionalización
Angustia mental

Escapes

Fantasía
Letargo
Procrastinación

Mala memoria
Pasividad
Retirada

Finanzas, patrones de

Compras compulsivas
Incapacidad para planear y
    ahorrar
Fallos en el trabajo
Malas decisiones financieras

Avaricia
Irresponsabilidad al gastar
Tacañería
Pérdida de trabajos
Pobreza

Incredulidad

Duda
Racionalismo
Incredulidad

Descreimiento
Escepticismo

Miedos

Ansiedad
Pesadez
Superstición
Fobias
    A las autoridades
    A fallar
    Al hombre
    Al castigo
    A la muerte
    Al rechazo

Cargas
Películas de terror
Inquietudes irracionales
Preocupación

Hipersensibilidad
A las enfermedades
Al cáncer
Al ataque al corazón
A la diabetes
A ser una víctima

Orgullo
Arrogancia
Vanidad

Autoimportancia
Falsa autoestima

Pecados sexuales
Sexo demoníaco
Fornicación
Homosexualidad
Lesbianismo
Masturbación con fantasías
Sexo prematrimonial
Violación
Abuso sexual

Exhibicionismo
Frigidez
Incesto
Fantasías lujuriosas
Pornografía
Prostitución
Seducción

Pena
Pérdida
Pesar

Tristeza
Sufrimiento

Rebelión
Insubordinación
Obstinación

Mentir
Desautorizar

Rechazo
Percepción de rechazo
Autorrechazo

Perfeccionismo

Religión
Anticristo
Legalismo / reglas

Cultos
Tradición

Trauma
Accidentes
Pérdidas

Abuso emocional
Abuso físico

Abuso sexual   Abuso verbal
Violencia

Vergüenza
Condenación   Bochorno
Culpabilidad   Autoacusación
Autorreproche, repugnancia de sí mismo

Violencia
Enemistad   Daño físico
Amenazas   Asesinato
Represalias   Tortura

Espíritus demoníacos identificados en la Escritura

Antiguo Testamento

Espíritu de celos (Números 5:14)

Espíritu malo (1 Samuel 16:14–23)

Espíritu mentiroso (1 Reyes 22:22)

Espíritu de Ciro, rey de Persia (2 Crónicas 36:22)

Espíritu triste (Proverbios 17:22)

Espíritu angustiado (Proverbios 18:14)

Espíritu altivo / espíritu de rebelión (Eclesiastés 7:8)

Espíritu de Egipto (Isaías 19:3)

Espíritu de sueño profundo (Isaías 29:10)

Espíritu de destrucción (Jeremías 51:1)

Espíritu del rey de Media (Jeremías 51:11)

Espíritu propio / espíritu humano (Ezequiel 13:3)

Espíritu de ramera (Oseas 4:12; 5:3)

Espíritu de mentira (Miqueas 2:11)

Espíritu inmundo (Zacarías 13:2)

Nuevo Testamento

Espíritu inmundo de demonio (Lucas 4:33)

Espíritu nauseabundo / espíritu sordo y mudo (Marcos 9:25)

Espíritu de enfermedad (Lucas 13:11)

Espíritu de adivinación (Hechos 16.:16)

Espíritu malvado (Hechos 19:15–16)

Espíritu de lujuria (Romanos 1:24)

Espíritu de esclavitud (Romanos 8:15)

Espíritu de sueño (Romanos 11:8)

Espíritu de hombre (1 Corintios 2:11)

Espíritu del mundo (1 Corintios 2:12)

Espíritu demoníaco (1 Corintios 10:20–21)

Espíritu del demonio (Efesios 6:11–12)

Espíritu de desobediencia en niños (Efesios 2:2)

Espíritu de temor (2 Timoteo 1:7)

Espíritu de seducción o engaño (1 Timoteo 4:1)

Espíritu de anticristo (1 Juan 4:3)

Espíritu de error (1 Juan 4:6)

SESENTA SÍNTOMAS DE ATAQUE DEMONÍACO

1. Deseo compulsivo de blasfemar contra Dios.
2. Repugnancia contra la Biblia, incluyendo deseos de romperlas o destruirla.
3. Ideas compulsivas de suicidio o asesinato.
4. Profundos sentimientos de amargura y odio hacia otros sin razón: judíos, otras razas, la iglesia, destacados líderes cristianos.
5. Cualquier tentación compulsiva que trate de forzar pensamientos o comportamientos que la persona realmente no quiere pensar o hacer.
6. Deseos compulsivos de desacreditar a otras personas, aunque implique mentir para ello; lengua despiadada.
7. Aterradores sentimientos de culpabilidad aún después de haber hecho una franca confesión al Señor.
8. Ciertos síntomas físicos que pueden aparecer o desaparecer repentinamente y para los cuales no hay razón física o fisiológica; síntomas tales como sensación de asfixia, dolores que parecen moverse de un lado a otro y para los que no hay causa médica, sensaciones de tensión sobre la cabeza o los ojos, mareos, desvanecimientos o ataques de desmayos.
9. Depresión y desaliento profundos.
10. Súbitas oleadas de violenta rabia, cólera incontrolable o sentimientos de furiosa hostilidad.

11. Dudas aterradoras sobre la propia salvación aunque hayan conocido el gozo de ser salvos.
12. Ataques de pánico u otros temores terroríficos.
13. Sueños o pesadillas de naturaleza horrorosa y que se repiten con frecuencia; sueños clarividentes que aunque puedan hacerse realidad, la mayoría de las veces, son demoníacos.
14. Deseos sexuales anormales o pervertidos.
15. Cuestionamientos y desafíos a la Palabra de Dios.
16. Trastornos alimentarios o del sueño sin causa física.
17. La mayoría de las compulsiones y obsesiones.
18. Rebelión y odio a la autoridad.
19. Extrañas ideas terroríficas que parecen venir de la nada y no pueden ser controladas.
20. Fascinación por las ciencias ocultas.
21. Participación en actividades delictivas.
22. Autoestima extremadamente baja (ser indigno, un fracaso, inútil, socavación constante de la propia identidad).
23. Confusión constante del pensamiento (a veces, gran dificultad para recordar).
24. Incapacidad de creer (incluso cuando la persona quiere hacerlo).
25. Pensamientos burlones y blasfemos contra la predicación o enseñanza de la Palabra de Dios.
26. Distorsiones de la percepción—percibir en otros cólera u hostilidad que realmente no existen—y ver solamente juicio en las Escrituras.
27. Pesadillas horribles que causan miedo (suelen contener ideas demoníacas).
28. Ideas violentas (suicidas, homicidas, de abuso de sí mismo).
29. Odio y amargura hacia otros sin razón que lo justifique.
30. Tremenda hostilidad o miedo cuando se encuentra con alguien involucrado en la tarea de liberación.
31. Profunda depresión y desaliento (frecuentes, y a veces importantes).
32. Miedos irracionales, ataques de pánico y fobias.
33. Cólera o rabia irracionales.
34. Irracional culpabilidad o autocondenación extrema.
35. Deseo de hacer lo correcto, pero incapacidad para hacerlo.

36. Súbitos cambios de personalidad y de actitud—contrastes graves, esquizofrenia, desorden bipolar.

37. Fuerte aversión a leer la Escritura y orar (especialmente uno a uno).

38. Semblante sombrío—apariencia acerada u ojos hundidos, contracción de las pupilas; a veces, los rasgos faciales se retuercen o cambian; a menudo, incapacidad de hacer contacto visual.

39. Mentir, exagerar, o robar compulsivamente, a menudo preguntándose por qué.

40. Drogadicción, especialmente cuando hay alucinaciones demoníacas.

41. Obsesiones alimentarias: bulimia, anorexia nerviosa.

42. Pecados sexuales compulsivos, especialmente perversiones.

43. Risa o llanto irracionales.

44. Violencia irracional, compulsión a lastimarse a sí mismo o a otros.

45. Hablar súbitamente una lengua antes desconocida (con frecuencia, un lenguaje étnico de antepasados).

46. Reacciones al nombre y la sangre de Jesucristo (verbalmente o con lenguaje corporal).

47. Intranquilidad extrema, especialmente en un ambiente espiritual.

48. Lengua mordaz y burlona incontrolable.

49. Lenguaje y acciones groseros.

50. Extravío temporal, de minutos a horas; yendo a dar en algún lugar sin saber cómo llegaron allí; haciendo con regularidad cosas de las que no tienen ninguna memoria.

51. Somnolencia extrema alrededor de las cosas espirituales.

52. Demostración de habilidades extraordinarias (sea percepción extrasensorial o telekinesis).

53. Voces escuchadas en la mente que se burlan, intimidan, culpan, amenazan, o intentar negociar.

54. Voces que se refieren a él o a ella en tercera persona.

55. Experiencias sobrenaturales—movimiento o desaparición de objetos y otras manifestaciones extrañas e inquietantes.

56. Ataques (demasiado largos o demasiado regulares).

57 Dolor sin explicación justificable, especialmente en cabeza o estómago.

58. Desvanecimientos.

59. Dolencias físicas como ataques epilépticos, ataques de asma y dolores varios.

60. Súbita interferencia temporal de funciones corporales—zumbido en los oídos, incapacidad de hablar o escuchar, dolor de cabeza grave, hipersensibilidad en el oído o el tacto, frío o calor insoportables en el cuerpo, adormecimiento de brazos o piernas, parálisis temporal.

Nota: Unos pocos síntomas pueden no indicar opresión demoníaca, pero estos son los síntomas más comunes de quienes están bajo ataque demoníaco.

Prueba bíblica de que un creyente debe alistarse en la guerra espiritual

A los discípulos se les dijo que sanaran enfermos, limpiaran leprosos, echaran fuera demonios y levantaran muertos (Mateo 10:1–8).

- Los setenta discípulos (representativos de todos cristianos) fueron enviados con autoridad y se maravillaron de que hasta los espíritus se les sujetaban (Lucas 10:1–9, 17–19).
- A los creyentes se les dio unción para discernir los espíritus (1 Juan 2:20, 27).
- La Biblia enseña cómo identificar a los espíritus que no son de Dios (1 Juan 4:1–3).
- La Biblia habla de derribar fortalezas construidas en la mente por el enemigo y que las armas del creyente son espirituales y muy poderosas en Dios (2 Corintios 10:3–5).
- La Biblia enseña que el escudo de la fe es el que resiste los dardos encendidos de los demonios (Efesios 6:16).
- La Biblia advierte sobre alegrarse por el poder que nos ha sido dado; más bien, debemos regocijarnos con nuestra identidad en Cristo (Lucas 10:20–24).
- La Biblia enseña que el Espíritu Santo ha sido enviado para llevarnos y guiarnos a toda verdad (Juan 16:13).
- La Biblia enseña que la santa presencia y el poder son revelados cuando el enemigo está aplastado (Salmo 18:37–42).

- Jesús autorizó a los creyentes a que echaran fuera demonios en su nombre (Marcos 16:17).
- Los espíritus malignos son con la mayor frecuencia responsables de las enfermedades y achaques (Lucas 8:2; 13:11).
- La opresión demoníaca son demonios en el alma, la carne o fijados a una vida (Salmo 116; Hechos 10:38).
- El que mora en el creyente es más grande que el "hombre fuerte" (1 Juan 4:4), y el creyente está autorizado para atar a Satanás (Mateo 12:29; Lucas 11:22).
- La Biblia enseña a los creyentes que resistan al diablo y se mantengan firmes en su fe (1 Pedro 5:9).

Para vivir la Palabra

CASA CREACIÓN

Te invitamos a que visites nuestra página
web donde podrás apreciar la pasión por
la publicación de libros y Biblias:

www.casacreacion.com

@CASACREACION f
@CASACREACION
@CASACREACION

PRESENTAN:

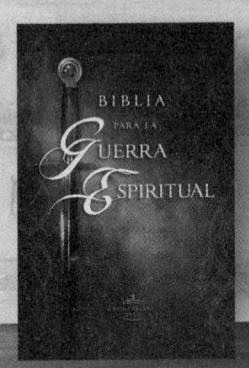

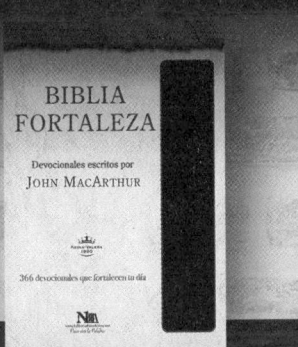

Para vivir la Palabra

www.casacreacion.com